明清宫藏丝绸之路档案图典

5

东洋之路卷

中国第一历史档案馆　中国历史研究院◎编著

国家社会科学基金重点项目
中国历史研究院重大学术项目
国家出版基金资助项目

总主编　李国荣　鱼宏亮
副总主编　王澈　杨海英　伍媛媛　李华川

国家出版基金项目
NATIONAL PUBLICATION FOUNDATION

国家图书馆出版社

以來無上之光榮日本上下亦以
日皇特賜午餐於芝離宮外務
並同文會及其他團體等均為
振麟亦曾招待彼等以慰其勞
有遊覽中國實業團諸氏歸日

敬陳者六月十二日寄代字第
及曩者遊歷中國所謂日本實
京極口稱道中國朝野歡迎之盛
口特派專車一某處派兵士護送

《明清宫藏丝绸之路档案图典》
编纂委员会

主　任

高　翔　中国社会科学院副院长、党组副书记（正部长级）
　　　　中国历史研究院院长、研究员
孙森林　中国第一历史档案馆馆长、研究馆员

副主任

李国荣　中国第一历史档案馆副馆长、研究馆员
李国强　中国历史研究院副院长、研究员
卜宪群　中国历史研究院古代史所所长、研究员

总主编

李国荣　鱼宏亮

副总主编

王　澈　伍媛媛　杨海英　李华川

档案统筹

王　征

陆上丝绸之路编主编

王　澈　杨海英

海上丝绸之路编主编

伍媛媛　李华川

核心作者

过江之路卷　王　澈　杨海英
高山之路卷　吴剑锋　石竞琳　徐到稳
沙漠之路卷　郭　琪　吴四伍
草原之路卷　王　征　鱼宏亮
东洋之路卷　刘文华　李立民
南洋之路卷　刘文华　解　扬
西洋之路卷　伍媛媛　李华川　李　娜
美洲之路卷　朱琼臻　王士皓
地图提要　孙靖国

明清时期的中国与世界

新解 15—19 世纪丝绸之路的八条线路

李国荣

丝绸之路是中国古代东西方著名的商贸通道，是沟通中外经济文化的重要桥梁。所谓明清宫藏丝绸之路档案，是指中国第一历史档案馆（以下简称“一史馆”）所藏明清时期中央政府档案中反映15—19世纪中国与世界各国通过海上航线、陆上交通进行经济文化交流的档案文献。明清两朝宫藏档案涉及53个国家，有汉、满、蒙古、藏、日、俄、英、法、德等各种中外文字，其中具有丝绸之路涵义的有关中外经济文化交往的档案7万余件。这些宫藏档案，从王朝角度记载了明清时期的中国与世界各国交往的历史详情，既具有中央政府的权威性，又具有原始文献的可靠性，同时也具有档案独存与价值独特的唯一性，是全面研究明清时期丝绸之路实况最为翔实的珍贵文献。对明清宫藏丝绸之路档案进行系统整理研究，具有重要的现实意义和特殊的学术价值。

一、明清宫藏丝绸之路档案整理研究的历史背景

明清时期的丝绸之路，是中国古代对外商贸文化交流的特殊形态。对明清宫藏丝绸之路档案的整理与研究，有着特定的历史背景。

一是时代背景。2013年，国家主席习近平借用中国古代“丝绸之路”的概念，提出建设“新丝绸之路经济带”和“21世纪海上丝绸之路”的合作倡议。这是关乎国家战略发展和人类命运共同体构建的宏远谋略，也是对社会科学工作者提出的重大命题。

二是学术背景。长期以来，学界丝绸之路研究成果甚为丰厚，但明清时期丝绸之路研究一直略显薄弱。这主要表现在：第一，谈起丝绸之路，往往认为主要存在于汉唐时期，将丝绸之路固化为中古以前的历史名片，明清时期的丝绸之路被严重弱化，甚至不认可近代中国丝绸之路的存在。第二，学界对出新疆而西行的陆上丝绸之路和出南海而西行的海上丝绸之路这两条经典线路的研究较为丰富，对其他线路的研究还不够充分，相对而言成果较少。第三，对明清时期丝路文献的挖掘，以往关注和利用的主要是地方性档案和民间文献，存在着地域性、分散性的特点，对明清中央政府这一最具权威性、系统性的档案文献却没有给予足够的利用与研究，从王朝视角和国家层面来透析明清时期丝绸之路还远远不够。整体看来，对明清时期丝绸之路个案化、碎片化和局部的研究比较多，系统的、整体的研究

还远未形成，而这恰恰有赖于明清宫藏丝绸之路档案的深层挖掘。

三是文献背景。2016年，一史馆与中国社会科学院历史研究所合作，正式启动“明清时期丝绸之路档案编研出版工程”。2019年，“明清宫藏丝绸之路档案整理与研究”列为国家社科基金重点项目，同时列为中国历史研究院重大学术项目。该课题项目成果主要包括：其一，在档案整理方面，对一史馆所藏明清丝绸之路档案进行系统化的全面梳理，建立明清宫藏丝绸之路档案专题数据库。其二，在编纂出版方面，精心组织、系统编纂《明清宫藏丝绸之路档案图典》，陆上丝绸之路四卷，海上丝绸之路四卷，由国家图书馆出版社出版。其三，在学术交流方面，一史馆与中国历史研究院自2016年开始，每年联合主办一次“一带一路”文献与历史研讨会，截至2020年已举办五次，这一研讨机制将继续推进下去。其四，在成果推介方面，核心期刊《历史档案》自2019年第1期起开设《明清丝路》专栏，持续刊发课题组系列研究成果。其五，在学术著述方面，一史馆与中国历史研究院的专家学者联合编写《明清宫藏丝绸之路档案研究》专著。明清时期丝绸之路档案的珍贵价值和独特作用越来越得以彰显。

二、明清宫藏档案中的陆上丝绸之路

陆上丝绸之路，传统意义上讲，是古代横贯亚洲连接欧亚大陆的商贸要道。它起源于西汉时期汉武帝派张骞出使西域，开辟了以都城长安（西安）为起点，经中亚、西亚，并连接地中海各国的陆上交通线路。这条通道被认为是古代东西方文明的交汇之路，而中国出产的丝绸则是最具代表性的货物，因此自19世纪末，西方学者开始称之为“丝绸之路”，作为一个专用概念，被广泛认可使用，产生了世界性的影响。一史馆档案揭示，明清时期的陆上丝绸之路并不仅仅是传统的自新疆西行亚欧的一条线路，而是分为四条线路，即东向过江之路、南向高山之路、西向沙漠之路、北向草原之路。

1. 陆上东向过江之路。这条线路主要是指横跨鸭绿江与朝鲜半岛的经济文化交流。中朝两国在地域上唇齿相依，隔江相望。明清时期，朝鲜是东亚地区与中国关系最为密切的藩属国，不仅有相沿成例的朝贡道路，也有定期开市的边境贸易。明崇祯四年（1631）正月初三日的礼部题稿非常明确地记载，从京师经辽阳东行再渡鸭绿江陆路至朝鲜的贡道。清乾隆九年（1744）四月二十三日户部尚书海望呈报中江地区朝鲜贸易纳税情形的奏折，则详细记载了朝鲜在中江采购的物品种类包括绸缎、丝帛、灰貂、棉花、毡帽等等，且有“在边门置买货物”“朝鲜人等不纳税课”的特殊优惠规定。这件奏折还记载了朝鲜为请领时宪书（当时的年历）而派遣使者的情况。又如，道光二十一年（1841）十月十五日礼部尚书色克精额的题本，反映了清政府对会宁、庆源边境贸易的管理，其中详细开列了兽类毛皮贸易的准许清单，“凡貉、獾、骚鼠、鹿、狗等皮，准其市易；貂皮、水獭、猞猁狲、江獭等皮，不准市易”。

2. 陆上南向高山之路。这条线路主要是从四川、云南、西藏等地出发，到达东南亚、南亚地区的经济文化交流，其中与安南、缅甸、印度、廓尔喀等国交流比较频繁。例一，乾隆五十七年（1792）十二月初一日，大将军福康安等大臣有一件联衔奏折，内容是与廓尔喀商议在西藏地区进行贸易通商之事，其中记载了清政府确定的对廓尔喀贸易基本原则：第一，允准贸易。“廓

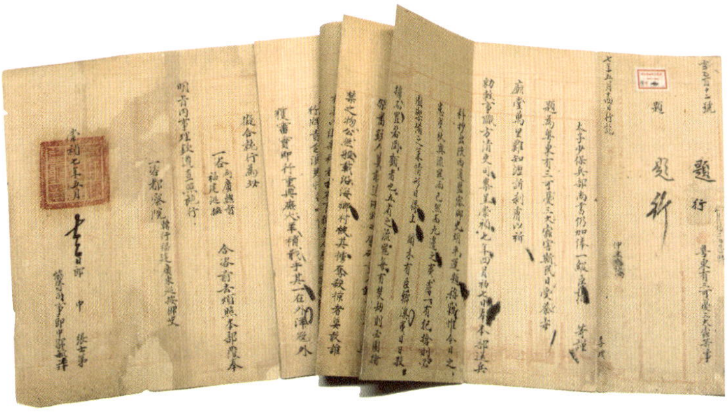

尔喀业经归命投诚，准其仍通买卖。”第二，官府统办。“所有贸易等事，竟应官为办理，不准噶布伦等私自讲说。”第三，确保公平。“一岁中酌定两次四次，予以限制。驻藏大臣仍不时稽查，亲加督察该处银钱，亦可公平定价，不致再有争执。”例二，乾隆五十八年（1793）八月初二日，署理两广总督郭世勋上奏说，安南除在原定通商贸易章程中规定的高平镇牧马庸和谅山镇驱驴庯设立市场之外，又在谅山镇花山地方设立市场。经查，花山地方确实交通便利，且人口稠密，利于双方贸易。郭世勋的奏折认为，安南“因地制宜”添设花山地方市场确是可取，并提议在贸易章程中正式添设花山地方市场。可见，清代中越边境贸易是十分频繁的。例三，光绪三十一年（1905）十二月，署理两江总督周馥向外务部递送咨呈，主要陈述了南方诸省种植的本土茶叶受到从锡兰、印度进口茶叶的冲击，将会导致茶商破产、茶户改种、本土茶叶被排挤出市场。经派员到锡兰、印度对英国人种植茶叶的方法进行考察，发现“我国茶叶，墨守旧法，厂号奇零，商情涣散，又好作伪，掺杂不纯”，如此局面必无法与进口的锡兰、印度茶叶相抗衡。同时还提出了“设机器厂，立大小公司”等应对措施。这里提出了如何在对外贸易中保护和改进民族产业的问题。

3. 陆上西向沙漠之路。这条线路是传统意义上丝绸之路的延续，它在漫长的中外交往史上发挥了巨大作用。自汉代通西域以后，中原与西北边疆的经济文化交流一直存在。唐中期以后，海上丝绸之路兴起，宋明两朝更因为不能有效掌控西域，西北的中外官方交往受到很大限制，因此学界对这条丝路的研究也往往详于唐以前而略于后。但档案揭示，在明清时期，漫漫黄沙铺出的丝绸之路一直十分活跃。明朝档案中，有一件崇祯十年（1637）八月初五日关于张家口开市买马及闭市日期的揭帖，记载了钦差御马监太监到张家口开市买马，闭市后与各部头领盟誓，“永开马市，以为彼此长久之利”，并以茶布等物品对各部头目进行犒赏。有清一代，尤其是乾隆二十二年（1757）彻底平定西北边陲后，逐步恢复西部贸易，中亚许多与新疆接壤的国家开始与清政府建立往来，并派出使者前往北京。乾隆二十七年（1762），爱乌罕（今阿富汗）汗爱哈默特沙遣使进京朝觐乾隆帝，沿途受到各地督抚的热情接待，而乾隆帝在接见使者时，得知爱哈默特沙抱恙在身，还特意赏赐药品及药方。正是在这种积极友善的氛围中，清政府与中亚诸国的来往呈现出良性化的态势，这条古老的丝绸之路再次焕发出勃勃生机。从清代档案可以看到，清政府长期从江南调集丝绸布匹经陕甘运至新疆地区，用来交换马匹等物，当时新疆地区主要的通商地点在塔尔巴哈台、喀什噶尔、库伦、伊犁等地，贸易对象除了当地部落，还有哈萨克、俄罗斯、浩罕等国。乾隆二十二年（1757）十一月二十八日，陕甘总督黄廷桂上奏朝廷说，哈萨克等地“为产马之区，则收换马匹，亦可以补内地调拨缺额”。由此可知，乾隆朝恢复西部贸易，一个重要目的是要获取哈萨克等地的马匹。乾隆二十四年（1759）十一月十一日，驻乌鲁木齐办事三等侍卫永德的满文奏折，主要内容就是呈报与哈萨克交换马匹及所用银两数目的详情。清政府与哈萨克贸易中，十分注意哈方贸易需求，如在绸缎的颜色方面，哈萨克人喜欢青、蓝、大红、酱色和古铜、茶色等，乾隆帝谕令贸易缎匹“悉照所开颜色办解”。档案还记载，乾隆四十三年（1778），理藩院侍郎索琳作为钦差前往库伦办理与“鄂啰斯”商人交易事宜，面对俄罗斯商人改变贸易地点和减少交税等情况，钦差大臣索琳草率下令关闭栅门断绝贸易。乾隆帝对索琳擅自做主关闭中俄贸易通道很是愤怒，当即将其革职。可见，乾隆帝对中俄贸易还是很看重的。在这期间，西北边陲的民间经济文化交流也很频繁，从清廷屡次颁布严查私自买卖玉石、马匹、茶叶等货物的谕令中，可看出民间商贸活动是广泛存在的。

4. 陆上北向草原之路。这条线路主要是由内地经漠北蒙古草原、中亚草原与俄罗斯等国的经济文化交流。在清代，俄皇多次派遣使团来华商谈贸易事宜。康熙时期，清政府在北京专门设立俄罗斯馆，以安置俄国使团和商队。雍正年间，还曾派出官方使团参加俄皇即位典礼。由于清朝分别在康熙和雍正年间与俄罗斯签订了划界及贸易条约，尼布楚、恰克图、库伦等地获得了合法的贸易地位，传统的草原丝绸之路进入了鼎盛时代。现存档案中有一件康熙三十八年（1699）正月十二日俄罗斯的来文档，是俄国西伯利亚事务衙门秘书长致送清朝大臣索额图的咨文，其内容就是奉俄皇旨令派遣商帮至北京贸易，“请予以优待”。康熙五十八年（1719）十一月三十日，俄国西伯利亚总督切尔卡斯基致函清廷说：俄国皇帝已得悉若干俄国商人在贵国经商确有某种越轨举动，嗣后俄商一概不容有任何损害中国政府之行为，如有任何俄国属民为非作歹，定予惩处。同时，恳请允准派往商队，照旧放行，允其进入内地直至北京。这类有关日常贸易纠纷的档案内容，说明中俄贸易已经呈现常态化，也从一个侧面反映了当时中俄贸易的广度和深度。一史馆现存的俄商来华贸易执照、运货三联执照、货物估价清册、进出口货物价值清单等档案，更详尽反映了中俄贸易的规模和内容。

三、明清宫藏档案中的海上丝绸之路

海上丝绸之路，一般说来是指从南海穿越印度洋，抵达东非，直至欧洲的航线，是古代中国与外国交通贸易和文化交往的海上通道。该路以南海为中心，所以又称“南海丝绸之路”。因海上船运大量陶瓷和香料，也称“海上陶瓷之路”或“海上香料之路”。海上丝绸之路的起点主要是广州和泉州，历史上也曾一度被称为“广州通海夷道”。一史馆档案揭示，明清时期的海上丝绸之路并不仅仅是传统的自南海下西洋的一条线，而是分为东洋、南洋、西洋、美洲四个方向。

1. 海上东洋之路。这条线路主要是与东亚各国之间的经济文化交流。东亚是明清时期朝贡体系的核心地区，自明初开始，朝鲜、琉球与中国延续了长达五百余年的宗藩关系及朝贡贸易。日本虽游离于朝贡体系边缘，但与中国也一直保持着密切的贸易往来。一史馆所藏档案中有一幅彩绘地图，墨笔竖书《山东至朝鲜运粮图》。经考证，这是康熙三十七年（1698）十二月十五日侍郎陶岱进呈的，是一幅从山东向朝鲜运送赈济粮米的地图。当时朝鲜连年饥荒，此图应是在运送赈济粮米到朝鲜后，为向朝廷呈报情况而绘制的。该图所示船只，从山东沿着海路将粮米运到鸭绿江，再转运上岸，是清代北洋海域海上交通的鲜活例证。康雍乾年间，清廷曾一直鼓励商船前往日本购运洋铜，中日间的海上贸易迅猛增长。雍正九年（1731）三月初三日江苏巡抚尹继善有一件奏折，请求派员前往日本采办洋铜，其中谈到“采办洋铜商船入洋，或遇风信不便，迟速未可预定”。尹继善同时奏报朝廷，正与各省督抚广咨博访，细心筹划，“通计各省需办之铜”。由此可见，前往日本采购洋铜的数量不在少数。档案记载，明清时期北京的国子监专门设有琉球官学，琉球国中山王“遣官生入监读书”，乘船到闽，然后登陆北上京师。琉球国派遣官生留学，在明清两朝一直没有间断，这反映了明清时期海上丝绸之路文化交流的一个侧面。

2. 海上南洋之路。这条线路主要是与菲律宾、印度尼西亚、澳大利亚、新西兰等南洋国家的经济文化交流，以朝贡、贸易、派驻领事与商务考察等事务居多。东南亚各国是明清朝贡体系的重要组成部分，自明初以来，东南亚各国逐渐建立了对中国的朝贡关系。菲律宾古称苏禄，明清时期朝贡商贸往来一直不断，雍正十三年（1735）九月初六日福建水师提督王郡的奏折，向朝廷具体呈报苏禄国吕宋各处到厦门贸易的船只数目。乾隆二十六年（1761）十一月初一日福州将军社图肯的奏折报告说，苏禄国番目吧啰绞缎来厦，呈请在贡期内所携带货物可否照例免税，得到乾隆帝允准。清政府一直鼓励沿海福建、广东等省从暹罗、安南等东南亚国家进口稻米，以纾解粮食压力。乾隆八年（1743）九月初五日，乾隆帝传谕闽粤督抚，“米粮为民食根本”，外洋商人凡船载米粮者，概行蠲免关税，其他货物则照常征收。光绪中期以后，在驻外使臣和地方督抚的奏请之下，清政府对南洋地区事务日益重视，先后选派官员前往考查商民情形。光绪十三年（1887）十月二十四日两广总督张之洞的奏折，就是呈报派遣官员前往南洋访查华民商务情形。从这份档案来看，调查殊为细致，认为小吕宋（马尼拉）华人五万余人，“贸易最盛，受害亦最深”，“非设总领事不可”；槟榔屿则“宜添设副领事一员”；仰光自英据之后，“为中国隐患”，“宜设置副领事”；苏门答腊华民七万余人，“宜设总领事”等。光绪时期的外务部档案还记载，清政府在澳洲设总领事馆，梁澜勋任总领事；在新西兰设领事馆，黄荣良为领事。由此，晚清政府在南洋各处先后设立了领事机构，处理侨民事务，呈递商务报告。清廷也多次派遣官员随舰船前往东南亚游历考察，光绪三十三年（1907）七月初三日直隶总督袁世凯的奏折，便是奏报派舰船前往南洋各埠巡视，当地侨民“睹中国兵舰之南来”，“欢声雷动”。一史馆档案中，还有《东洋南洋海道图》和《西南洋各番针路方向图》，是清政府与东南亚各国交往而绘制的海道图，图中绘有中国沿海各口岸通往日本、越南、柬埔寨、文莱、印尼、菲律宾等国的航线、针路和需要的时间，并用文字说明当地的物产资源，是南洋区域海上丝绸之路的鲜活体现。

3. 海上西洋之路。这条线路是传统的海上丝绸之路，主要是中国与西亚、非洲、欧洲通过海路的经济文化交流。明清时期，随着西方大国新

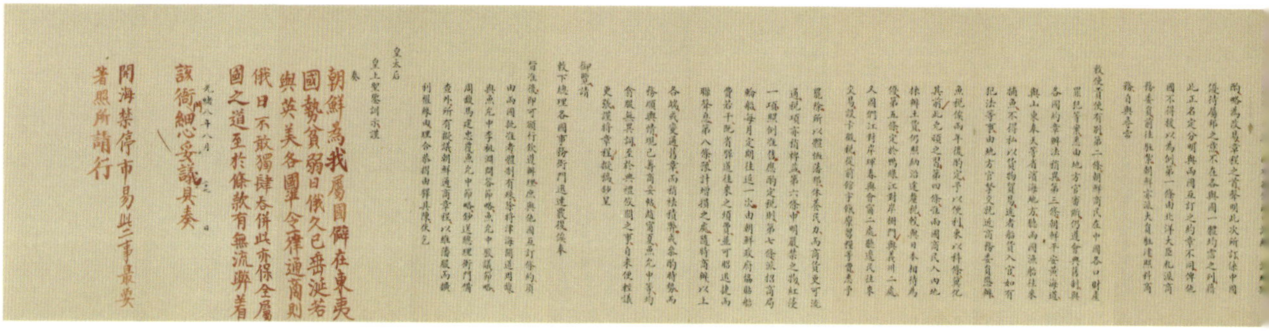

航路的开辟与地理大发现，以及借助于工业革命的技术成果，海上丝绸之路已由区域性的海上通道延伸为全球性的贸易网络。永乐三年（1405）到宣德八年（1433）间，郑和船队七下西洋，遍访亚非 30 多个国家，是中国古代规模最为宏大、路线最为长远的远洋航行，是海上丝绸之路在那个时代一个全程式的验证活动，也是海上丝绸之路发展史上的一次壮举。一史馆所藏明代《武职选簿》，就记载了跟随郑和下西洋船队中的随从水手等人物的情况。清初实行海禁，康熙二十三年（1684）七月十一日的《起居注册》记载，康熙帝召集朝臣商议解除海禁。次年，清政府在东南沿海创立粤海关、闽海关、浙海关、江海关四大海关，正式实行开海通商政策。由此，清代的中国通过海路与英国、法国、德国、意大利、比利时、瑞典等国的经济文化交流日益频繁。于是，法国的“安菲特里特号”商船、瑞典“哥德堡号”商船、英国马嘎尔尼使团纷纷起航来华。对西洋的科技、医药及奇异洋货等，康熙、雍正、乾隆几个皇帝都是极感兴趣。在康熙五十七年（1718）七月二十七日两广总督杨琳的奏折上，康熙帝御批：“西洋来人内，若有各样学问或行医者，必着速送至京城”，并下令为内廷采购奇异洋货“不必惜费”。大批在天文、医学、绘画等领域学有专长的传教士进入皇宫，包括意大利画家郎世宁、德国天文学家戴进贤、主持建造圆明园大水法殿的法国建筑学家蒋友仁等等。值得一提的是，乾隆二十九年（1764），清宫西洋画师郎世宁等绘制《平定西域战图》，次年海运发往西洋制作铜版画，历经种种波折，在 12 年后由法国承做的铜版画终于送到乾隆帝眼前，这是海上丝绸之路演绎的一起十分典型的中西文化交汇佳话。档案中还有大量外国商船和贡船遇难救助的记载，如乾隆二十六年（1761）九月十五日广东巡抚托恩多的奏折反映，瑞典商船遭风货沉，水手遇难，请求按照惯例抚恤救助。这说明清政府已经形成了一套有关维护海上贸易秩序的措施与政策。

4. 海上美洲之路。这是海上丝绸之路最远的线路，其航线最初是从北美绕非洲好望角到印度洋，再过马六甲海峡驶往中国广州，后来也通过直航太平洋经苏门答腊到广州。明万历元年（1573），两艘载着中国丝绸和瓷器的货船由马尼拉抵达墨西哥的阿卡普尔科港，这标志着中国和美洲贸易的正式开始。从此之后的 200 多年，以菲律宾为中转的“大帆船贸易”是中国和美洲之间最重要的贸易通道。清乾隆四十九年（1784），美国“中国皇后号”商船首航中国，驶入广州黄埔港，船上装载的西洋参、皮货、胡椒、棉花等货物全部售出，然后购得大量中国茶叶、瓷器和丝绸等商品。次年，“中国皇后号”回到美国时，所载中国商品很快被抢购一空。中美航线的直接

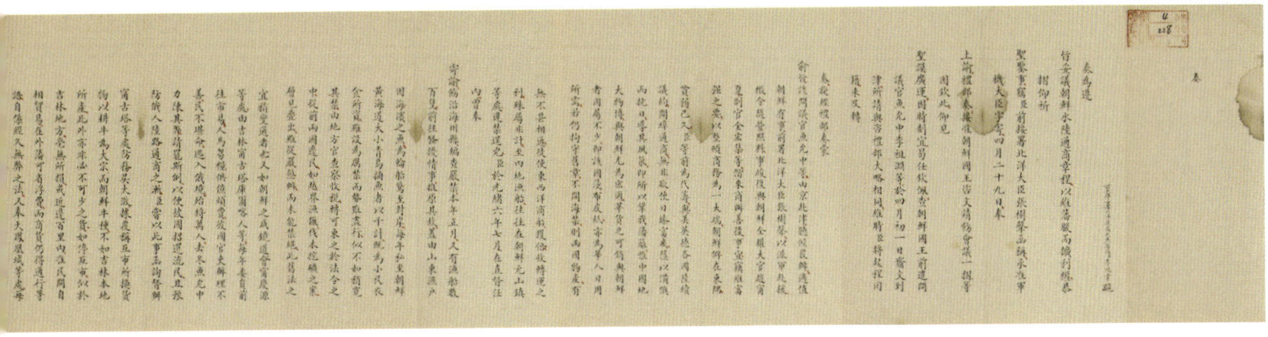

开通，开辟了中美间互易有无之门，促使中美之间的贸易迅速发展。道光二十三年（1843）闰七月十二日两江总督耆英等人的联衔奏折记载，“各国来粤贸易船只，惟英吉利及其所属之港脚为最多，其次则米利坚（美国），几与相埒”。这说明对华贸易，在当时美国仅次于英国。在美洲的开发和经济发展中，华侨及华工也做出了贡献。道光二十八年（1848）美国加利福尼亚州发现金矿，急需大量劳动力进行开采，大批华侨及华工涌入美国，拉丁美洲国家也在华大量招工。光绪元年（1875）七月初十日李鸿章奏报说，华工像猪仔一样运送美洲，澳门等处就设有“猪仔馆”。光绪七年中国与巴西签订《和好通商条约》，第一条就约定“彼此皆可前往侨居”，“各获保护身家财产”，从而为巴西在华招工提供了合法性。除了经济上的贸易往来，中美在文化上也相互交流，清末的“庚款留学”即是其中之一。宣统元年（1909）至宣统三年（1911），清政府共派遣三批庚款留美学生，为近代中国培养了一大批著名人才。从宫藏赴美留学生名录可以看到，后来成为清华大学终身校长的梅贻琦、中国现代物理学奠基者之一胡刚复、新文化运动倡导者胡适等均在其列。

四、明清宫藏丝绸之路档案的重要价值和独特作用

明清宫藏丝绸之路档案的系统整理，从王朝政府和国家层面为丝绸之路研究提供了更为丰富、更加权威的文献基石。透过对明清宫藏档案的考察，将有助于我们匡正和重新认识明清时期丝绸之路的历史定位。

第一，丝绸之路在明清时期并没有中断，而是实实在在地一直在延续和伸展。我们注意到，国内外学界高度认可，丝绸之路是中华民族走向世界的标志，丝绸之路的起伏与中华民族的兴衰息息相关，丝绸之路把古代的中华文化与世界各个区域的特色文化联系起来，对促进东西方之间的交流发挥了极其重要的作用。然而，在较长一段时间内，学界对丝绸之路的研究主要停留在汉唐时期，明清时期的丝绸之路被严重忽视和扭曲，甚至不认可近代中国丝绸之路的存在。为什么明清时期的丝绸之路被淡化？原因大致有两个：一是，人们受到清朝闭关锁国的传统认知的影响，一度不认可近代中国丝绸之路的存在，乃至认为丝绸之路出现了历史空白期。有的学者即使承认明清时期还有丝绸之路，也感到那是穷途末路，无足轻重。由此，往往严重弱化了明清时期丝绸之路的历史作用。二是，近代以来西方列强大肆殖民侵略带来的新的世界贸易规则和秩序，与传统中国同远近邻邦的贸易交往活动有着

截然不同的内涵和影响，列强这种新的带有殖民色彩的贸易秩序逐渐推广的过程，也是传统中国互利贸易秩序被排挤并逐渐被遗忘的过程。通过挖掘与梳理，翔实的宫藏档案充分揭示，明清时期的丝绸之路并没有中断，而是一直延续下来，尽管不同时间段有起有伏。透过这些王朝档案和历史记忆，让我们听到了明清时代的陆上丝绸之路仍是驼铃声声，看到了明清时代的海上丝绸之路仍是帆影片片。

第二，明清时期的丝绸之路并不限于传统说法的两条经典之路，而是形成了纵横交错的诸多线路，就目前档案文献研究，至少可开列出八条线路。长期以来，提起丝绸之路，大多认为只是自新疆西行的陆上丝路和自南海下西洋的海上丝路。明清丝绸之路档案的挖掘，印证了明清丝绸之路不仅存在和延续，而且还有其自身特色，乃至构成了特定历史时期的丝绸之路网络。这就是远远不限于传统的简单的陆上一条路、海上一条线，而是随着古代科技的发展、轮船时代的到来，多线并举，展现的是明清时期中国与世界交往的大格局。应该看到，近代以来，虽然海洋远程贸易逐渐成为连接世界的主要形式，但以中国为中心的东亚地区依然活跃着通过陆上线路进行的外交与贸易活动，也就是说，在明清时期，海上丝绸之路与陆上丝绸之路一直是并行的，只是不同阶段各有侧重罢了。同时，中国传统朝贡体系中的朝鲜、琉球、越南等国，在晚清中国朝贡体系解体以前，依然保留着传统的朝贡贸易，这些藩属国的传统贡道与丝绸之路的某些线路也大多契合，是丝绸之路的特殊存在形式。传承至今的档案文献为我们铺陈了明清时期的丝路轮廓，那就是陆上丝绸之路和海上丝绸之路又各分为纵横交错的四个方向。明清时期海陆丝绸之路的八条线路，是基于一史馆所藏明清档案的挖掘而得出的丝路历史阐释，是古代丝绸之路在工业时代、轮船时代的扩展。这个丝路框架，基本涵盖了明清时期所有以中国为中心的贸易路线与贸易活动，是对丝绸之路历史尾声的一个新的解读，也将大大丰富和改变学界对丝绸之路的传统认知。

第三，明清宫藏丝绸之路档案勾勒了历史与现实相通的时空走廊，为“一带一路”国家倡议提供了重要的历史依据和文献支撑。通过对明清时期丝绸之路档案的考察，让我们大致还原了明清时期中国与世界的贸易联系，并加深了我们对这块古老大地上所发生的丰富多彩的人类交往活动的历史理解，这也正是这些珍贵档案的价值所在。我们从中看到明清时期丝绸之路的万千气象，那是古代丝绸之路的延伸，那是一个纵横交错的远程贸易圈，那是一个四通八达的中外交汇网。大量明清时期中国与丝绸之路沿线国家和地区进行经济文化交流的档案记载，充分说明了东西方交流是相互的这种双向性，阐释了明清时期丝绸之路的特殊存在形式及其重要的历史地位。从某种角度上讲，作为立意高远的“一带一路”倡议，与其时间距离最近、历史关联最直接的，就是明清时期的丝绸之路。通过对明清宫藏档案的历史价值和文化内涵的深入挖掘，进一步充实了“一带一路”倡议的历史文化内容。可以说，明清时期的丝绸之路构成了与当今“一带一路”框架相贯通契合的中外海陆交通脉络，明清宫藏丝绸之路档案是对“一带一路”倡议的历史诠释。

丝绸之路与世界贸易网络

鱼宏亮

16、17世纪起，中国历史就全面进入了世界历史研究的视野之中。17世纪德国数学家莱布尼茨（G. W. von Leibniz，1646—1716）在《中国近事》一书中说："在这本书中，我们将带给读者一份发回欧洲的有关最近中国政府允许传播基督教的报告。此外，本书还提供许多迄今为止鲜为人知的信息：关于欧洲科学的作用，关于中国人的习俗和道德观念，特别是中国皇帝本人的道德观念，以及关于中国同俄国之间的战争与媾和。"尽管莱布尼茨通过法国来华传教士白晋（Joachim Bouvet，1656—1730）等人获得了有关中国的第一手资料，但他的重点主要在中国的道德、礼仪、经典等方面。直到19世纪黑格尔《历史哲学》一书，才全面考察了中国历史与世界各民族历史的诸多同异与特性。黑格尔认为："历史必须从中华帝国说起。因为根据史书的记载，中国实在是最古老的国家，它的原则又具有那一种实体性，所以它既是最古老的、同时又是最新的帝国。中国很早就已经进展到它今日的情状。但是因为它客观的存在和主观运动之间仍然缺少一种对峙，所以无从发生变化，一种终古如此的固定的东西代替了一种真正的历史的东西。"黑格尔的历史哲学以人的绝对意志和人类精神的发展作为历史发展的标尺，在他的眼中，中国历史因为在宗教和精神方面受制于专制王权，所以是停滞的，没有历史的，也是封闭的："这个帝国早就吸引了欧洲人的注意，虽然他们所听到的一切都渺茫难凭。这个帝国自己产生出来，跟外界似乎毫无关系，这是永远令人惊异的。"黑格尔对中国历史进行过深入研究，对先秦到清代的礼制、皇权、地理、北方民族都有论述。在他的《历史哲学》体系中，中国占有重要的地位。黑格尔的《历史哲学》影响了以后一个多世纪欧洲历史学对中国的历史叙事。直到20世纪七八十年代，人们才重新开始从世界历史的角度来重新看待中国历史，尤其是明清时期中国与世界各地的贸易联系。

一

第二次世界大战以后，欧洲汉学开始明显分化，原来欧洲中心论的一系列理论和观点遭到质疑。德国历史学家贡德·弗兰克（A. G. Frank）1998年出版的《白银资本》认为从航海大发现直到18世纪末工业革命之前，是亚洲时代。欧洲之所以最终在19世纪成为全球经济新的中心，

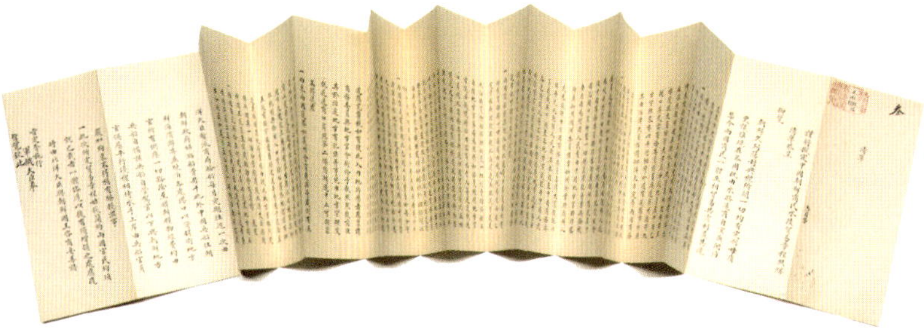

是因为欧洲征服了拉丁美洲并占有其贵金属，使得欧洲获得了进入以亚洲为中心的全球经济的机会。《白银资本》一书描绘了明清时期广阔的中外贸易的宏大画面，将中国拉回到世界历史的中心。

美国历史学家彭慕兰（Kenneth Pomeranz）于2000年出版的《大分流：欧洲、中国及世界经济的发展》一书详细考察了18世纪欧洲和东亚的社会经济状况，对欧洲的英格兰和中国的江南地区做了具体的比较，以新的论证方法提出了许多创新性见解。认为1800年以前是一个多元的世界，没有一个经济中心，西方并没有任何明显的、完全为西方自己独有的内生优势；只是19世纪欧洲工业化充分发展以后，一个占支配地位的西欧中心才具有了实际意义："一个极为长期的观点提醒我们考虑怎样把东亚西欧之间十九世纪的分流放到全球历史的背景中。"

与此相关联，王国斌（Wong R. Bin）和罗森塔尔（J. Lauvent Rosenthal）合著的《大分流之外：中国与欧洲经济变迁中的政治》，围绕着1500—1950年之间的各种世界经济的要素进行讨论。李伯重《火枪与账簿：早期经济全球化时代的中国与东亚世界》亦从全球化的角度来描述明清以来中国与世界的贸易与政治联系。

2006年，彭慕兰与史蒂文·托皮克（Steven Topik）新出版《贸易打造的世界：1400年至今的社会、文化与世界经济》，作者通过此书表达了"中国的历史和世界贸易的历史已经通过各种途径交织在一起"的思想。

实际上，早在19世纪后期，西方汉学家已经开始利用第一手的调查资料与中西方文献来重建中古时期的中外历史了。1868年（清同治七年）11月，德国地理学家李希霍芬（Ferdinand von Richthofen）从上海出发，开始在中国境内进行地质考察。到1872年5月底，李希霍芬在中国境内总共进行了七次长短不一的地理地质考察，搜集了大量资料和数据。同年他回到德国，开始整理研究这些资料，到1877年，开始出版《中国：亲身旅行和据此所作研究的成果》（*China: Ergebnisse eigener reisen und darauf gegründeter studien*）一书。在第一卷中，他将公元前114年至127年中国与中亚、印度之间的贸易通道称为"丝绸之路"（德文Seidenstrasse或Sererstrasse）。根据俄罗斯历史学家叶莲娜·伊菲莫夫娜·库兹米娜的研究，"伟大的丝绸之路的名字第一次出现于公元4世纪早期的马赛林（Ammianus Marcellinus）的《历史》第23册中"。李希霍芬使用"丝绸之路"一词属于再发现。但是由于李希霍芬在此后的西方地理学界的重要影响和地位，他的这一用语成为学界公认的名称，从此"丝绸之路"就被公认为指称公元前后连接中国与中亚、欧洲的交通线路的专用概念，产生世界性的影响。由此，欧亚古代的贸易与文化联系通道也引起人们的重视。

二

从古典时代起，欧亚大陆虽然从地理条件上来说是连为一体的，但是高原和大山将这块大陆分隔开来，使得古希腊地理学家将其划分为两个大洲。但是欧亚大陆中部地区拥有一块广阔的大草原，从东亚的中国东北部一直延伸到西欧的匈牙利。“它为由欧亚大陆边缘地区向外伸展的各文明中心进行交往提供了一条陆上通道。靠大草原养活的游牧民们总是赶着他们的牧群，到处迁徙，并随时准备着，一有机会，就去攫取北京、德里、巴格达和罗马的财富。肥沃的大河流域和平原创造了欧亚大陆古老的核心文明，而大草原则便利了这些文明之间的接触和联系。”贯穿在这个连接体的贸易通道，也就是为世人熟知的丝绸之路。从更广阔的范围来看，丝绸之路从亚洲东部的中国，一直延伸到西欧和北非，是建立欧亚非三个地区间最为著名的联络渠道。“沿着它，进行着贸易交往和宗教传播；沿着它，传来了亚历山大后继者们的希腊艺术和来自阿富汗地区的传播佛教的人。”中国先秦文献《管子》《山海经》《穆天子传》等书中对昆仑山、群玉之山的记载，经20世纪殷墟考古发掘对来自和田地区的玉器的鉴定，证实了古文献中记载的上古时代存在西域地区从中原获取丝绸而输出玉器的交换关系，早期的中国与中亚地区的玉石—丝绸之路为人所认知。

从16世纪中后期以来，传统上属于欧洲地区的罗斯国家逐渐开始向东殖民，进入了广袤的亚欧大陆北部西伯利亚地区活动。这样，俄罗斯的哥萨克人开始活跃于蒙古北部边界地带，与明朝、蒙古各部发生各种政治、经济联系。在官方建立正式联系前，由这些地区的人民开展的贸易活动实际上早已经存在。俄国档案显示，“俄国同中国通商是从和这个国家交往的最初年代开始的。首先是由西伯利亚的商人和哥萨克自行开始同中国进行贸易。人们发现从事这种贸易非常有利可图，于是西伯利亚各城市的行政长官也参与此项活动”。由于俄罗斯处于西欧通往中国的中间地位，所以英国也多次派使节前往俄罗斯要求开通前往中国贸易的商路。俄罗斯外交事务部保存的档案记录的1616年、1617年间英国使节麦克利与俄方会谈纪要显示，尽管俄罗斯设法阻止了英国的请求，但却下令哥萨克军人调查通往中国的商路。这些活动通过莫斯科的英国批发商约翰·麦利克传递到英国，引起王室和政治家的注意。英国地理学家佩尔基斯记录了俄罗斯人开辟的通过北方草原通往中国的商路。从官方的记录来看，除了活跃的民间贸易外，至少从明代末年起，以明朝北方卫所为节点的南北交流通道已经非常活跃。中国文献《朔方备乘》曾经记录蒙古喀尔喀、车臣二部都曾经进贡俄罗斯鸟枪一事，认为“谦河菊海之间早有通商之事”，即指叶尼塞河上游与贝加尔湖之间的贸易路线。

18世纪俄国著名的文献学家、历史学家尼古拉·班蒂什根据俄罗斯外交事务部档案编著的《俄中两国外交文献汇编1619—1792》一书，收录了两件中国明代皇帝致俄皇的“国书”，其中一件标以万历皇帝，一件标以万历皇帝之子，文书记载了两名俄罗斯使臣因通商事前往中国，中国皇帝则表达了鼓励之意。不管这两件文书的真实程度如何，该文件收录在俄皇米哈伊洛维奇的外务衙门档案中，在反映中俄早期贸易关系的文献中具有一定价值［两件文书收录在尼古拉·班蒂什·卡缅斯基编《俄中两国外交文献汇编（1619—

1792）》一书中，但根据耶稣会传教士的识读，认为这两件文书时间更早，为明成祖时代致北方王公的册封诏书。但两件诏书何以保存在俄皇的外交档案中，亦为不解之谜。另外，由于明清时代中国特有的天下观，直至晚清之前，中国皇帝致外国的文书从未以国书的形式冠名。因此西方各国外交档案中的中国皇帝“国书”，都是翻译明清时代皇帝的诏书、上谕而来]。

根据俄方档案记载，第一个从莫斯科前往中国的使节团是巴依科夫使团，1654年前往办理商务，并奉有探明“中华帝国可以购买哪些货物，可以运去哪些货物，由水路或陆路达到这个国家有多远路程”等信息的使命。可见，到17世纪中期官方的外交路线已经畅通。17世纪早期的探险活动是后来《尼布楚条约》和《恰克图条约》得以签订的地理背景。到了17世纪中后期，通过中俄条约的形式将明末以来形成的北方贸易路线固定下来。从此，库伦和恰克图成为官方贸易的正式场所。

在中国第一历史档案馆所藏的官方档案中，从顺治到乾隆期间至少有50件档案内容为与俄罗斯贸易的，其中贸易线路涉及从东北的黑龙江到北京、张家口、鄂尔多斯、伊犁、哈萨克整条草原丝绸之路的商道。这反映在明清时代，传统的草原丝绸之路进入了鼎盛时代。由于清朝分别在康熙与雍正年间与俄罗斯签订了划界和贸易条约，尼布楚、恰克图、库伦等地获得了合法的贸易地位，这条线路虽然被俄罗斯所垄断，传统亚欧大陆的商道中间出现了代理商性质的梗阻，但北方丝绸之路并未衰落，甚至还更加兴盛。根据两件内阁和理藩院档案[《为遣员至蒙古会盟处传谕蒙古各众做贸易不得行骗等事（满文）》《函达俄商在中国境内所有妄为举动定加惩处请仍旧照约将俄商放行入境由》]，可以看出，中俄贸易从顺治到康熙间已经呈现常态化，中央部院题奏中这类日常贸易纠纷的内容显示了贸易的广泛和深度。

北方贸易路线上的主要商品为茶叶。据研究最早进入俄国的茶叶是崇祯十三年（1640）俄国使臣瓦西里·斯达尔科夫从中亚卡尔梅克汗廷带回的茶叶二百袋，奉献给沙皇。这是中国茶叶进入俄国之始。即使在海运大开之后，通过陆路进入欧洲的茶叶依然占有重要地位。其中一个重要原因在于，陆路运输茶叶的质量要远远高于海洋运输茶叶的质量。这一点，《海国图志》中也有解释：“因陆路所历风霜，故其茶味反佳。非如海船经过南洋暑热，致茶味亦减。”这种中国茶质量的差异，在19世纪的欧洲，已经成为人所共知的常识。马克思在《俄国的对华贸易》一文中专门指出，恰克图贸易中的中国茶叶“大部分是上等货，即在大陆消费者中间享有盛誉的所谓商队茶，不同于由海上进口的次等货。俄国人自己独享内地陆路贸易，成了他们没有可能参加海上贸易的一种补偿”。

三

以海洋航线为纽带的世界贸易体系的形成。新航路将欧洲与撒哈拉沙漠以南的非洲、欧洲与亚洲、美洲、大洋洲都联系在了一起。“欧洲航海者创造了一个交通、交流、交换的环球网络，跨文化之间的互动比以往更为密集和系统了。”在传统航路与新航路上，欧洲商船把波斯地毯运往印度，把印度棉花运往东南亚，再把东南亚的香料运往印度和中国，把中国的丝绸运往日本，把日本的银和铜运往中国和印度。到16世纪，在印度洋的贸易世界，欧洲人已经占有了一席之地。而西班牙人、荷兰人在加勒比海、美洲建立

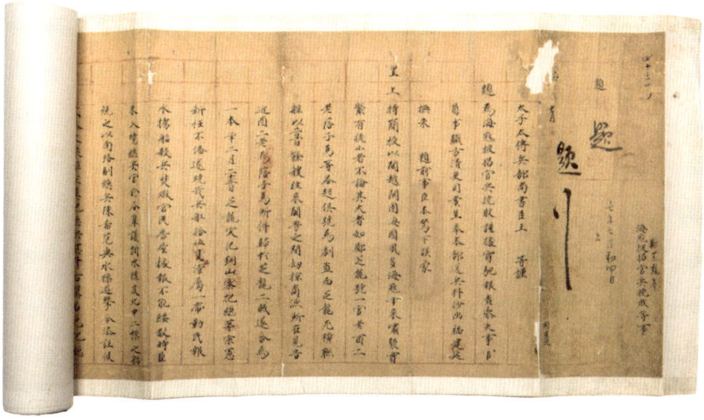

的殖民地，使得欧洲的产品越过大西洋换来墨西哥的白银、秘鲁的矿产、巴西的蔗糖和烟草进入欧洲市场和亚洲市场。非洲的土著居民则被当作奴隶而贩运到各大殖民地。

传统的地区性贸易网络“已经扩大为而且规模愈来愈大的扩大为世界市场”。根据一个从1500—1800年间7个欧洲国家抵达亚洲船只数量的统计来看，从最初的700多艘的总量增长到了6600多艘。而美洲到欧洲的金、银贩运量在这300年间则分别增长了20倍和10倍，中国的白银进口量则从1550年的2244吨增长到1700年的6951吨。葡萄牙人在记录他们的东方贸易时说：“欧洲与东洋的贸易，全归我国独占。我们每年以大帆船与圆形船结成舰队而航行至里斯本，满载上毛织物、绯衣、玻璃精制品、英国及富朗德儿出产的钟表以及葡萄牙的葡萄酒而到各地的海港上换取其他物品……最后，在澳门滞留数月，则又可满载金、绢、麝香、珍珠、象牙精制品、细工木器、漆器以及陶器（瓷器）而返回欧洲。”

这反映了无论从数量还是种类上，进入国际市场的商品都大幅增加。固定的商品交易所、证券市场开始出现亦有重要意义。1531年安特卫普商品交易所开业，“供所有国家和民族操各种语言的商人使用”。阿姆斯特丹、伦敦此后也分别成立粮食交易所和综合交易所。最后，处于新航路之上的港口开始成为世界贸易中心，取代大陆体系时代的陆路交通枢纽城市的地位，开始在世界经济体系中扮演重要角色。

起先是技术的进步带来的探险与新航路的开辟，然后是商品与人员的全球性流动，最后是法律与文化在各地区的碰撞，一个以海上贸易路线为纽带的海洋时代开始兴起并主导了世界历史的走向。

四

这样一个商品和货币、物资与人员、知识与宗教频繁而紧密往来的时代，中国明、清时期的中央与地方政府不可能自外于世界。万历时期曾任福建巡抚的许孚远在评论嘉、万时期的海禁政策时说：“然禁之当有法而绝之则难行，何者？彼其贸易往来、籴谷他处，以有余济不足，皆小民生养所需，不可因刖而废屦者也。不若明开市舶之禁，收其权而归之上，有所予而有所夺，则民之冒死越贩者固将不禁而自止。臣闻诸先民有言，市通则寇转而为商，市禁则商转而为寇。禁商犹易，禁寇实难。此诚不可不亟为之虑。且使中国商货通于暹罗、吕宋诸国，则诸国之情尝联属于我，而日本之势自孤。日本动静虚实亦因吾民往来诸国侦得其情，可谓先事之备。又商船坚固数倍兵船，临事可资调遣之用。商税二万，不烦督责，军需亦免搜括之劳。市舶一通，有此数利。不然，防一日本而并弃诸国，绝商贾之利、启寇盗之端，臣窃以为计之过矣。”明、清两代都实行过海禁政策，明代是因为倭患，清代则由于郑氏。海禁“虽禁不严，而商舶之往来亦自若也”，但长期来看，给沿海人民甚至国计民生都带来严重后果，所以地方大员多以“开洋”为主要筹划：“莫若另为立法，将商人出洋之禁稍为变通，方有大裨于国计民生也。”

通过数件珍贵的明代天启、崇祯年间兵部尚书有关海禁事宜的题行稿，可知明朝皇帝长期坚守的海禁政策至明末清初已与日益增多的对外贸易需求相悖。康熙二十三年（1684）七月十一日，在内阁起居注中有康熙帝召集朝臣商议开海贸易的记录。翌年即1685年，清政府在东南沿海创立粤、闽、浙、江四大海关，清廷实行开海通商政策。

乾隆二十六年（1761）九月十五日，广东巡抚托恩多上奏“瑞典商船遭风货沉抚恤遇难水手折”，请求按照惯例，对朝贡各国或外洋各国来中国贸易的商船予以灾难救助。从明清时代对朝贡体系和外洋贸易的维护来看，中国明确制定了有关维护这一范围广阔的贸易秩序的措施与政策。无论是陆路贡使和商客的接待、陪护、贸易纠纷、借贷的规定，还是海路贸易中由于漂风、漂海等遇难船只、人员、货物的抚恤、资助，都颁布有详细的措施和法令。《大清会典》在“朝贡”条目下设有专门的“周恤”“拯救”等内容，具体规定了朝贡贸易或者自由贸易中发生的疾病、死难、漂风、漂海等灾难事件中的救助责任与赏罚措施（参阅《嘉庆朝钦定大清会典事例》卷四百“礼部·朝贡”“周恤、拯救”等内容）。这些由中国制定、各国遵守的法令与政策，是前近代世界贸易秩序存在并得以维持、延续的重要因素。从鸦片战争以后，以海、陆丝绸之路为主体的世界贸易秩序开始被以西方近代国际法为主导的世界贸易秩序所取代，但其间蕴含的互通、平等、周济的贸易精神，在现代依然有重要的价值。

对于历史的描述，从封闭停滞的中国到世界贸易中心的中国的巨大变迁，反映了中西方历史学界不同时期的中国认识观。现在我们通过中国自身的历史文献与档案史料来重新看待这一时期的中国历史，是在这些路径之外的一种全新的中国历史观。从明清档案来看，中国与世界的贸易联系在陆路、海路都存在多条路线，陆地上除了传统的西向、北向的两条丝绸之路外，还有东向的朝鲜贸易，南向的通往印度、安南、暹罗的高山之路等四条主要线路，海上除了传统通往欧洲的海路外，尚可细分为南洋、美洲、东洋等四条海路，这样，以明清档案还原的八条丝绸之路贸易网络，重新展现了明清以来中外的联系途径。八条丝绸之路远远不能涵盖所有以中国为中心的贸易路线与贸易活动，但是这是一个新的解释框架，我们希望这个框架能够描绘一部中国本位的中外贸易与文化交流史，也为我们重新认识明清以来的中国与世界，提供一个新的视角。

前　言

李华川　伍媛媛

一

海洋对于人类来说从来都既是风险的渊薮，又是充满希望的蓝色家园。像其他文明古国一样，华夏文明发源于河流附近（黄河中下游），但是华夏民族对于广袤的蓝色世界也并不陌生。早在东周时期，齐桓公之称霸，就依赖管仲之善取鱼盐之利；越国的范蠡曾泛海北游，经商致富；孔子在人生失意之际，也曾有“乘桴浮于海”之叹。秦汉大一统之后，闽越、东粤、南粤等等均入版图，海内外并设州郡，沿海居民不避风涛，劈波斩浪，亚洲海域成了他们贸迁货物的场所，所至之地，从北至南，凡渤海、黄海、东海、南海、印度洋沿岸诸国，都曾留下国人的足迹，而中国商人所携货物，以丝产品为大宗，据《汉书·地理志》所载，武帝时商人多以“杂缯”购买南海明珠、奇石等异国之物，而所谓杂缯，便是各类丝织品，海上贸易航线被称为“海上丝绸之路”，良有以也。可以说，海上和陆上在同一时期发展出以丝绸贸易为特色的“丝绸之路”。海外贸易从来都不是单向的，当中国商人拓殖海外之际，也有众多胡商携带大量海货航海来华进行贸易。两汉时期，来自海外的奇珍异宝已云集长安、洛阳。

东汉末年，中原板荡，西北方向的“丝绸之路”断续无常，海上丝路却得到发展。从东吴、两晋至隋唐，海上南路以交州为中心的贸易从未断绝，不过，由于造船技术的限制，数百年间，南海航行的船只以外国商船为主。但唐朝政府对于经营海外相当重视，最早设立市舶使，促进对外贸易，中唐之后，中国海舶已能从事远洋航行，唐朝后期，更已驾外舶而上之，继交州之后，以广州为中心的海外贸易大为发展。广州城内外居住的胡商多达十余万人，颇能体现唐人开阔的气度。宋人继承了唐人的航海事业，将海外贸易推向繁荣。宋朝官府努力招徕外商，给予许多优待条件，不仅如此，在传统的朝贡体系之外，私人海外贸易也有很大的拓展空间，这种官方和民间并力发展海外贸易的局面，在两千年海上丝绸之路的历史中，也不多见。同时，宋人的航海技术也取得了突破，所制造的某些巨舶，仅水手和兵丁即多达千人，还不包括商人、旅客在内。而罗盘已被广泛使用。宋人的海舶不仅可达印度，更远至波斯湾，进入大食商人的传统领地。南海地区，最南至爪哇的范围，中国人受到各国的优待，已拥有良好的商业地位。借助众多的中式帆船（被外国人称为“戎克船”），大量丝绢、瓷器等销往东南亚、印度、波斯湾地区，海外的香料、珍珠、金银器等也涌入中国，东西方货物在朝贡体制的主导下，得以贸易、流通。在中原竞争中失利的南宋，之所以尚能延续一百五十余年，也因一定程度上受益于海外贸易的丰厚财力。继宋而起的元朝，本是一个草原帝国，但在其势力席卷欧亚大陆的过程中，逐渐形成了广袤的疆域和与之相称的世界意识，传统的中央王朝其实难以定义这个世界性的帝国。灭亡南宋之后，元人因袭前朝的海外贸易，并欲加以拓殖。北自朝鲜、日本，南至爪哇，元人均曾加以征讨。以元朝在世界上无与伦比的声威，中国的海外贸易本可以超越前人，跃升一个等级，但因元朝享国日浅，不足百年，便被逐回草原地区，远离了海的世界。

二

鼎革之后，明朝本来承袭了宋元海外贸易的丰厚遗产，但朱元璋未能善加利用，反而在洪武十四年（1381）后实行海禁，力图斩断已有千年以上传统的海外贸易，尽管并非事出无因，但禁海令仍是无视中国传统和沿海居民生存现状的弊政，开了明清海禁的先例。幸而海禁仅实施二十余年，永乐三年（1405），明成祖朱棣派郑和率领庞大的船队出使西洋，宣示国威。在15世纪前期，从东亚至非洲的海域，明朝的皇家船队进行了七次声威浩大的远征。无论是在船队的规模、航行的距离，还是航海技术上，在当时的世界范围内，都堪称无与伦比的壮举。这种远征将政治、外交、军事、经济意义叠加在一起，并非只具有单一的贸易功能，是朝贡体制下一种复杂的混合体，其作用不容小视。比如在贸易上，以瓷器、丝织品等为代表的大量中华物产直接销往东、西洋的三十余个国家，而海外的香料、布匹、珍宝、食品等也大量进口国内，影响到明人的日常生活。当然，这种完全由政府掌控的航海活动，其政治、外交意义远过于经济意义，更何况，民间的海外贸易仍然被禁止，所以一旦当政者的态度转变，下西洋式的远征戛然而止，明朝中期的海外贸易就不免陷入困境，反而为走私和海盗活动提供了生存空间。此后，明朝几乎一直为从事走私贸易和劫掠活动的倭寇所困扰。不过，16世纪以后，西方势力开始进入亚洲，先是在印度洋，之后在南海建立起商业和殖民网络，并且逐渐在东亚海域取得立足之处。经过葡萄牙、西班牙、荷兰、英国、法国等国的持续经营，西方在东亚地区建立起广阔的贸易网络，这种西方网络与原有的亚洲贸易网络交织、冲突，逐渐占据优势地位。亚洲原来以“朝贡体系”为特色的海外贸易，已有近两千年的历史，早就为东南亚多数国家所适应和接受。但是，西方贸易体系在亚洲具有强烈的武力征服特征，印度、马六甲、爪哇、苏门答腊、吕宋等地在不到一百年的时间中，便成为西方国家的殖民地，明朝之所以没有沦陷，在根本上还是因其强大的政治、军事实力。而在贸易的层面，明朝的商品也具有无可取代的优势，丝绸、瓷器等中国特产为西方及亚洲各国所青睐，西方商人却很少有对明人具有诱惑力的生活必需品能够用以交换，直到他们在美洲发现了大规模的银矿之后，才能维持与中国贸易的平衡。

由于明末的动乱和清人的入关，明清之际，海外贸易在数十年中摆脱了朝贡体制的束缚，变为由东南郑氏海商集团所控制的更为灵活的贸易形式。与明、清政府相比，郑芝龙、郑成功父子更重视和擅长海外贸易，郑氏集团的船队一度掌控了中国与日本和东南亚的海上航运。郑成功能够将海上强国荷兰从占据已久的台湾驱逐出去，就是他们强大实力的体现。清朝为了应对郑成功的威胁，从顺治十三年（1656）开始实行“禁海令”，两广、福建、江南、山东各省民间商船片帆不准入海，到顺治十八年，更将禁海令强化为“迁界令”，强令福建、广东、江南、浙江四省滨海居民内迁三十里，焚毁滨海三十里内房屋、船只，实际上是在沿海建立“无人区”。直至二十年之后，郑氏反清势力被消灭，康熙帝才废除“迁界令”。在“禁海”和“迁界”的二十多年中，清朝的海外贸易自然大受影响。不过，这仅是短暂的时期，一旦沿海军事威胁解除，康熙二十三年（1684），清政府设立了粤、闽、江、浙四个海关，管理海外贸易，对来华商船征收进口税。此时，民间海外贸易也趋于活跃，中国帆船又大量出现在南洋各地。遗憾的是，由于清政府对海外贸易存有严重的偏见，而且航海、造船技术落后，官方几乎没有实行过主动的海外贸易行为，这与唐宋以来的历代王朝颇有区别。进入18世纪以后，广州海关逐渐取代其他海关，成了海外贸易的绝对中心，除了中日贸易之外，各国海船云集黄埔港，与广州行商接洽贸易。“广州体制”在1700—1842年间，是清朝海外贸易的特征。直到“五口通商”之后，这一体制才走向没落。17—19世纪全球贸易体系已经建立起来，中国在其中发挥了非常重要的作用，借助海上丝绸之路，各国商品的交换空前地繁盛起来。大量的丝织品、瓷器、茶叶等商品行销世界，而外来的美洲农作物、白银、铜等也进入中国，人类的生活方式都发生了深刻的改变。

纵观“海上丝绸之路”的历史，可以说，中国从来不是一个封闭的国家，对于海外贸易一直怀有浓厚的兴趣，并且在与周边国家的商贸竞争中，长期处于优势地位。始于西汉的朝贡体系也一直在海外贸易中居于主导地位，经历近两千年的变迁、演进，这一体系已为亚洲各国普遍熟悉、认可和采用，虽然以天朝为中心的朝贡体系有很多弊端，但是该体系也具有较为和平的色彩和高度的稳定性，因此之故，才能维持庞大的亚洲海上贸易网络。从16世纪开始，西方势力闯入亚洲海域，以武力和商业手段打破原有的贸易格局，逐渐建立起一套新的贸易网络。西方网络的优势在技术方面，包括造船、航海、武器、金融等；亚洲网络的优势是商品，即丝绸、瓷器、

茶叶、胡椒等。在很长一段时期内，两种网络交织在一起，既有竞争，又有妥协、合作，直到19世纪40年代，英国才借助坚船利炮击溃朝贡体制，西方贸易网络彻底取代了亚洲网络。

三

明清时代海路贸易的意义超过陆路贸易，对于中国和全球经济的影响变得越来越重要。在卷帙浩繁的明清档案中，发掘、研究有关“海上丝绸之路”的史料，认清明清历史中海外贸易的真相，是一件非常有吸引力和挑战性的工作，也可以在一定程度上改变存在公众和学术界中对于明清史某些习焉不察的误解。而读者能够亲见这些原始文献，仿佛与古人（从皇帝到臣僚）当面聊天一样，也是一件有趣的事情。

我们精选318件保存在中国第一历史档案馆的有关明清时期中外通过海上往来的档案，按照海上丝绸之路的指向分成四路，即东洋之路、南洋之路、西洋之路和美洲之路。

东洋之路是前往琉球、日本、朝鲜的航线，档案有70件，主要涉及明清之际郑氏海上集团的活动、琉球朝贡贸易、晚清中日朝交涉几个主题。

南洋之路是中国与东南亚之间的航线，档案有71件，清前期（嘉庆之前）以暹罗贩运稻米入华为主，晚清后以中国与吕宋、新加坡的商务、侨务为主。

西洋之路是中国与欧洲之间的航线，档案为数最多，有100件。这些档案主要涉及明代下西洋、清代海外贸易、西方传教士的文化活动等几个主题。

美洲之路是中国与南、北美洲的航线，档案有77件，时期均为晚清，以清政府与美洲国家贸易往来、文化交流、交涉华工问题为主。

虽然目前对每一份档案进行细致研究尚需时日，但是通过梳理这些档案文献，我们可以建立起一条从明朝万历时期直到清末宣统时期的时间线，在此期间，无论处于何种动荡时代，海上丝绸之路从未中断。不仅如此，海外贸易在多个方向上，以或官方，或民间，或合法，或走私的形式，沿着中国的海岸线，从南到北，持续而大量地存在着。而且，海外贸易与文化交流、外交活动相互交织，尽管有时会发生激烈的冲突，但仍然可以构成一幅细节丰富、明暗对比强烈的中外交流图景。借助这一幅历史图景，我们可以清楚地看到，从明朝开始，中国逐渐成为世界贸易体系中的重要环节，不仅对东亚、南亚世界早已如此，对于欧洲的崛起和美国独立后的资本积累也一样，从物质和精神层面都发挥了重要作用。传统上，对于明清时期“闭关锁国”的贴标签式评价，其实在学理和事实的意义上都无法成立。

东洋之路卷·导言

李立民　刘文华

一

明清时期施行海上贸易管控政策。洪武四年（1371），严禁濒海居民私自出海，洪武二十七年，又规定："禁民间用番香番货……敢有私下诸番互市者，必置之重法。凡番香番货，皆不许贩鬻，其见有者，限以三月销尽。"其后几经反复，海禁不能严格实行，民间贸易依然存在。

入清之初，为了进一步打击东南沿海的反清势力，清廷制定了严厉的海禁政策，严禁商民船只私自出海。特别严禁运输粮食等货物，一旦被官查出，即将贸易之人俱行正法，货物入官。对于停泊靠岸的船只，各督抚镇将严饬防守各官，相度形势，设法阻拦，不许片帆入口。但统一台湾以后，东南沿海人民生计和贸易需求都在推动着各项贸易活动的展开。明清两朝将商贸活动严格限制在由官方操纵的朝贡—勘合体制内。明清时期海上东路的商贸活动，就是在这样的时代背景下展开的。

所谓朝贡—勘合体制，是指在商贸活动之前，朝贡国需要接受中国统治者的册封，然后每年携带贡物至中国觐见皇帝，皇帝亦会"回赐"贡使，并据其身份高低，给予不同等次的"抚赏"。外国贡使来华之前，还需要持有礼部颁发的"勘合"凭证，以便通行。

明朝正式施行勘合贸易始于洪武十六年。据郑舜功《日本一鉴》所载："勘合给与四夷，起于洪武壬戌。时以外夷入贡真伪难辨，乃以礼部立勘合文簿，给与暹罗、占城、琉球等五十九处。凡入贡旷赍给勘合于各自布政司，比对相同，然后发遣。"管理这种朝贡贸易的机构是礼部主客司，设郎中一人，员外郎一人，主事一人。凡有藩国来贡，礼部主客司先要查明其贡道远近、贡使多寡、贡物丰约，据此以定迎送宴劳事宜。此外，主客司还负责查验勘合表文、清点贡物等事务。在地方上，还设有市舶司。明嘉靖初年，在广东、福建、浙江设立市舶司，掌管与日本、琉球等国的贸易。邓钟在《筹海重编·开互市》中云："凡外夷贡者，我朝皆设市舶司领之，在广东者专为占城、暹罗诸番而设，在福建者专为琉球而设，在浙江者专为日本而设。其来也，许带方物，官设牙行与民贸易，谓之互市。"

在海上东洋之路所涉国家中，朝鲜向明廷朝贡次数最为频繁，虽然明廷规定三年一来朝贡，但朝鲜每年在圣节、正旦、皇太子千秋节时，皆遣使奉表朝贺，朝贡方物，其余庆慰、谢恩，则无常期。朝鲜贡道，在明迁都北京后，形成固定的线路，一般由鸭绿江经辽阳、广宁入山海关。琉球朝贡的次数仅次于朝鲜，基本上也保持了每岁一贡，但也有一岁多贡的情况。明朝时期琉球的海上贡道，一般从泉州上岸，明廷专门在泉州设立了市舶司，负责管理与琉球的外贸事宜。日本与明廷的朝贡贸易，相比而言，则稍为逊色。由于沿海的倭寇问题严重，明廷规定日本十年一贡，其规模明显不如朝鲜和琉球。据《明史・外国传三・日本传》载："永乐初，诏日本十年一贡，人止二百，船止二艘，不得携军器，违者以寇论。"日本贡船自宁波港进入内地，转经内河，抵达通州后，至北京。

清前期，在制度设置方面，多沿袭明代。负责朝贡事务的机构依然是礼部主客司。据光绪《大清会典・礼部・主客清吏司》载："凡入贡各定其期，使各辨其数。凡贡使至则以闻，乃进其表奏，达其贡物，叙其朝仪，给其例赏，支其供具，致其周恤。贡使往来皆护。凡封外国，必锡之诏敕。"

早在清入关前，就与朝鲜建立了朝贡关系。朝鲜奉清朝正朔，每年进贡一次，逢节日或庆典，皆须行贡献礼。朝鲜国的贡道在清入关前，通过凤凰城进入盛京，此后又经盛京转至北京。清廷定都北京后，对周边国家推行怀柔政策，除了继续巩固与朝鲜的朝贡贸易关系外，还颁诏天下，凡东南海外琉球、安南、暹罗、日本诸国，有投诚纳款者，地方官即为奏达，与朝鲜等国一体优待，用示怀柔。顺治八年（1651），琉球国派遣陪臣、通事赍表至京师，开始向清廷二年一贡。至道光初年，凡来京朝贡百余次。

清廷对各国由海路朝贡贸易的规模也进行了规定，由海道进贡的船只，最多只允许来三艘船，每船不得过百人。接贡、探贡等船，皆不许放入。在各国朝贡的规模中，朝鲜依然得到厚待，除正副使、书状官、大通官、护贡官等有定额外，陪从人员不设定额。对于琉球国，顺治十一年规定，使团人数不得超过150人，其中只允许15人进京。至康熙二十八年（1689），限制才逐渐放宽。据《清会典事例・礼部・朝贡・从人》载："琉球国入贡两船人数，准其加增，共不过三百名。接贡一船亦免收税，合三船之数。"

清前期与日本的贸易，目前史料记载较为匮乏。顺治二年，清廷为解决国内铜斤短缺的困境，曾下令凡商贾有挟重资愿航海市铜者，关给符为信，听其出洋，往市于东南、日本诸国。其回程之时，司关者按时值收之，以供官用。这则记载中所称的"关给符为信"，可见对日本的贸易中也实行了严厉的控制政策。

二

在官方朝贡贸易之外，还存在着一个所谓"借贡兴贩"贸易的中间地带。以明朝的日本贡使为例，日本的朝贡贸易，由设立在宁波的浙江市舶司掌管。日本使节先到宁波歇脚，等待明廷的许可，方才进京。在此期间，他们的随行人员如僧侣、商人等也被官方允许夹带货物，同中国商人私下贸易。据《明会典・给赐二・外夷上》载："正贡外，使臣自进并官收买附来货物，俱给价，不堪者令自贸易。"这种贸易行为，即使是在入京的沿途中，也广泛存在。日本卖给中国商人的大多是丝绵、棉布、药草、砂糖、瓷器、书画以及各种铜器、漆器等，而从中国购买的物品则主要是生丝及丝织物。清朝康熙年间开始，也允许这种"中间贸易"的存在。康熙二十三年规定，凡外国贡船所带货物，停其收税；其余私自前来贸易者，准其贸易，但均须照例收税。贸易完成后，交易者不得久留内地，一并遣还，贡船回国多带去的货物，免其收税。雍正二年(1724)，琉球国王遣其子弟郑秉哲、郑谦、蔡宏训至国子监读书，其中便携带土产细嫩土蕉布50匹、围屏纸3000张。明清时期这种“中间贸易”主要发生在贡使们在京期间居住的会同馆中。

会同馆，是明清时期安置入京朝贡贡使居住的馆舍，由礼部主客清吏司负责兼管。据《大明会典》载：“各处夷人朝贡领赏之后，许于会同馆开市三日或五日，惟朝鲜、琉球不拘期限。”可见，明廷对海上东路的贸易实施了较为宽松的政策支持。清代沿袭明朝政策，初亦设会同馆。乾隆十三年(1748)，将四译馆并入会同馆，改称会同四译馆，由礼部郎中兼馆事。同时，也负责监督贡使与官民的私下交易，“稽其出入、互市之事”，并对违禁物品进行查核。据光绪《大清会典》载：“各国贡使附载方物，自出夫力，携至京城，颁赏后，在会同馆开市，或三日，或五日，惟朝鲜、琉球不拘限期。贡船往来所带货物，俱停其征税。”

除此之外，由官方所掌控的“转口贸易”，也是朝贡贸易的一种补充形式。嘉靖十四年(1535)，都指挥使黄庆接受了葡萄牙人的贿赂，请之上官，在澳门正式开埠通商。经过多年经营，澳门逐渐成为晚明对外贸易的一个中心。每年，葡萄牙人的商船从印度出发，经停澳门交易后，将中国的生丝运往日本长崎，再将交易所得的白银运回澳门继续购买生丝。当时由于“倭寇问题”，明朝与日本间的走私贸易几乎中断，而葡萄牙人便成为中、日之间转口贸易的巨大获利者。直到崇祯末年，由于荷兰的崛起以及南明抗清斗争的持续，葡萄牙人占据主导地位的海上贸易秩序遭到挑战。继葡萄牙人而起的，是郑芝龙集团在台湾、厦门等地建立起来的对日本贸易网络。

与此同时，走私贸易也悄然兴起。沿海居民冒险与外国走私，多出于生计所需。据明茅元仪《武备志·海防六》称：“贫民倚海为生，捕鱼贩盐乃其业也。然其利甚微，愚弱之人方恃乎此。其奸巧强梁者，自上番舶以取外国之利，利重十倍故耳。今既不通番，复并鱼盐之生理而欲绝之，此辈肯坐而待毙乎！”嘉靖三年，葡萄牙人在广东开辟贸易的企图落空后，开始转向东南沿海地区。经过多年经营，在宁波双屿岛建立了与中国内地的走私贸易根据地。

嘉靖八年，浙江市舶司被罢，日本来华贸易受到严重影响。据明谷应泰《明史纪事本末·沿海寇乱》称：“罢市舶，则利孔在下，奸商外诱，岛夷内讧，海上无宁日矣。”在官方允许的勘合贸易被罢之后，闽浙沿海居民与日本的走私贸易日益增多。嘉靖二十七年，又在福建开辟了浯屿港、月港等走私贸易据点。日本商船也成为这里的常客。据明郑钟《筹海重编·开互市》载：“日本原无商舶，商舶乃西洋原贡诸夷载货泊广东之私澳，官税而贸易之，既而皆避抽税，省陆运，福人导之，改泊海仓月港，浙人又导之改泊双屿。每岁夏季而来，望冬而去，可与贡舶相混乎？”中国的丝绸、棉布、锦绣、水银、铁锅、瓷器、药材等通过这些港口走私至日本。走私的货物多为日本国内匮乏者，由此也带来了高额的走私利益。明徐光启在《海防迂说》中便言：“丝，所以为织芒之用也。盖彼国自有成式花样，朝会宴享，必自织而用之。中国绢芒但充里衣而已。若番舶不通，则无丝可织。每百斤值银五十两，取去者其价十倍。”

从史料的记载看，即使在海禁严厉的清朝初年，中日之间的走私贸易依然存在。顺治三年，清廷颁布了“私出外境及违禁下海律”。《大清律例》载：“凡将马牛、军需、铁货、铜钱、缎匹、绸绢、丝绵私出外境货卖及下海者，杖一百。挑担驮载之人，减一等。物货、船车并入官。于内以十分为率，三分付告人充赏。若将人口、军器出境及下海者，绞；因而走泄事情者，斩。其拘该官司及守把之人，通同夹带，或知而故纵者，与犯人同罪。失觉察者，减三等，罪止杖一百。军兵又减一等。”尽管如此，顺治十年还是发生了海商赴日本走私的事件。《明清史料·己编》中便记载山东即墨海商黄之梁、杜得吾等人，纠集不法之徒，各买绸绫毡布等货，利用商船，假道庙湾，至日本国内出售。此案涉及的海商及水手有80余人。据此，当时走私的规模可略窥一斑。

三

从中国第一历史档案馆所藏档案来看，海上东洋之路商贸体现了如下特点：

第一，商贸交往蕴含文化交流。清代国子监中专门设有琉球学、俄罗斯学等外藩就学之制。康熙五十九年，琉球国中山王尚敬称愿遣陪臣子弟入监读书，雍正元年十月初九日，中山王尚敬奏《为遣官生入监读书事》，得旨允行。至雍正二年，琉球国王遣其子弟郑秉哲、郑谦、蔡宏训至国子监读书。琉球国遣使入国子监读书，使清代的文教政策“被万方益广矣”，反映了清代海上丝绸之路上文化交流的一个面相。

第二，“以人文化成天下”的政治文化。康熙帝亲政以后，实行“不专以法令为事，而以教化为先”的治国理念。他认为，法令虽可禁于一时，“而教化维于可久”。治理国家若仅仅依靠法令而不施教化，“是舍本而务末也”。这一政策也延展至邻邦藩属国内。如康熙二十八年八月，琉球国中山王奏请嗣爵，康熙帝遣使册封，并亲书“中山世土”四字，命使臣赍赐。康熙帝赐书琉球国，其背后所体现的是康熙朝“以人文化成天下之意”的深刻内涵。又如雍正十三年，孝敬宪皇后尊号礼成、崇庆皇太后徽号礼成，遣使颁诏朝鲜；乾隆二年，孝敬宪皇后升祔太庙，雍正帝同年升配圜丘礼成，亦颁诏朝鲜；嘉庆元年（1796），授受礼成，四年，高宗纯皇帝孝贤纯皇后、孝仪纯皇后尊谥礼成，均颁诏朝鲜。这份颁诏朝鲜国成案清单的背后，体现了清代对外交往中“礼以体政”的政治文化内涵。

第三，重视民生的外贸政策。在乾隆朝的对外贸易政策中，对与国计民生有关的货物往往实行减免关税的举措。乾隆八年九月，谕闽粤督抚减免外洋运米商船税银。在乾隆帝看来，“米粮为民食根本”，因此对外洋商人凡船载米粮者，概行蠲免关税，其他货物则照常征收。至乾隆九年，更将其著为定例。规定：凡带米一万石以上者，著免其船货税银十分之五；带米五千石以上者，免十分之三。盈余者，可官买收入常社等仓，或分给绿营各标营备用。

第四，民间信仰与海上贸易的互动。嘉庆五年五月，清廷派正副使前往琉球册封国王，航海七日后抵达琉球。时波涛险阻，加之海盗未靖，故往返皆难。此次平安抵达琉球国后，使臣回奏嘉庆帝。嘉庆帝认为，此程平安抵达，“皆赖海神垂佑”，故发去藏香若干，交于地方官员，令亲赴厦门天后宫默祷祀谢。天后，即民间所谓妈祖。相传是宋代福建女子，生前行善救难，自宋代以降，逐渐成为沿海地区祭拜的神祇。本则档案体现了清代海上交往中的文化信仰，同时也揭示了海路交流成为官方与民间信仰互动的一个载体。

凡 例

1. 本书所辑档案，均为中国第一历史档案馆所藏明清两朝原始档案。

2. 本书依据所辑档案涉及的国家（地区），分为陆上丝绸之路编与海上丝绸之路编。陆上丝绸之路编分为四卷，即过江之路卷、高山之路卷、沙漠之路卷、草原之路卷；海上丝绸之路编分为四卷，即东洋之路卷、南洋之路卷、西洋之路卷、美洲之路卷。

3. 本书所辑档案，大抵按照档案文件形成时间依次编排。部分关于同一事件或主题的多件档案，编为一组，以最早时间进行排序。

4. 每件档案时间，以具文时间或发文时间为准；没有具文或发文时间者，采用朱批、抄录、收文时间；有文件形成时间过程者，标注起止时间。没有明确形成时间的档案，经考证推断时间；暂难考证时间者，只标注朝代。

5. 本书所辑档案标题，简明反映各件档案的责任者、文书种类、事由、中西历时间等信息，文字尽量反映档案原貌。

6. 本书所辑档案，一般以“责任者 + 文书种类 + 时间”的方式命名，如遇一件档案分排多页或一件档案内含多份者，则标注“之一”“之二”等。

7. 因版面所限，本书所收个别档案为局部展示。

8. 本书所辑档案，均撰拟相应释文，简要阐释档案的主要内容和相关历史背景。

目录

兵部尚书王之臣等题行稿：

为官兵剿抚闽省海寇郑芝龙等失事遵旨议处将弁事

天启七年七月初三日（1627年8月13日）

明代实行严厉的海禁政策，其对外贸易，主要是朝贡—勘合体制下的官方贸易，由市舶司负责在港口交易。至晚明时期，逐渐形成了以中国为中心的东亚贸易网络，催发了闽浙沿海的走私贸易。以郑芝龙为代表的大规模武装走私集团恣意横行，“商船遇贼必至停泊”，形成了对正常海上贸易的威胁。天启七年（1627）二月，郑芝龙犯铜山，明军腐败怯战，“闽将畏贼甚于畏法”，不敌而败。经王之臣的参奏，明廷惩治了失职官员，总结了教训，在募兵、措饷、造船等方面做出了改进。

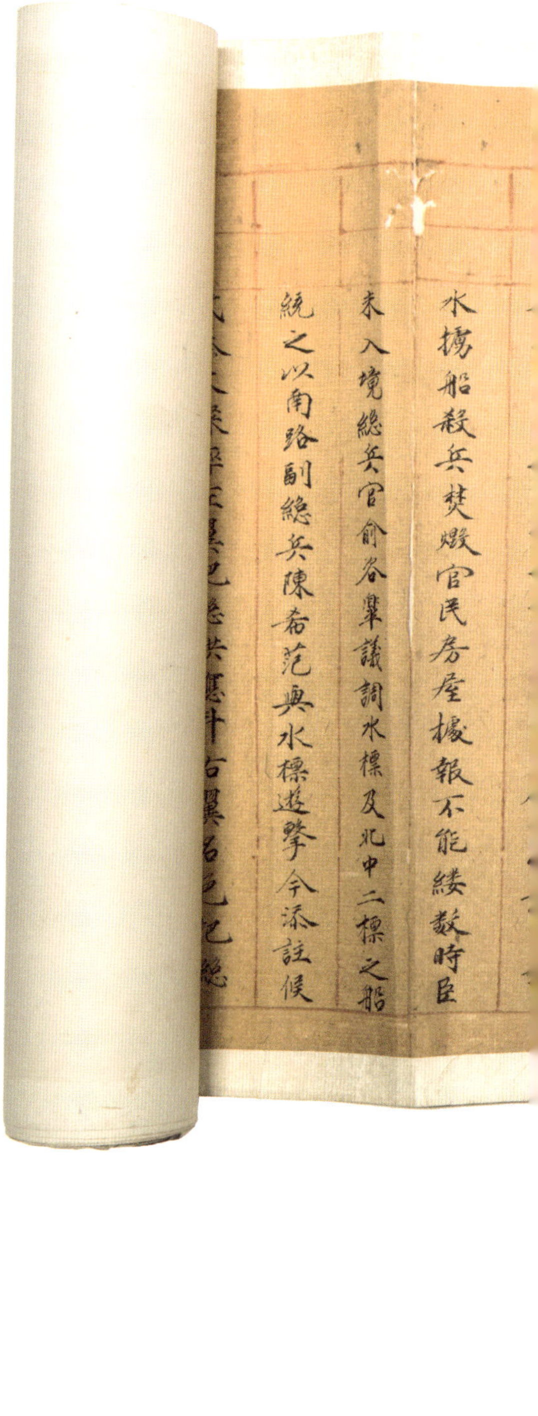

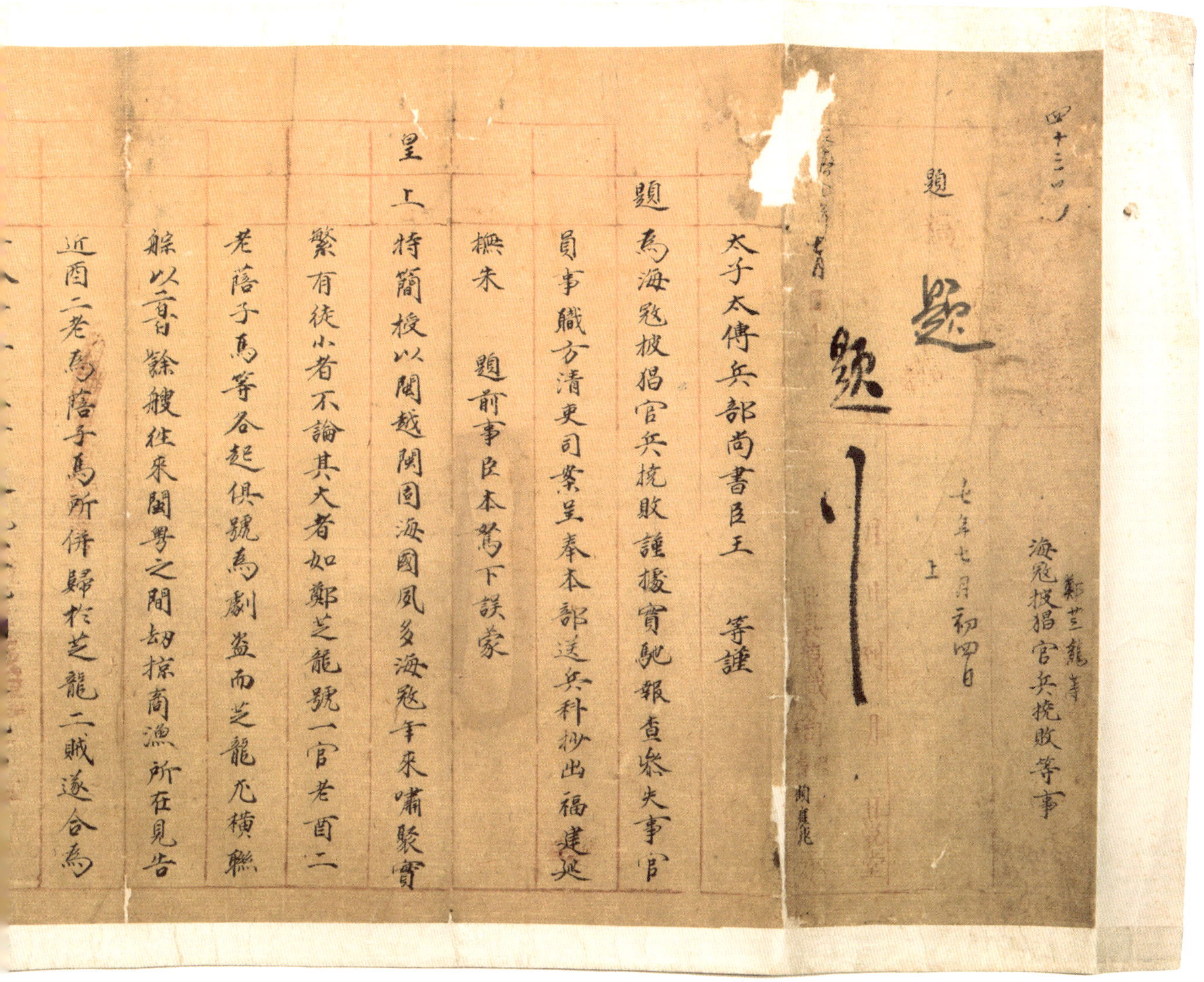

兵部尚书王之臣等题行稿（天启七年七月初三日）

兵部尚书张凤翼等题行稿：

为粤东有三可忧三大蠹害以祈敕救等事

崇祯七年四月二十二日（1634 年 5 月 18 日）

晚明时期的澳门夙有“东方第一商埠”之称，自葡萄牙人占据澳门后，这里便成为东西方贸易的重要商埠。然而，这些被称为“澳夷”的葡萄牙人，凭借高船火铳，勾结粤东商人，常常“违禁之物公然搬载，沿海乡村被其掠夺”。由此也引发了外洋海寇勒索盐船，奸民接济粮食、窝藏赃物等问题。该题本上呈后，明廷采取了禁闽商勾结、禁米谷出海、严乡保之治等措施加以杜绝。这一社会矛盾的背后实质上反映的是明廷禁海政策与商贸发展之间的矛盾。

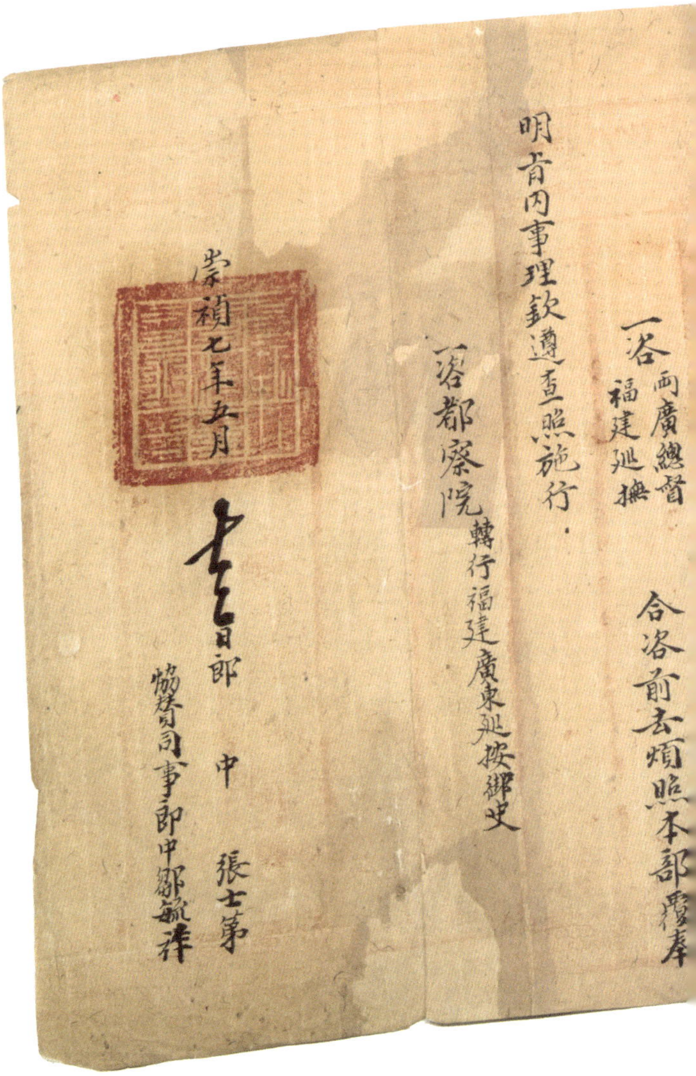
合咨前去煩照本部覆奉
一咨 兩廣總督 福建巡撫
明旨內事理欽遵查照施行
一咨 都察院 轉行福建廣東巡按御史
崇禎七年五月
日郎中 張士第
協理司事郎中鄒毓祥

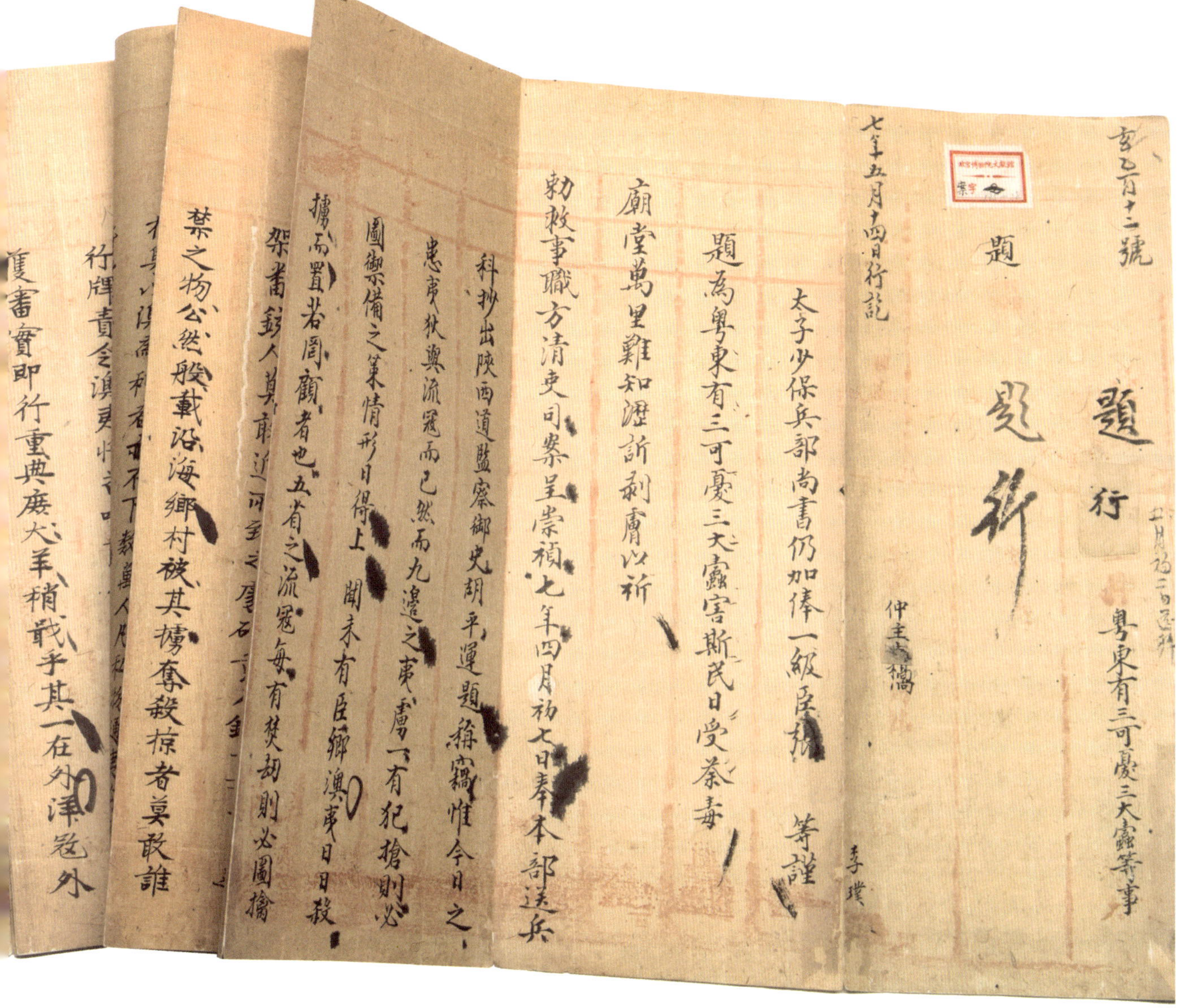

兵部尚书张凤翼等题行稿之一（崇祯七年四月二十二日）

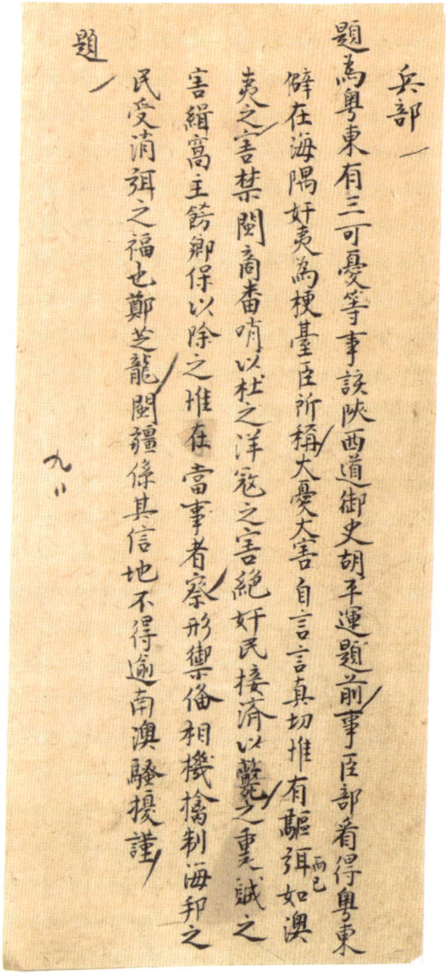

兵部
題為粵東有三可憂等事該陝西道御史胡平運題前事臣部看得粵東
僻在海隅奸夷為梗臺臣所稱大憂大害自言言真切惟有驅殄而已如澳
夷之害禁闌商嗇哨以杜之洋寇之害絕奸民接濟以[illegible]之奧賊之
害緝窩主飭鄉保以除之惟在當事者察形禦備相機擒剿海邦之
民受清殄之福也鄭芝龍閩疆係其信地不得逾南澳騷擾謹
題
九八

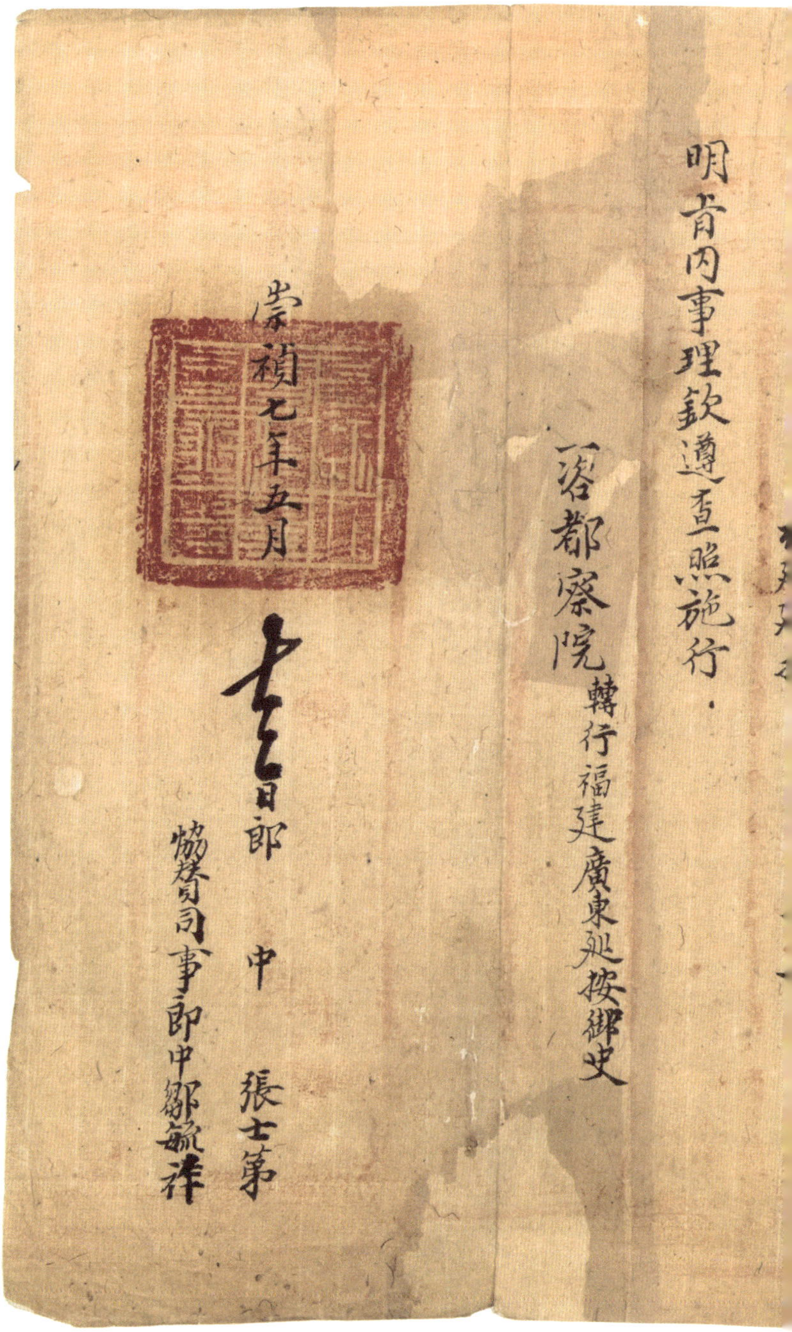

明旨內事理欽遵查照施行
一咨都察院轉行福建廣東巡按御史
崇禎七年五月十三日
郎中張士第
協贊司事郎中鄒毓祚

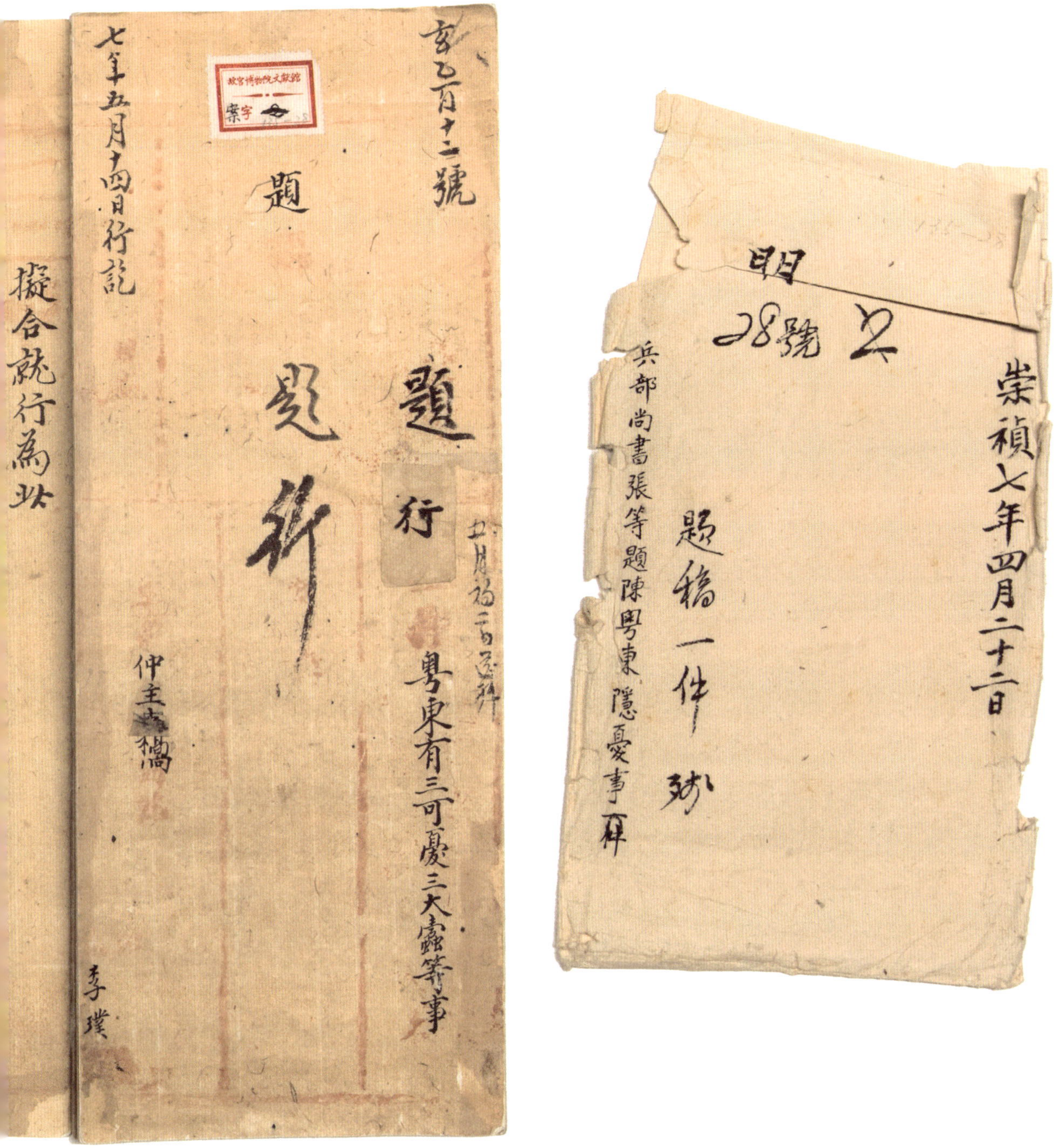

兵部尚书张凤翼等题行稿之二（崇祯七年四月二十二日）

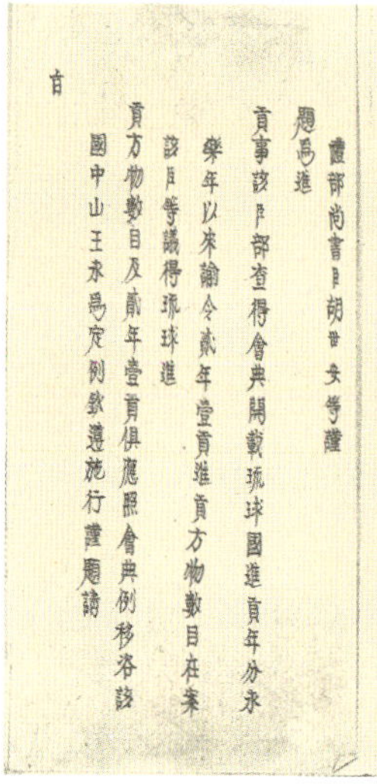

禮部尚書臣胡世安等謹
題為進
貢事該戶部查得會典開載琉球國進貢年分來
學年以來諭令貳年壹貢進貢方物數目在案
該臣等議得琉球進
貢方物數目及貳年壹貢俱應照會典例移咨該
國中山王永為定例欽遵施行謹題請
旨

礼部尚书胡世安等题本（顺治十一年三月二十八日）

礼部尚书胡世安等题本：

为琉球进贡方物数目及二年一贡俱应照旧遵行事

顺治十一年三月二十八日（1654 年 5 月 14 日）

顺治四年（1647）二月，清朝平定浙闽后，即要求地方官员如遇琉球、安南等国进贡，需热情迎送上奏。顺治八年，清廷敕令琉球国缴还前明敕印。顺治十一年四月，琉球国世子尚质派使来京进贡，并随缴前明敕

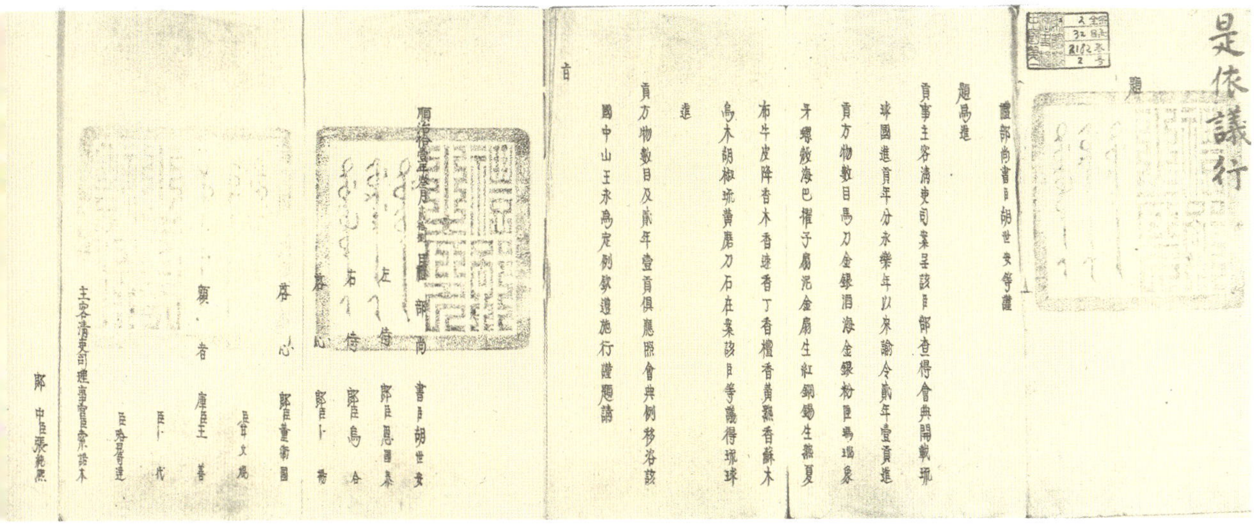

是依議行

題

禮部尚書臣胡世安等謹

題爲進

貢事主客清吏司案呈該臣部查得會典開載琉

球國進貢年分永樂年以來諭令兩年壹貢進

貢方物數目馬刀金銀酒海金銀粉匣瑪瑙象

牙螺殼海巴擢子扇泥金扇生紅銅錫生熟夏

布牛皮降香木香速香丁香檀香黃熟香蘇木

烏木胡椒硫黃磨刀石在案該臣等議得琉球

進

貢方物數目及來年壹貢俱應照會典例移咨該

國中山王永爲定例欽遵施行謹題請

旨

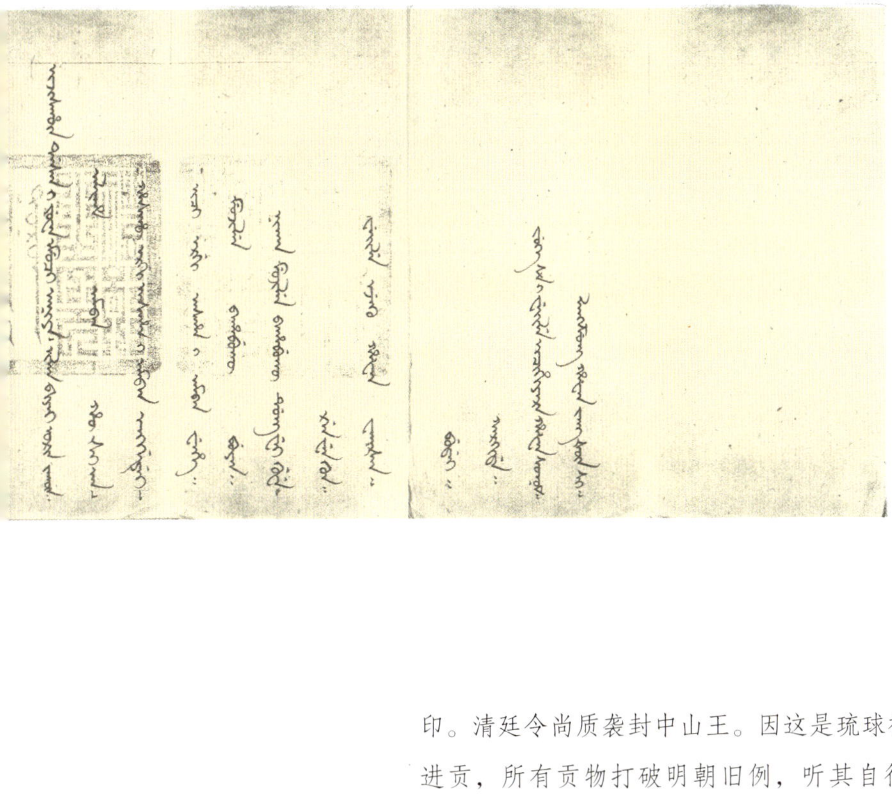

印。清廷令尚质袭封中山王。因这是琉球初次向清朝进贡，所有贡物打破明朝旧例，听其自行交易，以示柔远之意。对于今后琉球进贡一事，礼部查照《明会典》，题请仍是二年一贡，所贡方物种类数目也还是按照明代定例。清廷立国之初所奉行的积极的对外政策，促进了其与邻邦在经济与文化方面友好交往的同时，也建立了新朝的权威。

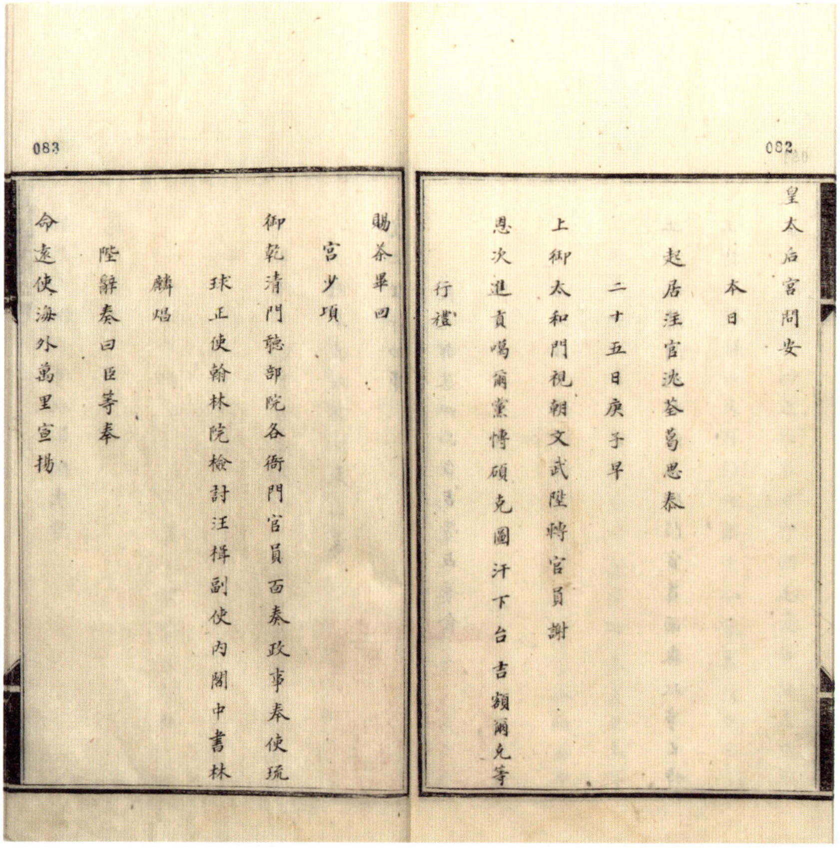
皇太后宫問安
本日
起居注官沈荃噶思泰
二十五日庚子早
上御太和門視朝文武陞轉官員謝
恩次進貢噶爾亶博碩克圖汗下台吉額爾克等
行禮
賜茶畢回
宮少項
御乾清門聽部院各衙門官員面奏政事奉使琉
球正使翰林院檢討汪楫副使內閣中書林
麟焻
陛辭奏曰臣等奉
命遠使海外萬里宣揚

《内阁起居注》

康熙帝册封琉球国主并赐书“中山世土”事

康熙二十一年八月二十五日（1682年9月26日）

康熙帝亲政以后，实行“不专以法令为事，而以教化为先”的治国理念。他认为，法令虽可禁于一时，“而教化维于可久”。治理国家若仅仅依靠法令而不施教化，“是舍本而务末也”。这一政策也扩展至邻邦藩属国内。康熙二十一年（1682）八月，琉球国中山王奏请嗣爵，康熙帝遣使册封，并亲书“中山世土”四字，命使臣一同赍赐。康熙帝赐书琉球国，其背后所体现的是康熙朝“以人文化成天下之意”的深刻内涵。

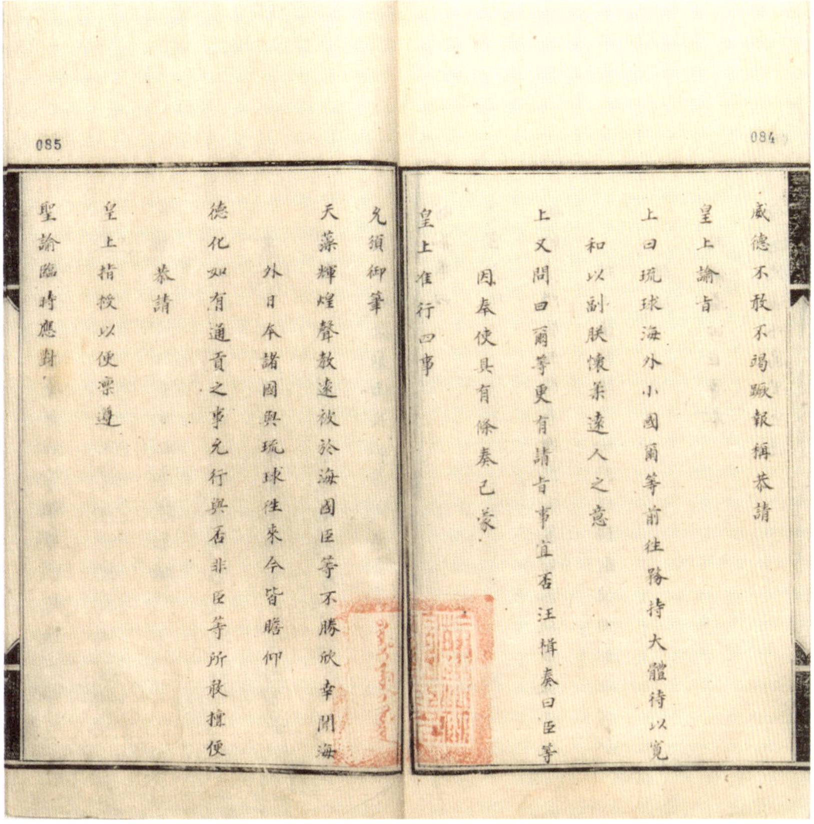

084

威德不敢不竭蹶報稱恭請
皇上諭旨
上曰琉球海外小國爾等前往務持大體待以寬
和以副朕懷柔遠人之意
上又問曰爾等更有請旨事宜否汪楫奏曰臣等
因奉使具有條奏已蒙
皇上准行四事

085

允頒御筆
天藻輝煌聲教遠被於海國臣等不勝欣幸聞海
外日本諸國與琉球往來今皆瞻仰
德化如有通貢之事允行與否非臣等所敢擅便
恭請
皇上指授以便遵
聖諭臨時應對

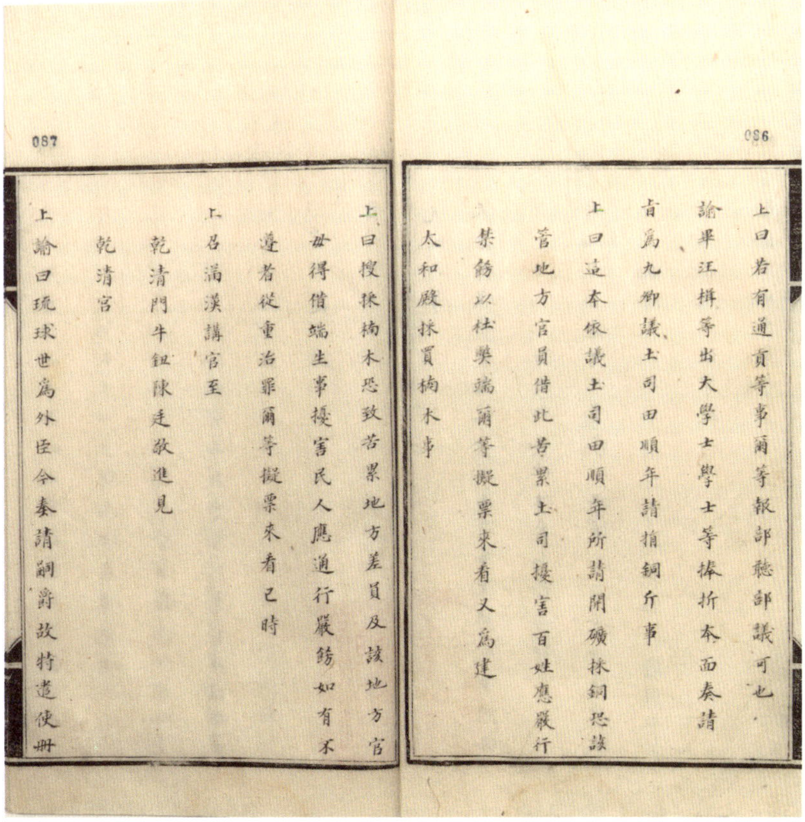

086

上曰若有通貢等事爾等報部聽部議可也
諭畢汪楫等出大學士學士等捧折本面奏請
旨爲九卿議土司田順年請捐銅斤事
上曰從本依議土司田順年所請開礦採銅恐該
管地方官員借此苦累土司擾害百姓應嚴行
禁飭以杜弊端爾等擬票來看又爲建
太和殿採買楠木事

087

上曰搜採楠木恐致苦累地方差員及該地方官
毋得借端生事擾害民人應通行嚴飭如有不
遵者從重治罪爾等擬票來看巳時
上召滿漢講官至
乾清門牛鈕陳廷敬進見
乾清宮
上諭曰琉球世爲外臣今奏請嗣爵故特遣使冊

《内阁起居注》之一（康熙二十一年八月二十五日）

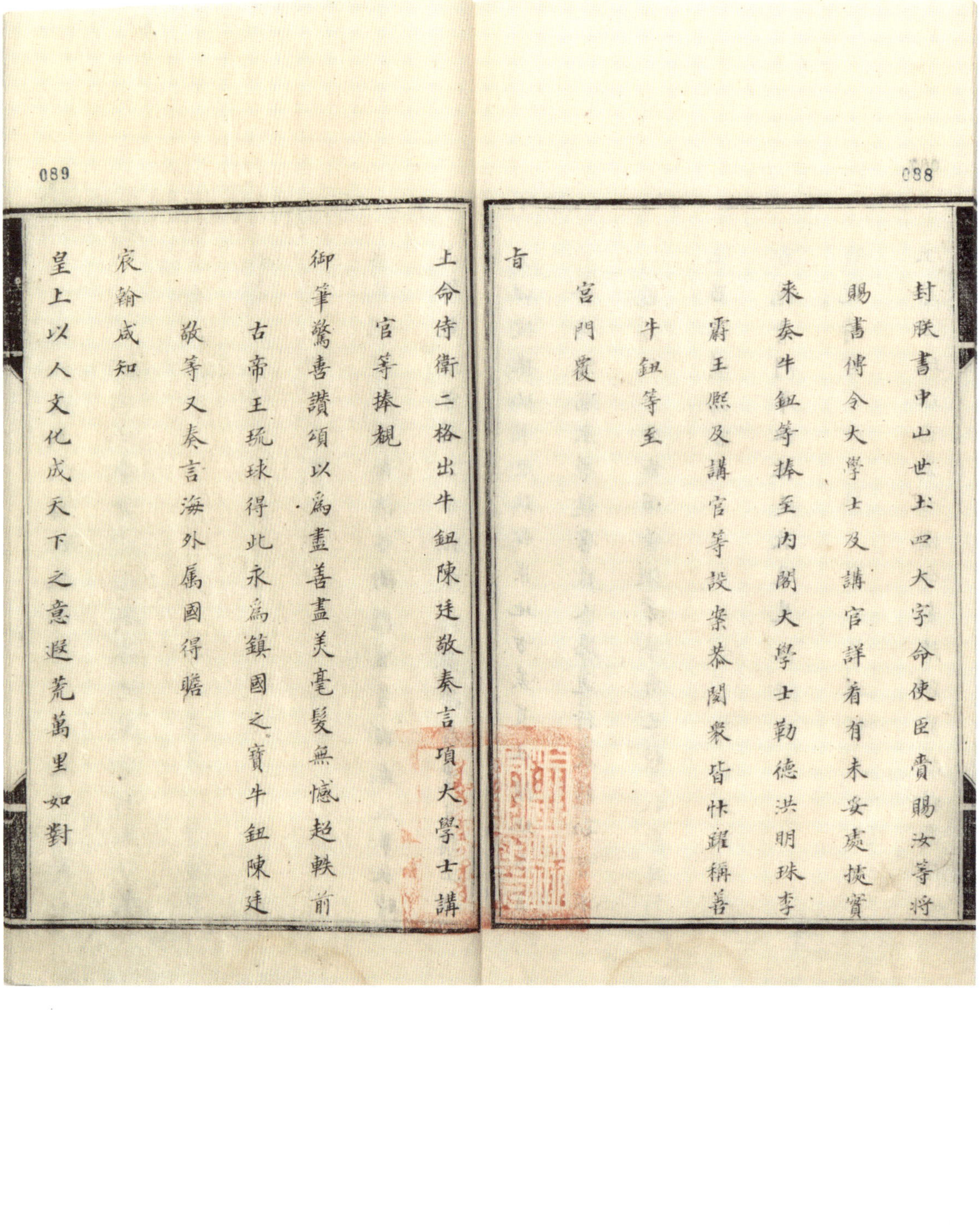
088
封朕書中山世土四大字命使臣賫賜汝等將
賜書傅令大學士及講官詳看有未妥處據實
來奏牛鈕等捧至內閣大學士勒德洪明珠李
霨王熙及講官等設案恭閱衆皆忭躍稱善
牛鈕等至
宮門覆
旨
089
上命侍衛二格出牛鈕陳廷敬奏言頃大學士講
官等捧覩
御筆驚喜讚頌以爲盡善盡美毫髮無憾超軼前
古帝王琉球得此永爲鎮國之寶牛鈕陳廷
敬等又奏言海外屬國得睹
宸翰咸知
皇上以人文化成天下之意遐荒萬里如對

090

天顏咫尺懾威懷德服教畏神自古史冊所載未
有如此盛事臣等恭際休明不勝欣幸之至
本日
起居注官常書孫在豐
二十六日辛丑早
上御乾清門聽部院各衙門官員面奏政事辰時
上御乾清宮講官牛鈕陳廷敬孫在豐進講上六

091

公用射隼於高墉之上二節損有孚二節畢
上召牛鈕陳廷敬至
御榻前
諭曰大學士馮溥効力有年告老歸里前所上章
疏朕已悉知今特賜詩一章爲手卷一軸圖書
一墨刻一冊汝等傳諭朕意朕聞山東人仕於
朝者大小相固結彼此推引凡有涉於己私之

《内阁起居注》之二（康熙二十一年八月二十五日）

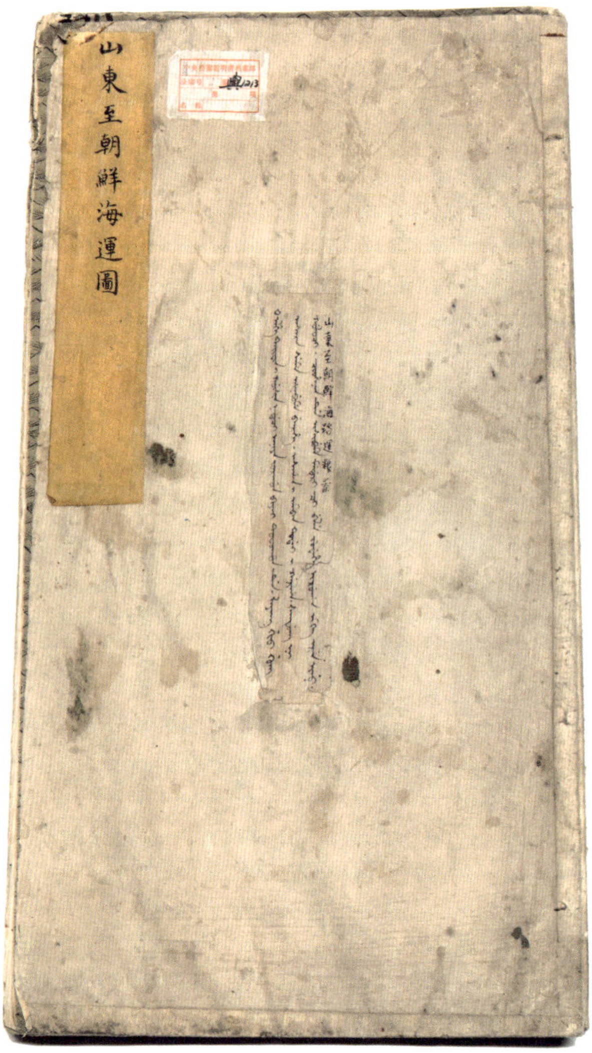

《山东至朝鲜运粮图》

康熙三十七年（1698）

康熙三十六年（1697）冬，朝鲜饥荒严重，请求清政府在中江开市进行粮食贸易。康熙帝“立允其请”，令侍郎陶岱运米三万石前往朝鲜赈济，其中，免费拨给一万石，平价交易二万石。这大大缓解了朝鲜饥荒。这幅图就是陶岱运粮完成后绘制呈交清廷的。它生动地反映了明清时期直隶、山东、辽东等地与朝鲜之间的海上航线情况。

《山东至朝鲜运粮图》（康熙三十七年）

聞俟莫爾森出洋之後孫岳頒房屋完工
之日再行啓
奏伏乞
睿鑒施行
知道了千萬不可露出行蹟方好

康熙四十年三月　日

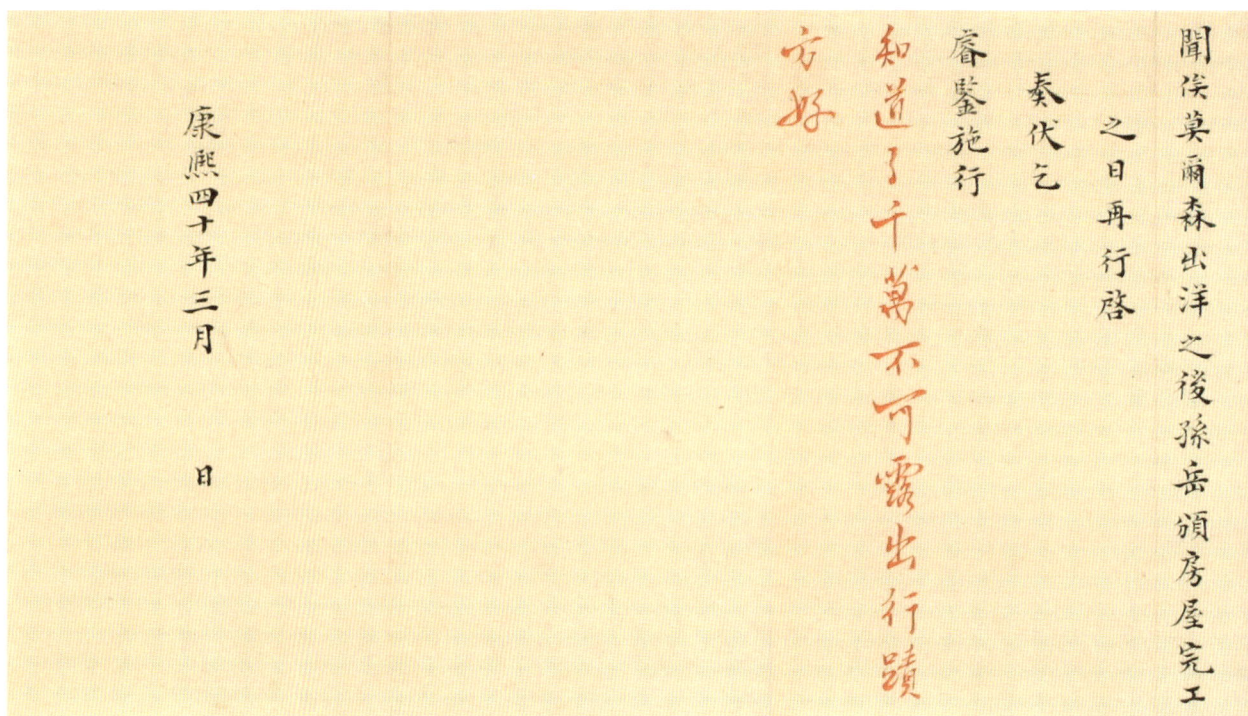

苏州织造李煦奏折:

为遵议杭州织造乌林达莫尔森可以前往东洋事

康熙四十年三月（1701 年 4 月）

苏州织造李煦奏折:

为杭州织造乌林达莫尔森前往东洋自杭至苏并由上海开船日期事

康熙四十年六月（1701 年 7 月）

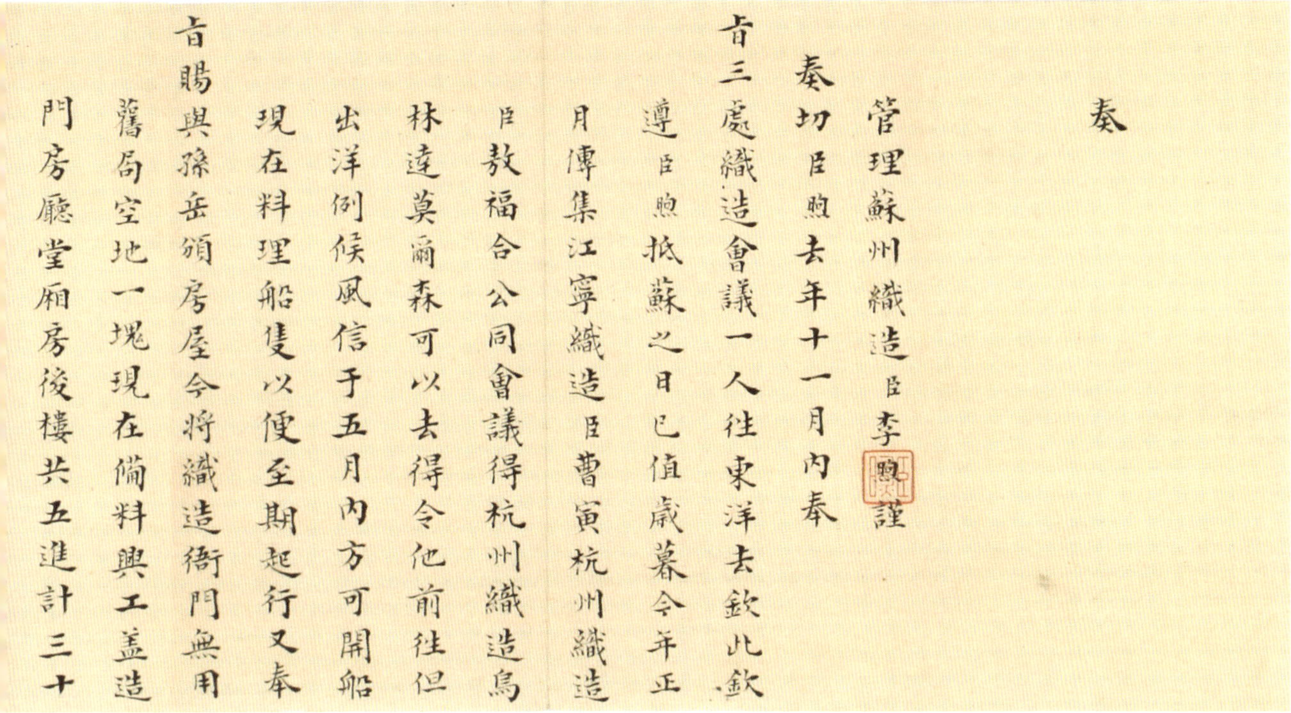

奏

管理蘇州織造臣李煦謹

奏切臣煦去年十一月內奉

旨三處織造會議一人往東洋去欽此欽

遵臣煦抵蘇之日已值歲暮今年正

月傳集江寧織造臣曹寅杭州織造

臣敖福合公同會議得杭州織造烏

林達莫爾森可以去得令他前往但

出洋例候風信于五月內方可開船

現在料理船隻以便至期起行又奉

旨賜與孫岳頒房屋今將織造衙門無用

舊局空地一塊現在備料興工蓋造

門房廳堂廂房後樓共五進計三十

苏州织造李煦奏折（康熙四十年三月）

康熙三十九年（1700）十一月，皇帝下旨令江南三织造中选派一人前往东洋。经苏州织造李煦、江宁织造曹寅、杭州织造敖福合商议，决定由杭州织造乌林达莫尔森前往。但需等候风信，到康熙四十年五月才能出洋。此折得到康熙帝同意，他还朱批“千万不可露出行迹方好”，强调要注意保密。因从宁波出海的商船比较多，可能泄漏声息，乌林达莫尔森决定从上海出发。康熙四十年五月二十八日，乌林达莫尔森自杭州前往苏州。六月初四日，乌林达莫尔森在上海开船出洋。康熙帝知晓了此事，要求“回到日即速报”。此时，奏折制度尚在草创阶段，李煦使用的是“小折”，比制度确定后使用的正常奏折要小很多。

康熙四十年六月

日

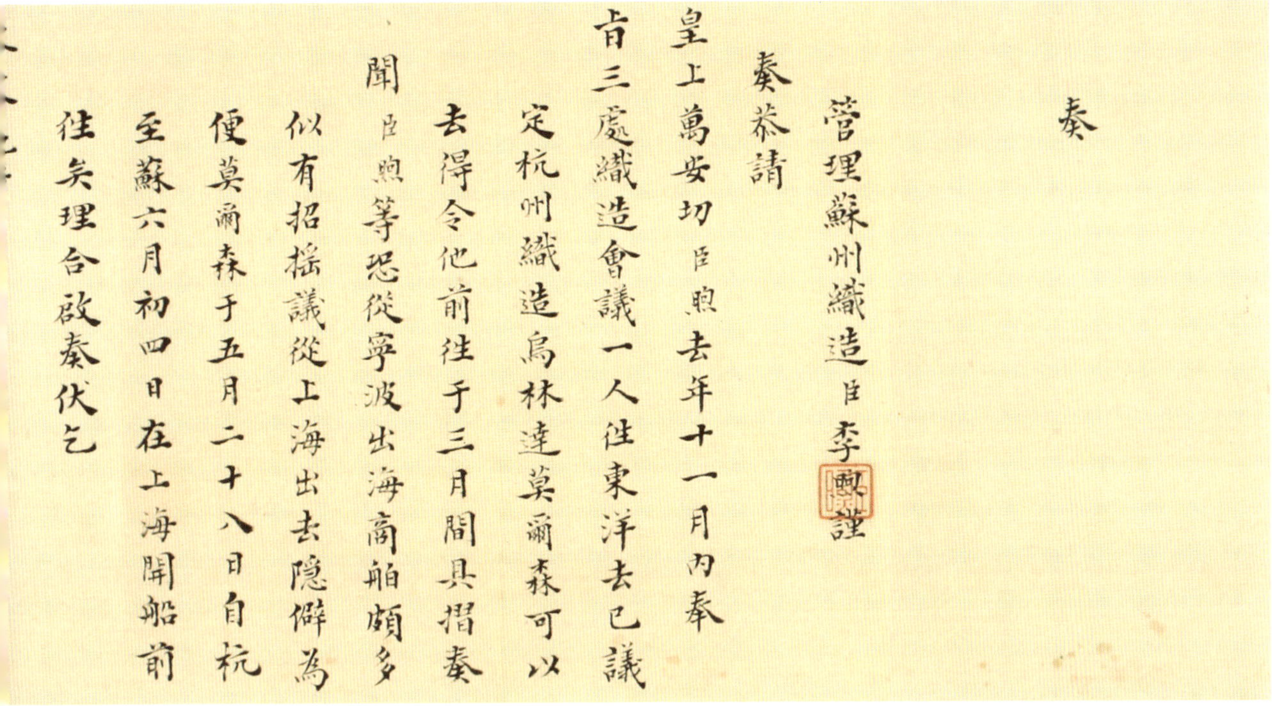
奏
管理蘇州織造臣李煦謹
奏恭請
皇上萬安切臣煦去年十一月内奉
旨三處織造會議一人往東洋去已議
定杭州織造烏林達莫爾森可以
去得令他前往于三月間具摺奏
聞臣煦等恐從寧波出海商舶頗多
似有招摇議從上海出去隱僻為
便莫爾森于五月二十八日自杭
至蘇六月初四日在上海開船前
往矣理合啟奏伏乞

苏州织造李煦奏折（康熙四十年六月）

琉球国中山王尚敬奏本：

为庆贺登极事

雍正元年十月初九日（1723 年 11 月 6 日）

琉球国中山王尚敬奏本：

为遣官生入监读书事

雍正元年十月初九日（1723 年 11 月 6 日）

琉球除了照例两年向清朝进贡一次外，遇有皇帝驾崩、新皇继位等大事，也会派遣使臣进贡方物。如康熙六十一年（1722），康熙帝病故，雍正帝继位，消息传到琉球后，琉球国派遣使臣来华致哀并对新帝继位加以祝贺。使臣携带方物，于雍正元年十月（1723）抵达京城。

与此同时，琉琉中山王还派遣官生入国子监读书。清代国子监中专门设有琉球学等外藩就学之制。琉球学不常设，由该国国王先行奏请。奉旨允行后，由国子监官员遴选贡生充当教习，再派博士、助教等官董理，学成遣归。康熙二十七年，琉球首次派遣官生到京就学。康熙五十九年，琉球国中山王尚敬奏称愿遣陪臣子弟入监读书，得旨允行。至雍正二年，琉球国王遣其子弟郑秉哲、郑谦、蔡宏训至国子监读书。琉球国遣使入国子监读书，使清代的文教政策"被万方益广矣"，反映了清代海上丝绸之路文化交流的一个面相。

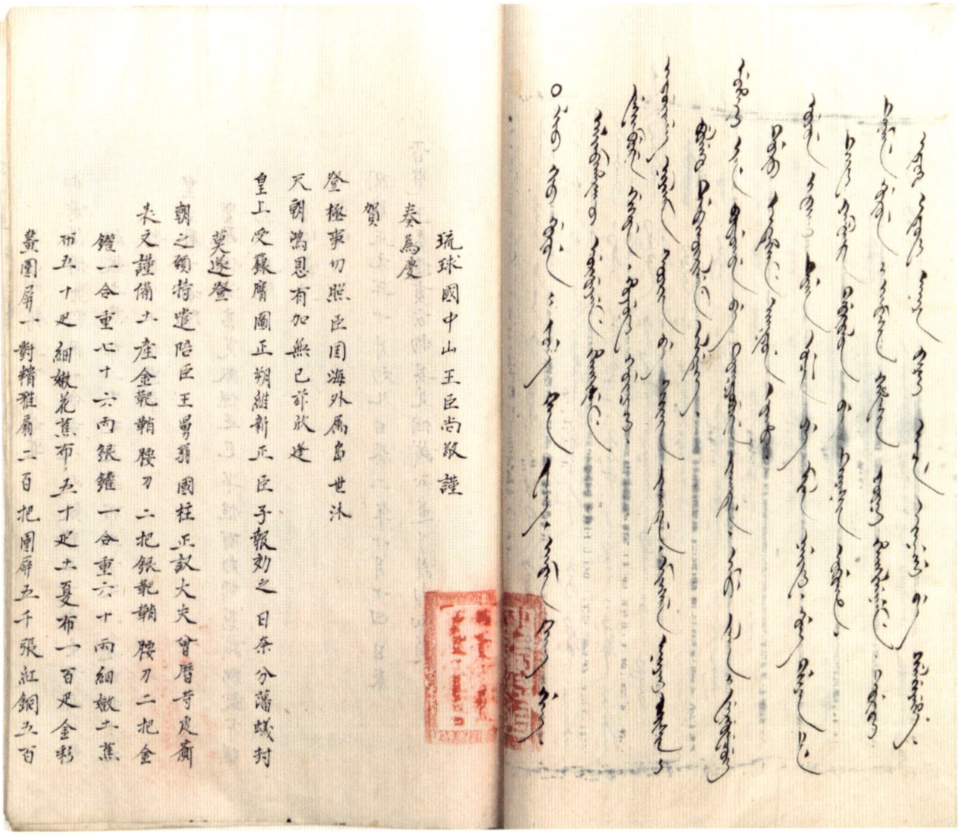

琉球國中山王臣尚敬謹
奏為慶
賀
登極事切照臣固海外屬島世沐
天朝鴻恩有加無已茲欣逢
皇上受籙膺圖正朔維新正臣子報効之日奈分藩蛾封
莫遂登
朝之願特遣陪臣王舅翁國柱正議大夫曾曆寺度齎
表文謹備土產金靶鞘腰刀二把銀靶鞘腰刀二把金
鑵一合重七十六兩銀鑵一合重六十兩細嫩土蕉
布五十疋細嫩花蕉布五十疋土夏布一百疋金彩
畫圍屏一對精雅扇二百把圍屏五千張紅銅五百

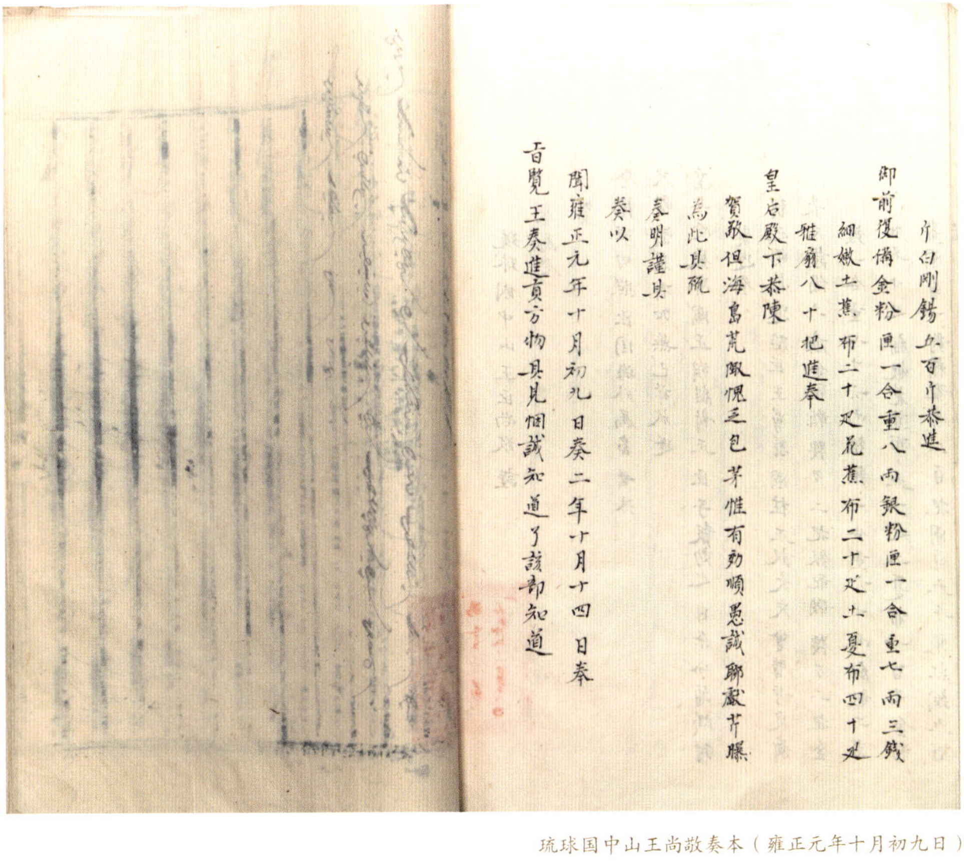

斤白剛錫五百斤恭進
御前僅備金粉匣一合重八兩銀粉匣一合重七兩三錢
細嫩土蕉布二十疋花蕉布二十疋土夏布四十疋
雅扇八十把進奉
皇后殿下恭陳
賀敬但海島荒陬愧乏包茅惟有勤順愚誠聊獻芹曝
為此具疏
奏明謹具
奏以
聞雍正元年十月初九日奏二年十月十四日奉
旨覽王奏進貢方物具見悃誠知道了該部知道

琉球国中山王尚敬奏本（雍正元年十月初九日）

此欽遵隨康熙六十一年十一月遣官生蔡用佐蔡元
龍鄭師崇三人仝貢使毛弘建等赴京入監讀書不幸
在海沉沒伏思臣敬業奉
聖祖仁皇帝恩允雖遣官生蔡用佐等竟在中洋胥溺未應
俞旨今不敢違
先皇遺旨再遣官生鄭秉哲鄭謙蔡宏訓等三人偕慶
賀貢使王勇翔國柱等赴
京入監讀書誠俾海外愚陋子弟得以觀光上國執經問
字踴躍之私不啻臣身躬聆
聖訓舉國共沐
天朝雅化無窮而我
皇上文教被萬方益廣矣外備貢土産細嫩土蕉布五十疋
圍屏紙三千張少佈涓滴微忱爲此具疏
奏明伏乞
皇上睿鑒敕部施行謹具
奏
雍正元年十月初九日奏二年十月十四日奉
旨該部議奏

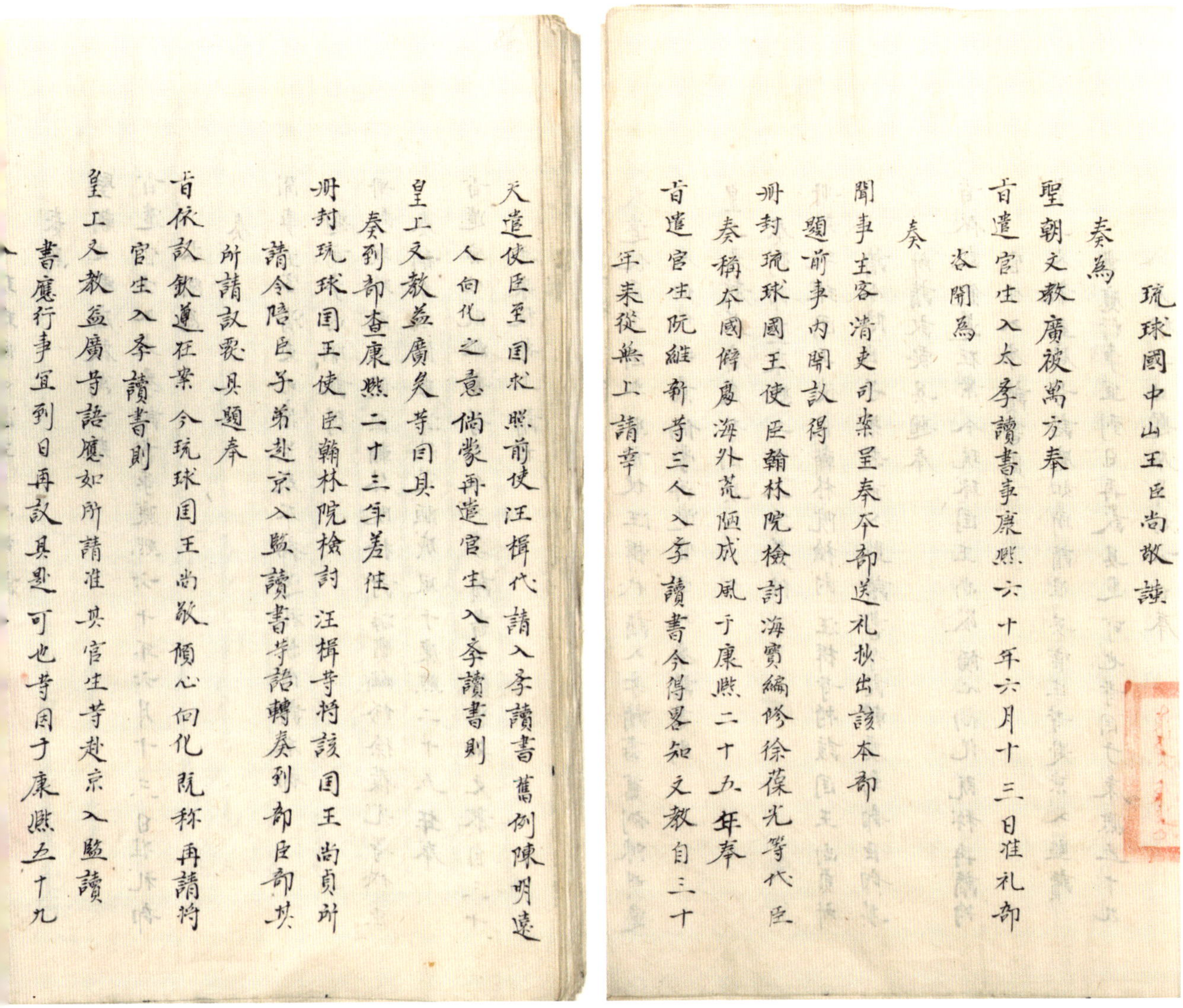

琉球國中山王臣尚敬謹
奏為
聖朝文教廣被萬方奉
旨遣官生入太學讀書事康熙六十年六月十三日准礼部
咨開為
奏
聞事主客清吏司案呈奉本部送礼抄出該本部
題前事內開議得
冊封琉球國王使臣翰林院檢討海寶編修徐葆光等代臣
奏稱本國僻處海外荒陋成風于康熙二十九年奉
旨遣官生阮維新等三人入學讀書今得畧知文教自三十
年來從無上請幸
天遣使臣至国求照前使汪楫代請入學讀書舊例陳明遠
人向化之意倘蒙再遣官生入學讀書則
皇上文教益廣矣等因具
奏到部查康熙二十三年差往
冊封琉球国王使臣翰林院檢討汪楫等將該国王尚貞所
請令陪臣子弟赴京入監讀書等語轉奏到部臣部具
所請議覆具題奉
旨依議欽遵在案今琉球国王尚敬傾心向化既稱再請將
官生入學讀書則
皇上文教益廣等語應如所請准其官生等赴京入監讀
書應行事宜到日再議具題可也等因于康熙五十九

琉球国中山王尚敬奏本（雍正元年十月初九日）

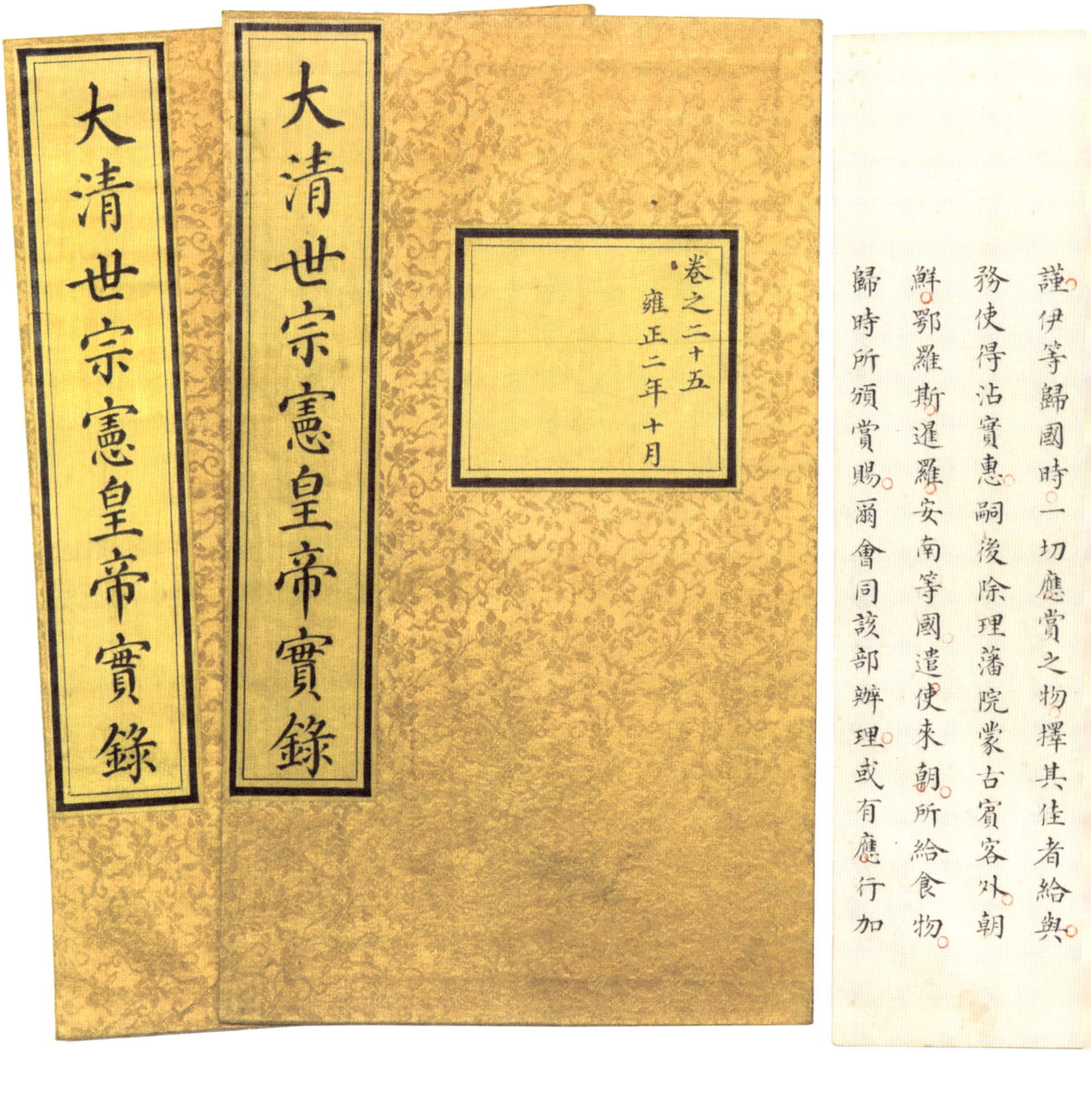

謹伊等歸國時一切應賞之物擇其佳者給與
務使得沾實惠嗣後除理藩院蒙古賓客外朝
鮮鄂羅斯暹羅安南等國遣使來朝所給食物
歸時所須賞賜爾會同該部辦理或有應行加

雍正帝谕旨：

着怡亲王酌赏朝鲜、俄罗斯、暹罗、安南等国贡使

雍正二年十一月初九日（1724 年 12 月 24 日）

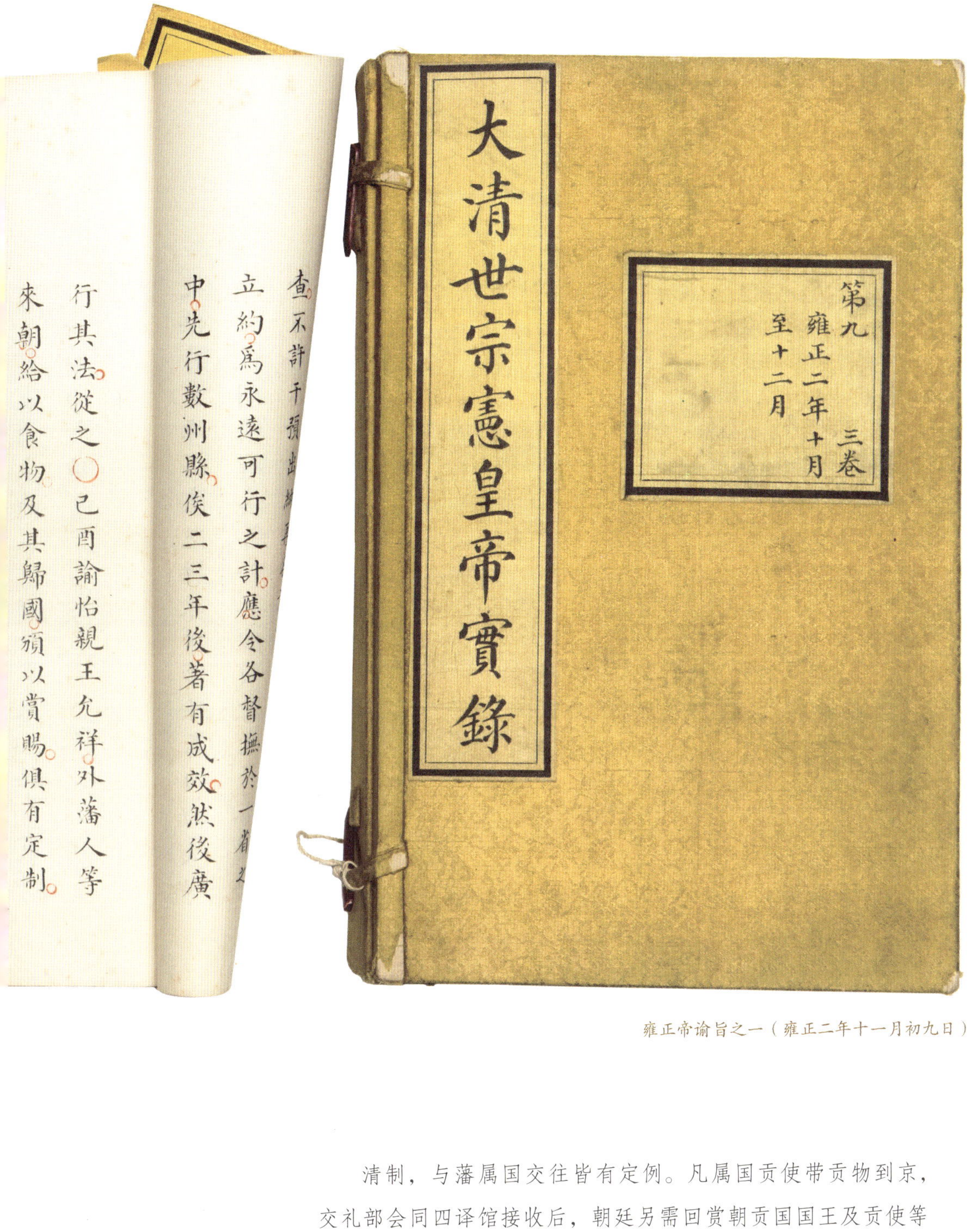
大清世宗憲皇帝實錄
第九 雍正二年十月至十二月 三卷
立約爲永遠可行之計應令各督撫於一
中先行數州縣俟二三年後著有成效然後廣
行其法從之○己酉諭怡親王允祥外藩人等
來朝給以食物及其歸國須以賞賜俱有定制

雍正帝谕旨之一（雍正二年十一月初九日）

清制，与藩属国交往皆有定例。凡属国贡使带贡物到京，交礼部会同四译馆接收后，朝廷另需回赏朝贡国国王及贡使等物品。但雍正初年，这一定制因有关官员疏略，一度废弛，“遂使远人不沾实惠”。为此，雍正二年（1724）十一月，皇帝谕怡亲王，重申朝鲜、俄罗斯、暹罗、安南等国遣使来朝及其归时所回赏之物，应遵循旧例，酌量给予。雍正朝对朝贡制度的完善，有助于以朝贡贸易关系为基础的东亚贸易网络的形成。

務使得沾實惠嗣後除理藩院蒙古賓客外朝鮮鄂羅斯暹羅安南等國遣使來朝所給食物歸時所須賞賜爾會同該部辦理或有應行加

賞之處酌量定議奏聞○陞大理寺少卿須洲爲宗人府府丞○授一甲進士陳悳華爲翰林院修撰王安國汪德容俱爲翰林院編修○加直隸總督李維鈞兵部尚書銜提鎮俱聽其節制○賜滇省鹽井龍神靈源普澤封號致祭一次○免浙江仁和等十一縣本年分水災額賦有差○巴爾庫爾軍前副將軍鑲紅旗蒙古都統阿喇衲喪歸遣官奠茶並命八旗蒙古大臣

歉之年減息一半大歉全免其息十年後息倍於本祇收加一之息一出入斗斛官須定式每年四月上旬依例給貸十月下旬收納兩平交量不得抑勒一收支米石社長逐日登記簿册轉上本縣縣具總數申府一凡州縣官止許稽查不許干預出納再各方風土不同更當隨宜立約爲永遠可行之計應令各督撫於一省之中先行數州縣俟二三年後著有成效然後廣

行其法從之○己酉諭怡親王允祥外藩人等來朝給以食物及其歸國須以賞賜俱有定制但該管官員未免忽畧遂使遠人不沾實惠朝

雍正帝谕旨之二（雍正二年十一月初九日）

杜積漸事恭照我
國家
列聖相承德威遠播溥海內外無不梯航重譯服教畏神
皇上文德武功超邁前古職貢遍于遐荒綏柔被于率土
凡茲海域悉在帡幪商舶流通百貨轉運當此九州
物產之廣尚何藉于外求抑亦六合胞與之懷誠不
容于歧視以中夏之餘波濟遠彝之利用自昔已然
于今為烈惟是尚義之風難以責于市儈求利之念
類多出乎細民耳目玩好之物務逞新奇服食器用
而外更求詭異未免干犯禁條私相市易既有違于
國憲亦不利于遠人本部院仰承
天朝大無外之規模上體
聖主公無私之德意欲求遠至邇安惟在立法杜弊是以
會同兩江督撫部院秉公集議傳齊各省洋商諮諏
利弊設立商總尚司稽查據各商保舉殷寔老練之
人就中再加數別選有閩商李君澤鄭大山吳晋三
暨懷玉浙商陳惠公錢衞書施茂公沈秋堂等八名
內沈秋堂因身體稍弱情愿以施爾茂代辦此八人
者准為總商每人俱取具各洋商十家連環互結分
交蘇湖二府存案嗣後福建江南洋商俱派與李君
澤等四人杭嘉湖等府洋商俱著落陳惠公等四人
分晰稽查仍照往例執持倭照更番貿易凡有出洋
商船具生商行商船戶必取具同出洋之商人三名

帶違禁軍器人馬緊要書冊及透漏
天朝消息併大船改換小艘柁水搭客頂替姓名等弊准
令同保之人舉出總商報官嚴拏究治倘敢通同隱
匿許諸色人等密行呈告究審得實將互結之人同
總商牙行一併從重治罪仍嚴飭該管文武止須秉
公稽查毋許縱容吏蠹弁兵刁難掯索及受賄狥隱
察出定即參斥拏究自今以後凡爾諸商當思
天恩浩蕩
國體尊嚴務徵信義于有秉用攜德威于殊域常切懷
刑之念勿徇罔利之思則有無相濟絕島莫非王民
上下同流荒服咸沾
聖化矣除經通飭遵照外合行頒示曉諭為此示仰沿海
文武官弁及洋商總保牙行人等知悉各宜凜遵毋
得違玩自罹罪譴慎之毋忽

雍正陸年拾壹月　二十九　日

抄呈办理查验东洋商船事宜稿（雍正六年十一月二十九日）

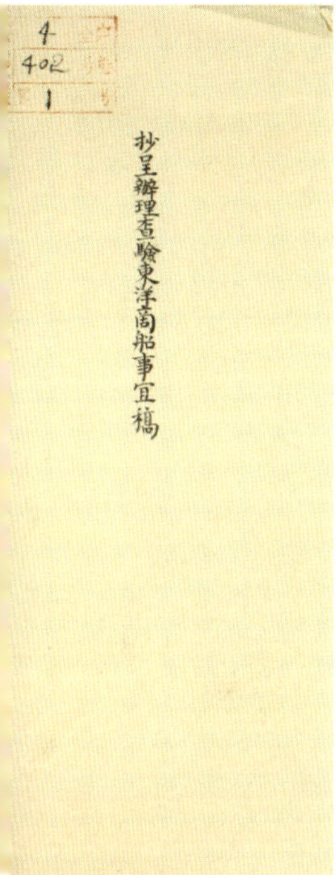
4
402
1
抄呈辦理查驗東洋商船事宜稿

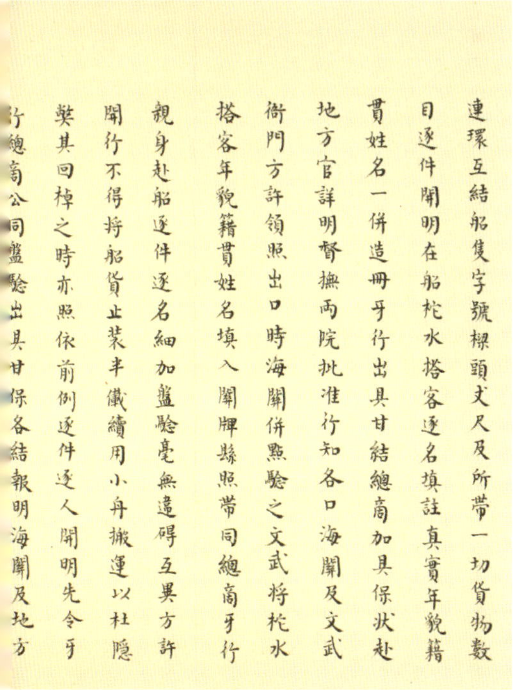
連環互結船隻字號樑頭丈尺及所帶一切貨物數
目逐件開明在船舵水搭客逐名填註真實年貌籍
貫姓名一併造冊牙行出具甘結總商加具保狀赴
地方官詳明督撫兩院批准行知各口海關及文武
衙門方許領照出口時海關併點驗之文武舵水
搭客年貌籍貫姓名填入關牌驗照帶同總商牙行
親身赴船逐件逐名細加盤驗毫無違碍互異方許
開行不得將船貨止裝半載續用小舟搬運以杜隱
弊其回棹之時亦照依前例逐件逐人開明先令牙
行總商公同盤驗出具甘保各結報明海關及地方

抄呈办理查验东洋商船事宜稿

雍正六年十一月二十九日（1728年12月29日）

就海路而言，雍正朝的对外贸易主要是浙闽沿海地区与日本、南洋的商船来往，但该时期依然施行康熙中后期所制定的严格限制下的开海通商政策。本则档案即反映了这一背景下对外贸易中的商总制度。按规定，凡出洋商船必取具同行三人互结，总商与牙商须亲身查验，开明所载货物及人员，造册呈地方官后，由督抚批准，行知海关查验放行。严禁载运军器、人马、紧要书籍、舆图等，违者连并总商参斥。这种开海政策，不仅仅是一种经济行为："当此九州物产之广，尚何藉于外求？抑亦六合胞与之怀，诚不容于岐［歧］视，以中夏之余波，济远彝之利用。"可见，其中更蕴含着深刻的政治文化内涵。

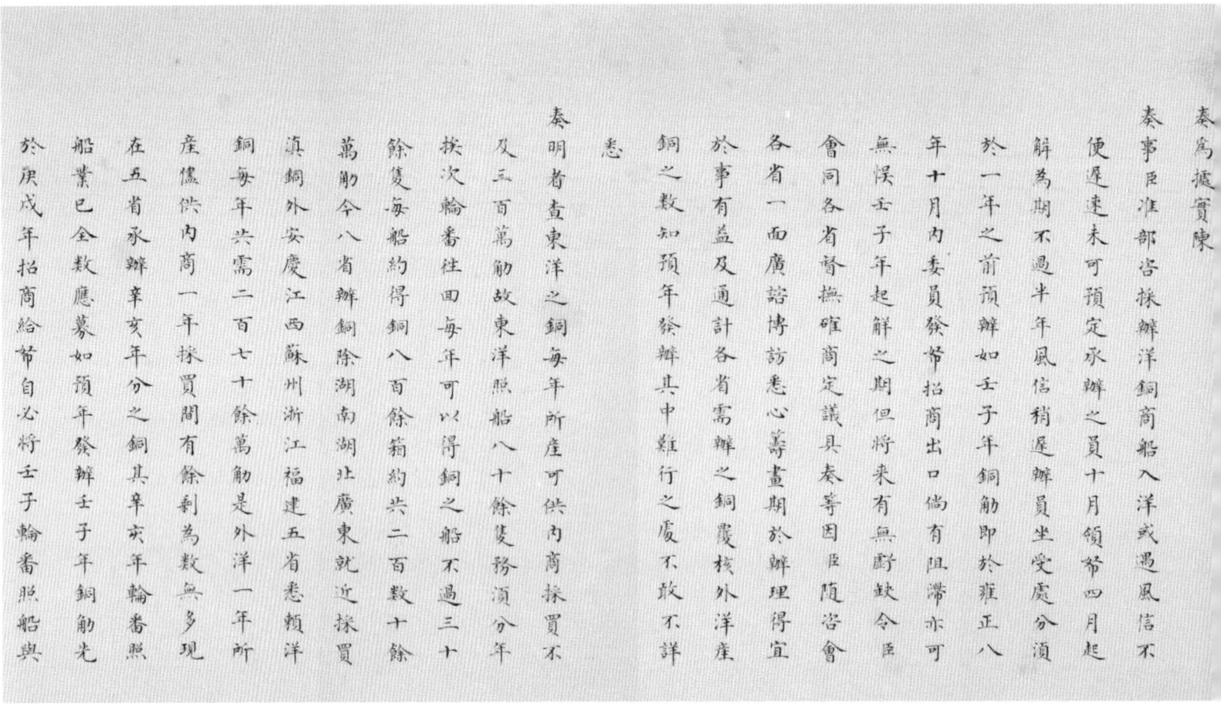
奏爲據實陳
奏事臣准部咨採辦洋銅商船入洋或遇風信不
便遲速未可預定承辦之員十月領帑四月起
解爲期不過半年風信稍遲辦員坐受處分須
於一年之前預辦如壬子年銅觔即於雍正八
年十月內委員發帑招商出口倘有阻滯亦可
無悮壬子年起解之期但將來有無虧缺令臣
會同各省督撫確商定議具奏等因臣隨咨會
各省一面廣諮博訪悉心籌畫期於辦理得宜
於事有益及通計各省需辦之銅覆核外洋産
銅之數知預年發辦其中難行之處不敢不詳
悉
奏明者查東洋之銅每年所産可供內商採買不
及三百萬觔故東洋照船八十餘隻務須分年
挨次輪番往回每年可以得銅之船不過三十
餘隻每船約得銅八百餘箱約共二百數十餘
萬觔今八省辦銅除湖南湖北廣東就近採買
滇銅外安慶江西蘇州浙江福建五省悉賴洋
銅每年共需二百七十餘萬觔是外洋一年所
産僅供內商一年採買間有餘剩爲數無多現
在五省承辦辛亥年分之銅其辛亥年輪番照
船業已全數應募如預年發辦壬子年銅觔先
於庚戌年招商給帑自必將壬子輪番照船與

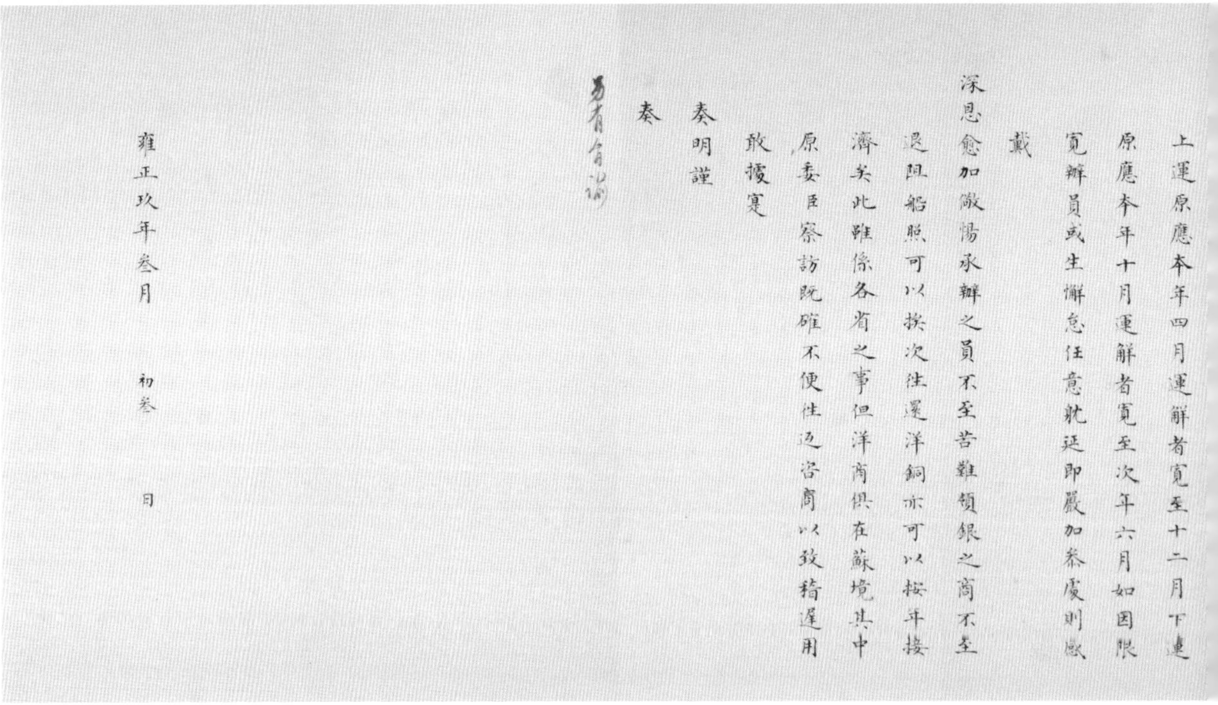
上運原應本年四月運解者寬至十二月下運
原應本年十月運解者寬至次年六月如因限
寬辦員或生懈怠任意躭延即嚴加参處則感
戴
深恩愈加儆惕承辦之員不至苦難領銀之商不至
退阻船照可以挨次往還洋銅亦可以按年接
濟矣此雖係各省之事但洋商俱在蘇境其中
原委臣察訪既確不便任迄咨商以致稍遲用
敢據寔
奏明謹
奏
另有旨諭
雍正玖年叁月　初叁　日

江苏巡抚尹继善奏折（雍正九年三月初三日）

奏

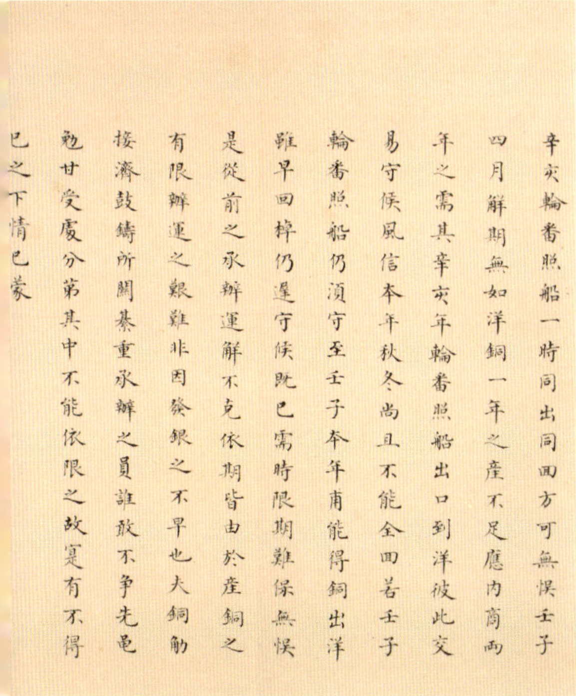
辛亥輪番照船一時同出同回方可無悞壬子
四月解期無如洋銅一年之產不足應內商兩
年之需其辛亥年輪番照船出口到洋彼此交
易守候風信本年秋冬尚且不能全回若壬子
輪番照船仍須守至壬子本年甫能得銅出洋
雖早回棹仍還守候既已需時限期難保無悞
是從前之承辦運解不克依期皆由於產銅之
有限辦運之艱難非因發銀之不早也夫銅觔
接濟鼓鑄所關綦重承辦之員誰敢不爭先黽
勉甘受處分第其中不能依限之故寔有不得
已之下情已蒙

江苏巡抚尹继善奏折：

为奏请展限采办洋铜事

雍正九年三月初三日（1731年4月9日）

本则档案反映的是雍正朝与东洋日本的矿业贸易。铜斤是清代铸造铜钱的重要原料，“夫铜斤接济鼓铸，所关綦重”。雍正帝执政后，不主张开放矿业，仅特许在云南开发铜矿，以供造币之需。除湖南、湖北、广东三省准许在云南购铜外，安庆、江西、苏州、浙江、福建等地区，“悉赖洋铜”，每年从东洋采铜270余万斤。清廷委员发帑，招内商采买。

乾隆帝谕旨：

着内阁嗣后遇有琉球国船漂至境内该督抚加意抚恤

乾隆二年闰九月十五日（1737 年 11 月 7 日）

琉球与中国的交通，只能依靠海道，但因海上天气恶劣，海难时有发生。清政府对漂至中国东南沿海的琉球遭风难民，历来采取体恤政策，“动用存公银两，赏给衣粮，修理舟楫，并将货物查还，遣还本国”。该件档案记载了乾隆二年（1737）夏秋之间，琉球国有两艘满载稻米、棉花的船只突遇飓风而漂至浙江定海。大学士嵇曾筠查明缘由后，将所存货物一一交还，并将船只修整完固，送其回国。乾隆帝对此事也十分重视，下谕旨要求再遇此类事件，各地方亦应加意抚恤，“永着为例”。这体现了当时“胞与为怀，内外并无歧视”的大国胸怀。

乾隆二年閏九月十五日内閣奉

上諭聞今年夏秋間有小琉球國中山國裝載粟米棉花船二隻遭值颶風斷桅折柁飄至浙江定海象山地方隨經大學士嵇曾筠等查明人數資給衣粮將所存貨物一一交還其船隻器具修整完固咨赴閩省附伴歸國朕思沿海地方常有外國船隻遭風飄至境内者朕胞與為懷内外並無歧視外邦民人既到中華豈可令一夫之失所嗣後如有似此被風飄泊之人船著該督撫督率有司加意撫卹動用存公銀兩賞給衣粮修理舟楫並將貨物查還遣歸本國以示朕懷柔遠人之至意將此永著為例欽此

乾隆帝谕旨（乾隆二年闰九月十五日）

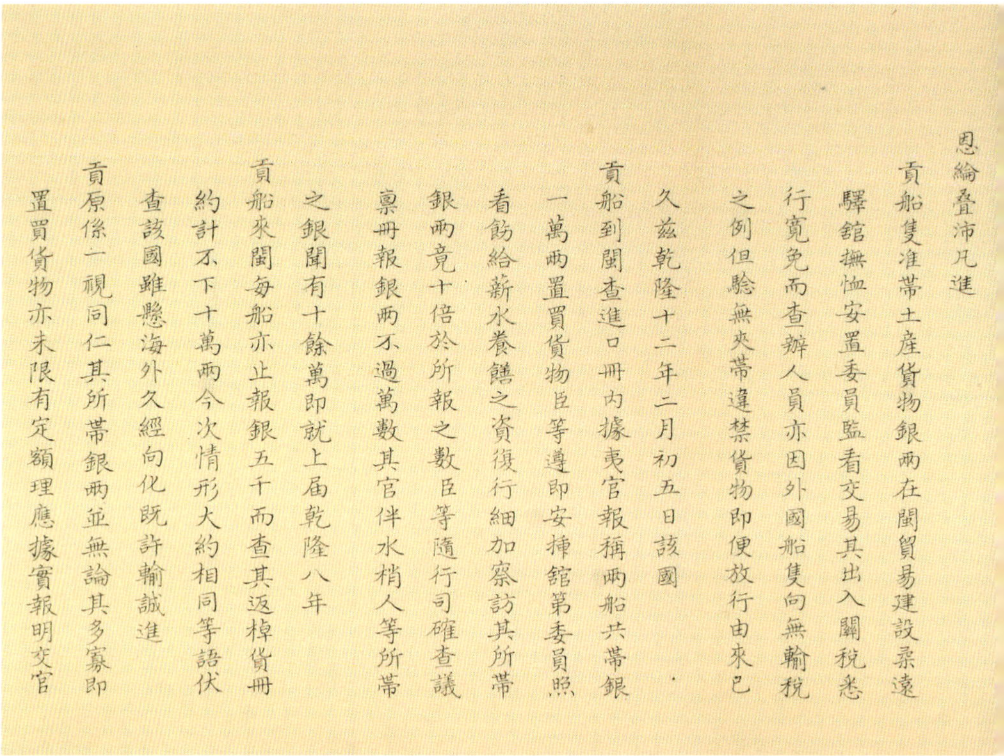

恩綸疊沛凡進
貢船隻准帶土產貨物銀兩在閩貿易建設柔遠
驛館撫恤安置委員監看交易其出入關稅悉
行寬免而查辦人員亦因外國船隻向無輸稅
之例但驗無夾帶違禁貨物即便放行由來已
久茲乾隆十二年二月初五日該國
貢船到閩查進口冊內據夷官報稱兩船共帶銀
一萬兩置買貨物臣等遵即安插館第委員照
看飭給薪水養贍之資復行細加察訪其所帶
銀兩竟十倍於所報之數臣等隨行司確查議
稟冊報銀兩不過萬數其官伴水梢人等所帶
之銀聞有十餘萬即就上屆乾隆八年
貢船來閩每船亦止報銀五千而查其返棹貨冊
約計不下十萬兩今次情形大約相同等語伏
查該國雖懸海外久經向化既許輸誠進
貢原係一視同仁其所帶銀兩並無論其多寡即
置買貨物亦未限有定額理應據實報明交官

遴選能員監看公平交易仍一面分頭稽察務
使妥協辦理外臣等請嗣後凡遇該國
貢期船隻到閩令其將所帶銀兩應買貨物無論
在公在私俱照數咨明臣等遴委賢員驗明入
館召募妥實商人公平交易官為存案倘有勒
掯稽延照律治罪監看之員如敢徇隱立即查
參該船返棹之日仍飭藩司將貨物照數造冊
移知該國王查照如此則諸弊悉除而外海夷
邦實沐
仁恩於浩蕩矣是否允協伏乞
皇上睿鑒施行謹
奏
知道了
乾隆十二年四月　六　日

福州将军新柱等奏折（乾隆十二年四月十八日）

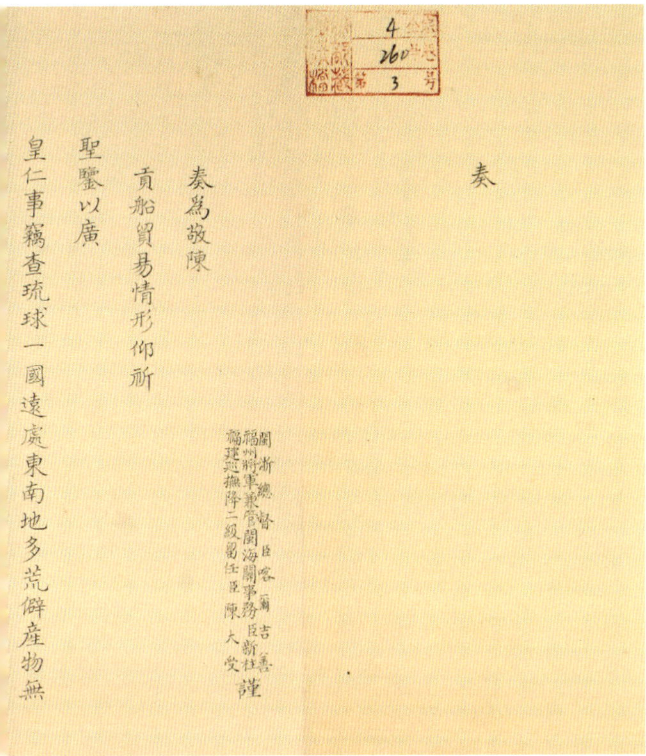
奏

閩浙總督臣喀爾吉善
福州將軍兼管閩海關事務臣新柱
福建巡撫降二級留任臣陳大受 謹

奏為敬陳
貢船貿易情形仰祈
聖鑒以廣
皇仁事竊查琉球一國遠處東南地多荒僻產物無

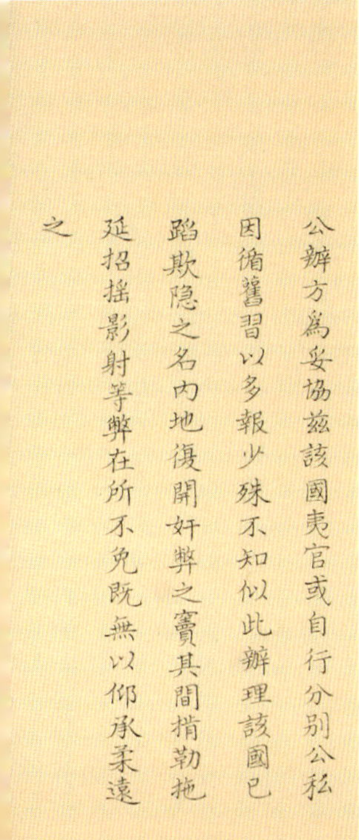
公辦方為妥協茲該國夷官或自行分別公私
因循舊習以多報少殊不知似此辦理該國已
蹈欺隐之名内地復開奸弊之竇其間指勒拖
延招搖影射等弊在所不免既無以仰承柔遠
之

福州将军新柱等奏折：

为琉球国贡船在闽贸易情形事

乾隆十二年四月十八日（1747 年 5 月 16 日）

琉球国地处海东，物产不饶，凡食物、器用多需中国供给。因其向化之诚，凡进贡之船，准许附带土产货物及银两等，以便其在福建贸易。为此，清廷专设驿馆，委派官员专门负责管理监督。其货物交易之关税，亦概行宽免。但琉球国贡船往往以多报少，沿为旧习，致使“该国已蹈欺隐之名，内地复开奸弊之窦”。有鉴于此，清廷规定如数咨报、在官备案的制度，以杜其弊。乾隆帝对琉球国贡船在闽交易秩序的规范与整顿，保障了朝贡贸易良好的社会环境。

收外合將洋銅免稅緣由恭摺奏
聞伏乞
皇上睿鑒敕部施行謹
奏
該部速議具奏
乾隆十四年五月初八日

福州将军兼管闽海关事马尔拜奏折：
为商船运到洋铜按例官买免税事
乾隆十四年五月初八日（1749年6月22日）

福建龙溪县商船户林发春禀报，自己自备资本前往东洋贸易，置买了洋铜1119箱及鲍鱼等货物，本来在浙江定海停泊。但听闻闽海关“恤商爱民”，愿意前往福建报关，并提出仍按苏州例，六分洋铜官买，其他四分自己售卖。不过，福建地方政府决定按照此前案例，将洋铜全部由官免税收买。福州将军兼管闽海关事马尔拜将此事向乾隆帝奏报，奉朱批“该部速议具奏”，即由户部议复。可见当时从日本购买洋铜贸易之繁盛。

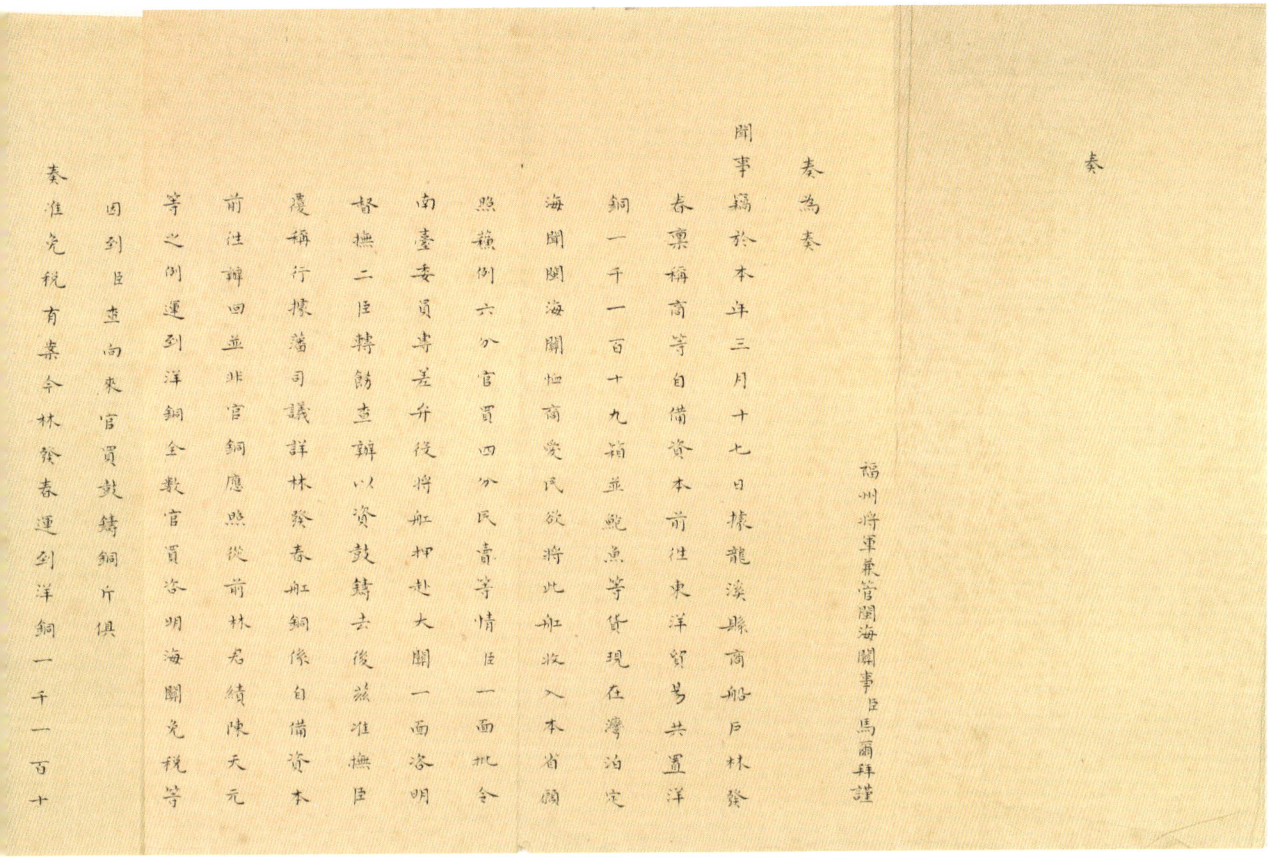
奏
福州將軍兼管閩海關事臣馬爾拜謹
奏為奏
聞事竊於本年三月十七日據龍溪縣商船戶林發
春稟稱商等自備資本前往東洋貿易共置洋
銅一千一百十九箱並鮑魚等貨現在灣泊定
海關閩海關恤商愛民欲將此船收入本省願
照額例六分官買四分民賣等情臣一面批令
南臺委員專差弁役將船押赴大關一面咨明
督撫二臣轉飭查辦以資鼓鑄去後茲准撫臣
覆稱行據藩司議詳林發春船銅係自備資本
前往辦回並非官銅應照從前林君績陳天元
等之例運到洋銅全數官買咨明海關免稅等
因到臣查向來官買鼓鑄銅斤俱
奏准免稅有案今林發春運到洋銅一千一百十

福州将军兼管闽海关事马尔拜奏折（乾隆十四年五月初八日）

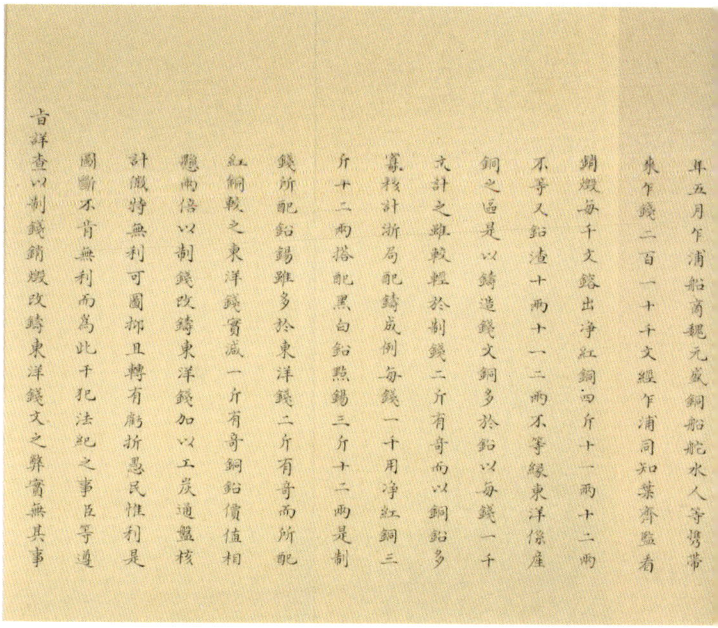
年五月乍浦船商魏元盛銅船舵水人等携帶
來乍錢二百一十千文經乍浦同知葉齊監看
銷燬每千文鎔出淨紅銅四斤十一兩十二兩
不等又鉛渣十兩十一二兩不等緣東洋係産
銅之區是以鑄造錢文銅多於鉛以每錢一千
文計之雖較輕於制錢二斤有奇而以銅鉛多
寡核計浙局配鑄成例每錢一千用淨紅銅三
斤十二兩搭配黑白鉛點錫三斤十二兩是制
錢所配鉛錫雖多於東洋錢二斤有奇而所配
紅銅較之東洋錢實減一斤有奇銅鉛價值相
懸兩倍以制錢改鑄東洋錢加以工炭通盤核
計微特無利可圖抑且轉有虧折愚民惟利是
圖斷不肯無利而為此干犯法紀之事臣等遵
旨詳查以制錢銷燬改鑄東洋錢文之弊實無其事

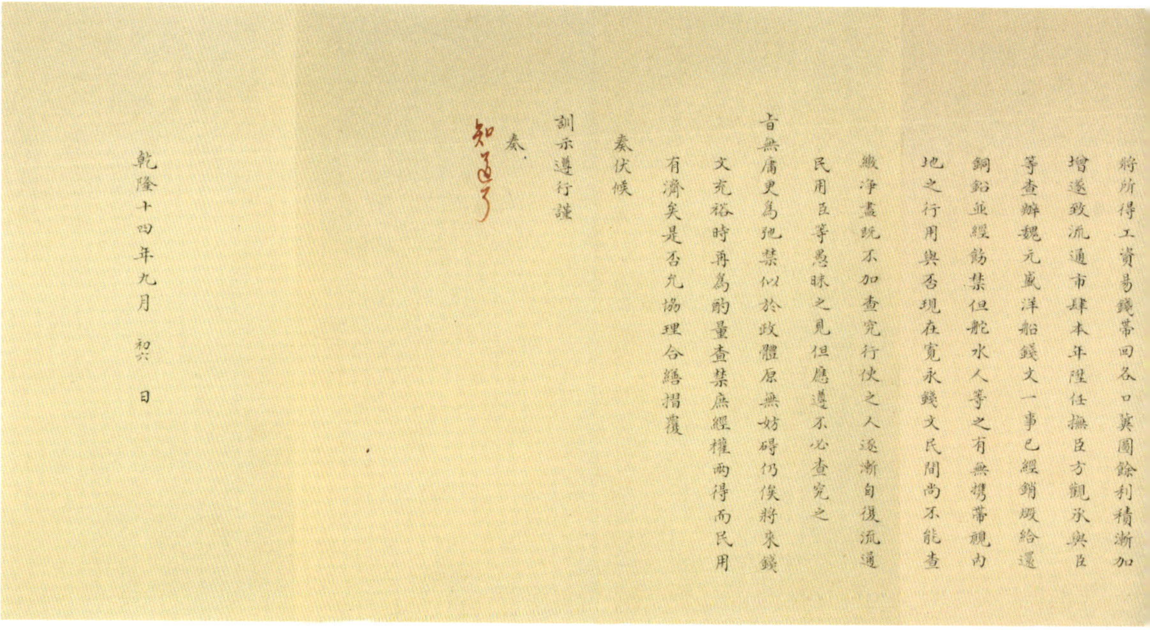
將所得工資易錢帶回各口冀圖餘利積漸加
增遂致流通市肆本年陞任撫臣方觀承與臣
等查辦魏元盛洋船錢文一事已經銷燬給還
銅鉛並經飭禁但舵水人等之有無携帶內
地之行用與否現在寬永錢文民間尚不能查
繳淨盡既不加查究行使之人遂漸自復流通
民用臣等愚昧之見但應遵不必查究之
旨無庸更為弛禁似於政體原無妨碍仍俟將來錢
文充裕時再為酌量查禁庶經權兩得而民用
有濟矣是否允協理合繕摺覆
奏伏候
訓示遵行謹
奏
知道了
乾隆十四年九月初六日

闽浙总督喀尔吉善等奏折（乾隆十四年九月初六日）

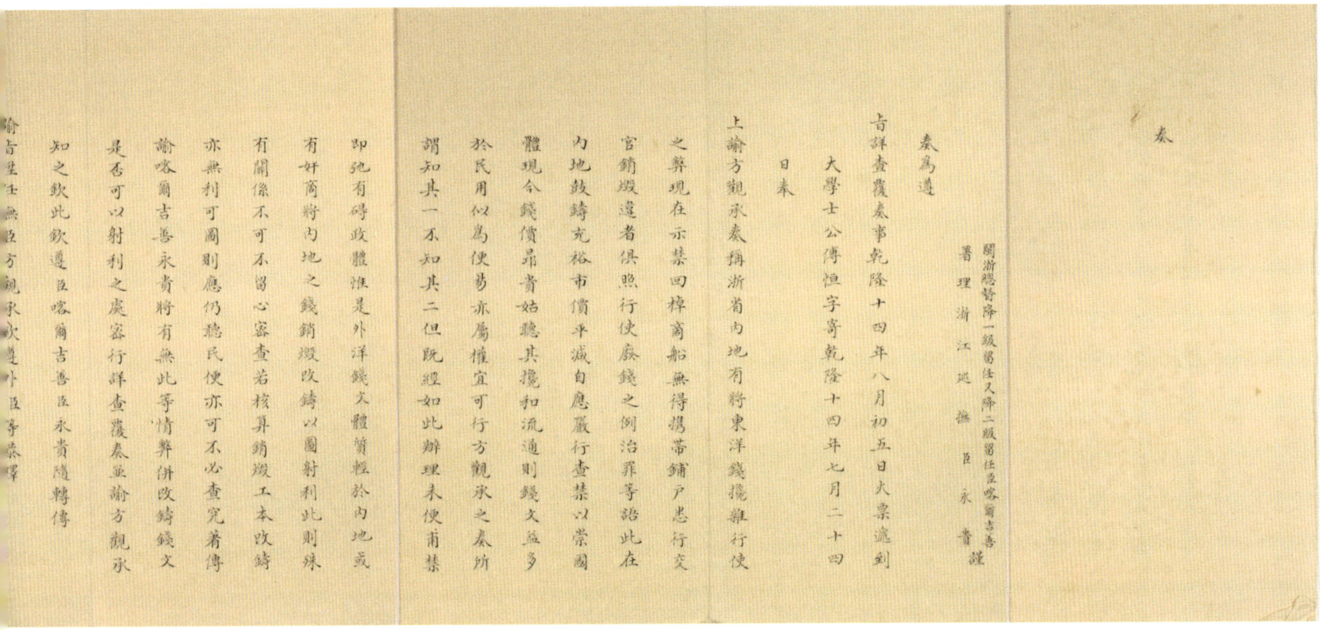

奏

閩浙總督降一級留任又降二級留任臣喀爾吉善
署理浙江巡撫臣永貴謹

奏爲遵

旨詳查覆奏事乾隆十四年八月初五日大稟遞到

大學士公傅恒字寄乾隆十四年七月二十四

日奉

上諭方觀承奏稱浙省内地有將東洋錢攙雜行使

之弊現在示禁回棹商船無得攜帶鋪戸患行交

官銷燬違者俱照行使廢錢之例治罪等語此在

内地鼓鑄充裕市價平減自應嚴行查禁以崇國

體現今錢價昂貴姑聽其攙和流通則錢文益多

於民用似爲便易亦屬權宜可行方觀承之奏所

謂知其一不知其二但既經如此辦理未便甫禁

即弛有碍政體惟是外洋錢文體質輕於内地或

有奸商將内地之錢銷燬改鑄以圖射利此則殊

有關係不可不留心察查若核算銷燬工本改鑄

亦無利可圖則應仍聽民便亦可不必查究着傳

諭喀爾吉善永貴將有無此等情弊併改鑄錢文

是否可以射利之處密行詳查覆奏並諭方觀承

知之欽此欽遵臣喀爾吉善臣永貴隨轉傳

諭旨[illegible]無臣方觀承欽遵外臣等恭擇

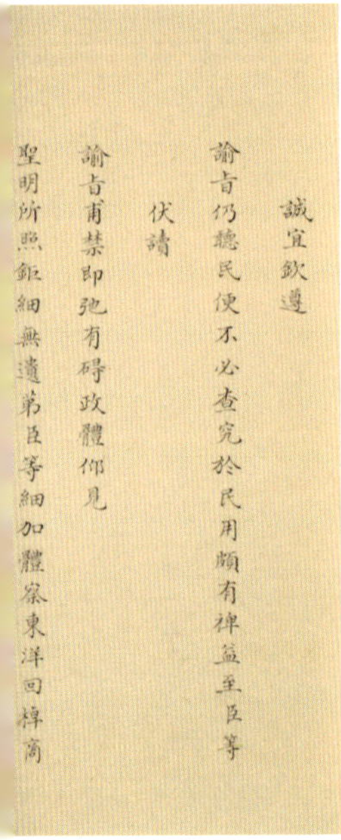

誠宜欽遵

諭旨仍聽民便不必查究於民用頗有裨益至臣等

伏請

諭旨甫禁即弛有碍政體仰見

聖明所照鉅細無遺第臣等細加體察東洋回棹商

闽浙总督喀尔吉善等奏折：

为查明东洋钱文流通无弊事

乾隆十四年九月初六日（1749 年 10 月 16 日）

浙江巡抚方观承奏称本省有人将东洋铜钱（宽永钱）搀杂行使，请严禁携带并交官销毁，违者治罪。但乾隆帝认为现在钱价昂贵，如果东洋钱搀杂流通，铜钱多则市价平减，亦属权宜可行。因此下旨令闽浙总督喀尔吉善等查明东洋钱文流通有无销毁改铸情弊复奏。喀尔吉善等奏称，以制钱改铸东洋钱，无利可图，并无其事。且民间流通东洋钱文，不无裨益。于是奏请不必查究，听民使用。奉朱批“知道了”。

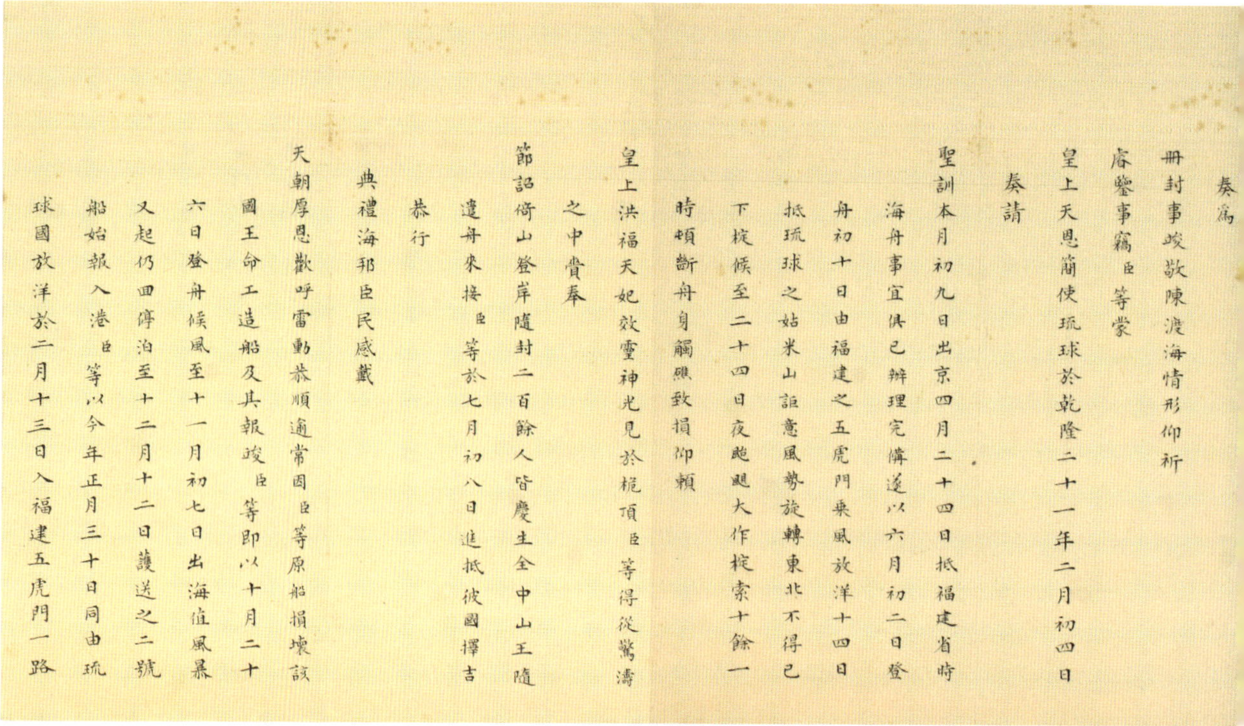

奏爲
册封事竣敬陳渡海情形仰祈
睿鑒事竊臣等蒙
皇上天恩簡使琉球於乾隆二十一年二月初四日
奏請
聖訓本月初九日出京四月二十四日抵福建省時
海舟事宜俱已辦理完備遂以六月初二日登
舟初十日由福建之五虎門乘風放洋十四日
抵琉球之姑米山詎意風勢旋轉東北不得已
下椗候至二十四日夜颱颶大作椗索十餘一
時頓斷舟身飄蕩致損仰賴
皇上洪福天妃效靈神光見於桅頂臣等得從驚濤
之中賫奉
節詔倚山登岸隨封二百餘人皆慶生全中山王隨
遣舟來接臣等於七月初八日進抵彼國擇吉
恭行
典禮海邦臣民感戴
天朝厚恩歡呼雷動恭順逾常因臣等原船損壞該
國王命工造船及其報竣臣等即以十月二十
六日登舟候風至十一月初七日出海値風暴
又起仍回停泊至十二月十二日護送之二號
船始報入港臣等以今年正月三十日同由琉
球國放洋於二月十三日入福建五虎門一路

皇上天威遠播得登衽席之安業經撫臣鐘音等具
摺奏
聞在案臣等現在束裝馳驛復
命所有微臣等渡海情形及入閩日期理合先行奏
聞上慰
聖懷臣等無任依戀屏營之至謹
奏
知道了
乾隆二十二年二月十九日

翰林院侍讲全魁等奏折（乾隆二十二年二月十九日）

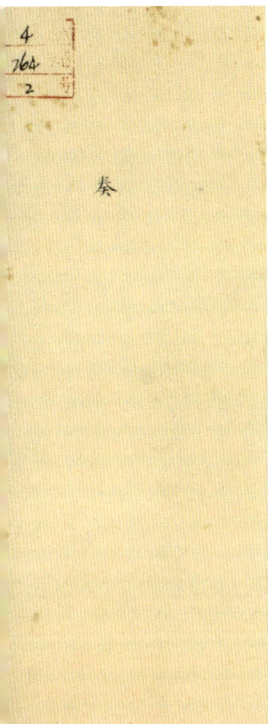

翰林院侍讲全魁等奏折：

为前往琉球册封事竣敬陈渡海情形及入闽日期事

乾隆二十二年二月十九日（1757年4月1日）

《琉球国都图》

乾隆二十二年（1757）

乾隆二十一年（1756），乾隆帝派正使翰林院侍讲全魁、副使翰林院编修周煌渡海前往琉球国册封中山王世子尚穆为国王。全魁、周煌于乾隆二十一年二月初九日出京，四月二十四日到达福建，六月初十日放洋开行，但途中因风向转变，又遇飓风，直到七月初八日才抵达琉球都城。册封事竣，本拟十月登舟返回，但再次遇到海上恶劣天气，一直等到乾隆二十二年正月三十日才开行返程，二月十三日抵达福建近海。这一次全魁、周煌等的册封历程可谓艰险备尝。周煌归来后绘制了设色绢本《琉球国都图》卷轴进呈。

翰林院侍講臣周煌恭繪

《琉球国都图》(乾隆二十二年)

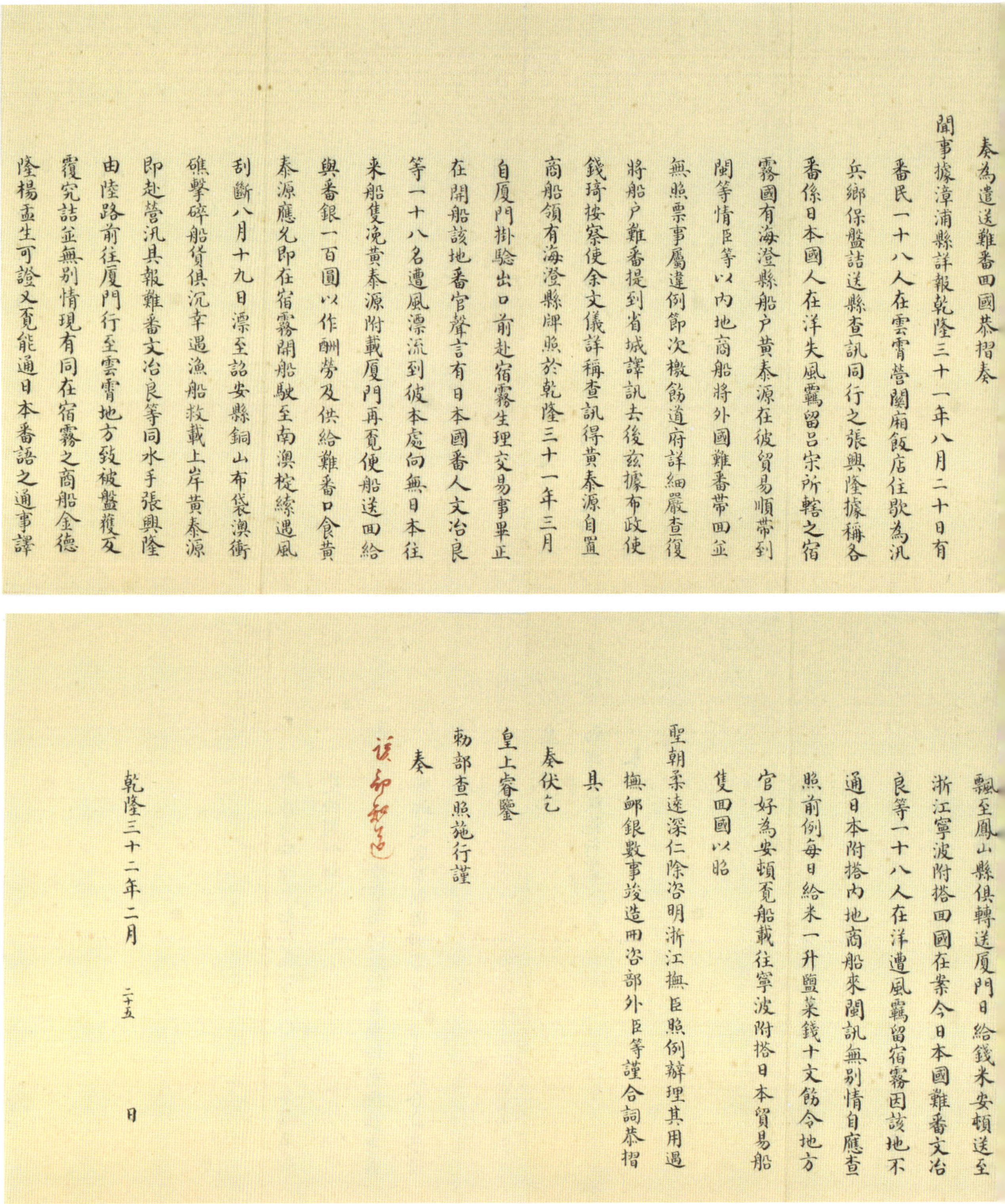
奏為遣送難番回國恭摺奏
聞事據漳浦縣詳報乾隆三十一年八月二十日有
番民一十八人在雲霄營關廂飯店住歇為汛
兵鄉保盤詰送縣查訊同行之張興隆據稱各
番係日本國人在洋失風羈留呂宋所轄之宿
霧國有海澄縣船户黄泰源在彼貿易順帶到
閩等情臣等以內地商船將外國難番帶回並
無照票事屬違例節次檄飭道府詳細嚴查復
將船户難番提到省城譯訊去後玆據布政使
錢琦按察使余文儀詳稱查訊得黄泰源自置
商船領有海澄縣牌照於乾隆三十一年三月
自廈門掛驗出口前赴宿霧生理交易事畢正
在開船該地番官聲言有日本國番人文治良
等一十八名遭風漂流到彼本處向無日本往
来船隻浼黄泰源附載廈門再覔便船送回給
與番銀一百圓以作酬勞及供給難番口食黄
泰源應允即在宿霧開船駛至南澳椗繚遇風
刮斷八月十九日漂至詔安縣銅山布袋澳衝
礁擊碎船貨俱沉幸遇漁船救載上岸黄泰源
即赴營汛具報難番文治良等同水手張興隆
由陸路前往廈門行至雲霄地方致被盤獲叉
覆究詰並無别情現有同在宿霧之商船金德
隆楊孟生可證又覔能通日本番語之通事譯

飄至鳳山縣俱轉送廈門日給錢米安頓送至
浙江寧波附搭回國在案今日本國難番文治
良等一十八人在洋遭風羈留宿霧因該地不
通日本附搭內地商船來閩訊無别情自應查
照前例每日給米一升鹽菜錢十文飭令地方
官好為安頓覔船載往寧波附搭日本貿易船
隻回國以昭
聖朝柔遠深仁除咨明浙江撫臣照例辦理其用過
撫卹銀數事竣造冊咨部外臣等謹合詞恭摺
具
奏伏乞
皇上睿鑒
勅部查照施行謹
奏
該部知道
乾隆三十二年二月 二十五 日

闽浙总督苏昌等奏折（乾隆三十二年二月二十五日）

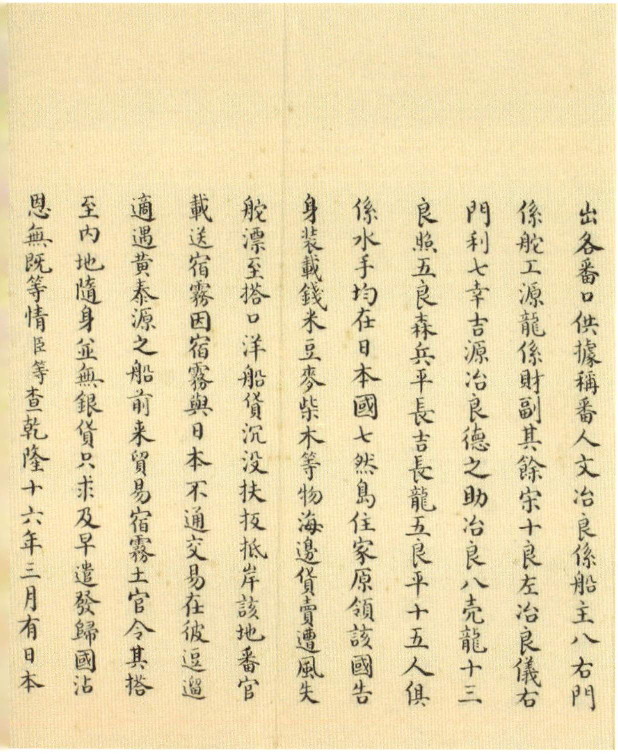

出各番口供據稱番人文治良係船主八右門係舵工源龍係財副其餘宗十良左治良儀右門利七幸吉源治良德之助治良八壳龍十三良照五良森兵平長吉長龍五良平十五人俱係水手均在日本國七然島住家原領該國告身裝載錢米豆麥柴木等物海邊貿賣遭風失舵漂至搭口洋船貨沉没扶拔抵岸該地番官載送宿霧因宿霧與日本不通交易在彼逗遛適遇黃泰源之船前来貿易宿霧土官令其搭至內地隨身並無銀貨只求及早遣發歸國沾
恩無既等情臣等查乾隆十六年三月有日本

闽浙总督苏昌等奏折：

为遣送日本难民文治良等人附搭日本贸易船只回国事

乾隆三十二年二月二十五日（1767 年 3 月 24 日）

乾隆三十一年（1766），日本国七然岛文治良等 18 人在海边贸易时，遭遇大风，漂流至吕宋宿雾国。因宿雾与日本向来不通往来，当地官员请求在此贸易的海澄县船户黄泰源将他们携带回福建，以相机搭乘便船回日本。福建地方政府获知情况后，遵照此前案例，将 18 名日本难民妥善安顿，每日每人给米一升、盐菜钱十文，然后寻找船只载往浙江宁波，附搭日本贸易船只回国。

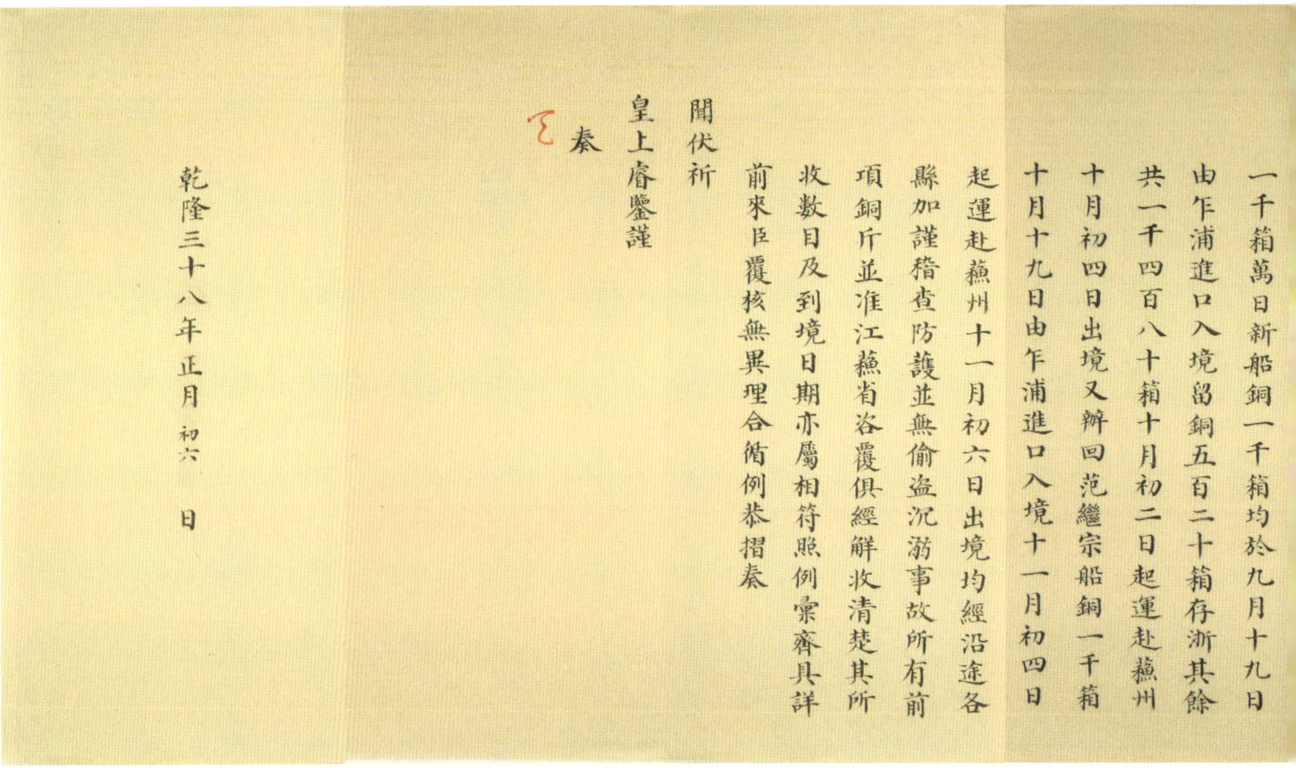
一千箱萬日新船銅一千箱均於九月十九日
由乍浦進口入境留銅五百二十箱存浙其餘
共一千四百八十箱十月初二日起運赴蘇州
十月初四日出境又辦回范繼宗船銅一千箱
十月十九日由乍浦進口入境十一月初四日
起運赴蘇州十一月初六日出境均經沿途各
縣加謹稽查防護並無偷盗沉溺事故所有前
項銅斤並准江蘇省咨覆俱經鮮收清楚其所
收數目及到境日期亦屬相符照例彙齊具詳
前來臣覆核無異理合循例恭摺奏
聞伏祈
皇上睿鑒謹
奏
乾隆三十八年正月初六日

署理浙江巡抚熊学鹏奏折：

为江苏官商办回洋铜数目及过境日期事

乾隆三十八年正月初六日（1773年1月28日）

按规定，凡遇邻省采办铜铅经过，都要求当地官府实力稽查有无偷盗沉溺等情弊，专折具奏。署理浙江巡抚熊学鹏奏报，乾隆三十七年（1772），江苏官商范清济所属林永顺号船、何廷宝号船、魏元盛号船、史顺兴号船、万日新号船、范继宗号船，各置办洋铜1000箱，共6000箱，由乍浦进口。其中520箱留存浙江使用，其余5480箱均运往苏州使用。可见，当时赴日本采买洋铜的数量相当巨大。

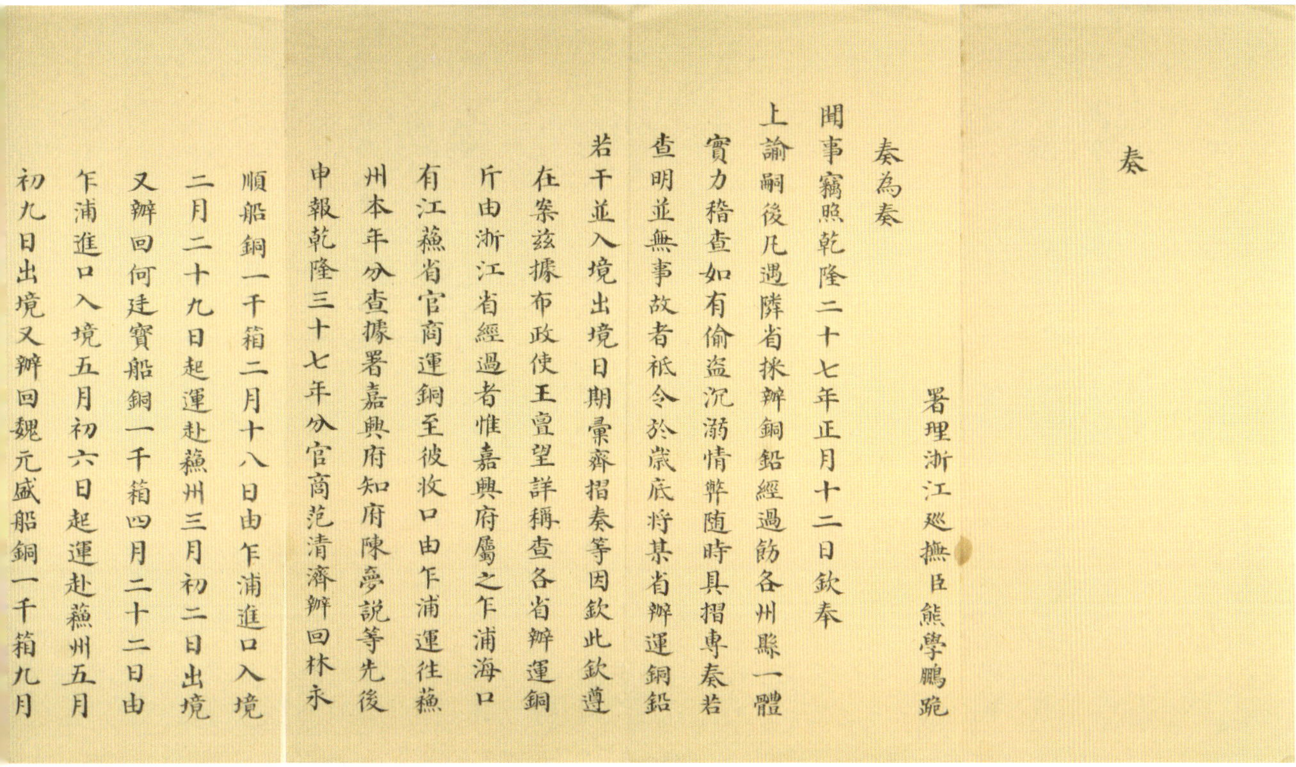
奏

署理浙江巡撫臣熊學鵬跪

奏為奏

聞事竊照乾隆二十七年正月十二日欽奉

上諭嗣後凡遇隣省採辦銅鉛經過飭各州縣一體實力稽查如有偷盜沉溺情弊隨時具摺專奏若查明並無事故者祇令於歲底將某省辦運銅鉛若干並入境出境日期彙齊摺奏等因欽此欽遵在案兹據布政使王亶望詳稱查各省辦運銅斤由浙江省經過者惟嘉興府屬之乍浦海口有江蘇省官商運銅至彼收口由乍浦運往蘇州本年分查據署嘉興府知府陳夢說等先後申報乾隆三十七年分官商范清濟辦回林永順船銅一千箱二月十八日由乍浦進口入境二月二十九日起運赴蘇州三月初二日出境又辦回何廷寶船銅一千箱四月二十二日由乍浦進口入境五月初六日起運赴蘇州五月初九日出境又辦回魏元盛船銅一千箱九月

署理浙江巡抚熊学鹏奏折（乾隆三十八年正月初六日）

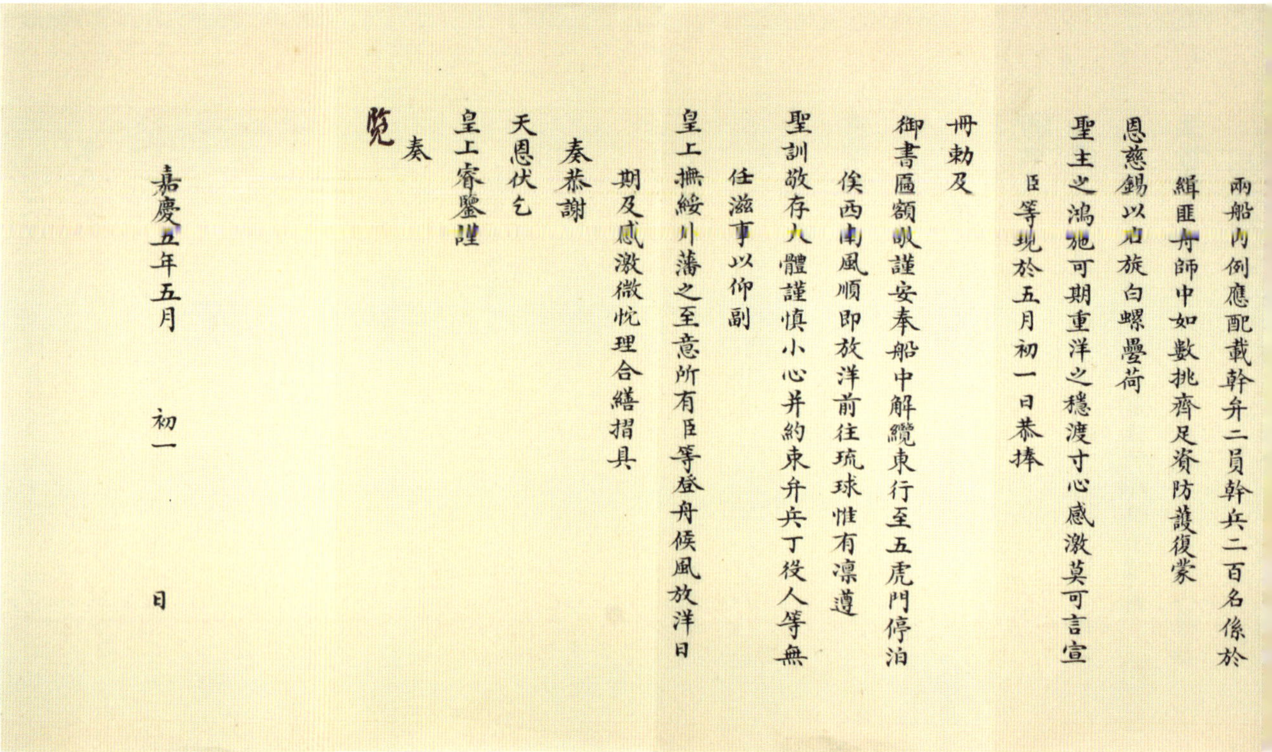

兩船內例應配載幹弁二員幹兵二百名係於
緝匪舟師中如數挑齊足資防護復蒙
恩慈錫以旌旄白螺疊荷
聖主之鴻施可期重洋之穩渡寸心感激莫可言宣
臣等現於五月初一日恭捧
冊敕及
御書匾額祗謹安奉船中解纜東行至五虎門停泊
俟西南風順即放洋前往琉球惟有凜遵
聖訓敬存大體謹慎小心并約束弁兵丁役人等無
任滋事以仰副
皇上撫綏外藩之至意所有臣等登舟候風放洋日
期及感激微忱理合繕摺具
奏恭謝
天恩伏乞
皇上睿鑒謹
奏
覽
嘉慶五年五月　初一　日

正使翰林院修撰赵文楷等奏折：
为奉旨出使琉球登舟候风放洋日期等事
嘉庆五年五月初一日（1800 年 6 月 22 日）

闽浙总督玉德奏折：
为遵旨派员赴天后宫虔诚祀谢事
嘉庆五年九月二十一日（1800 年 11 月 7 日）

正使翰林院修撰赵文楷等奏折：
为册封琉球事竣内渡回闽日期事
嘉庆五年十一月初五日（1800 年 12 月 20 日）

内阁中书李鼎元奏折：
为简命出使琉球返京恭复恩命事
嘉庆六年正月二十一日（1801 年 3 月 5 日）

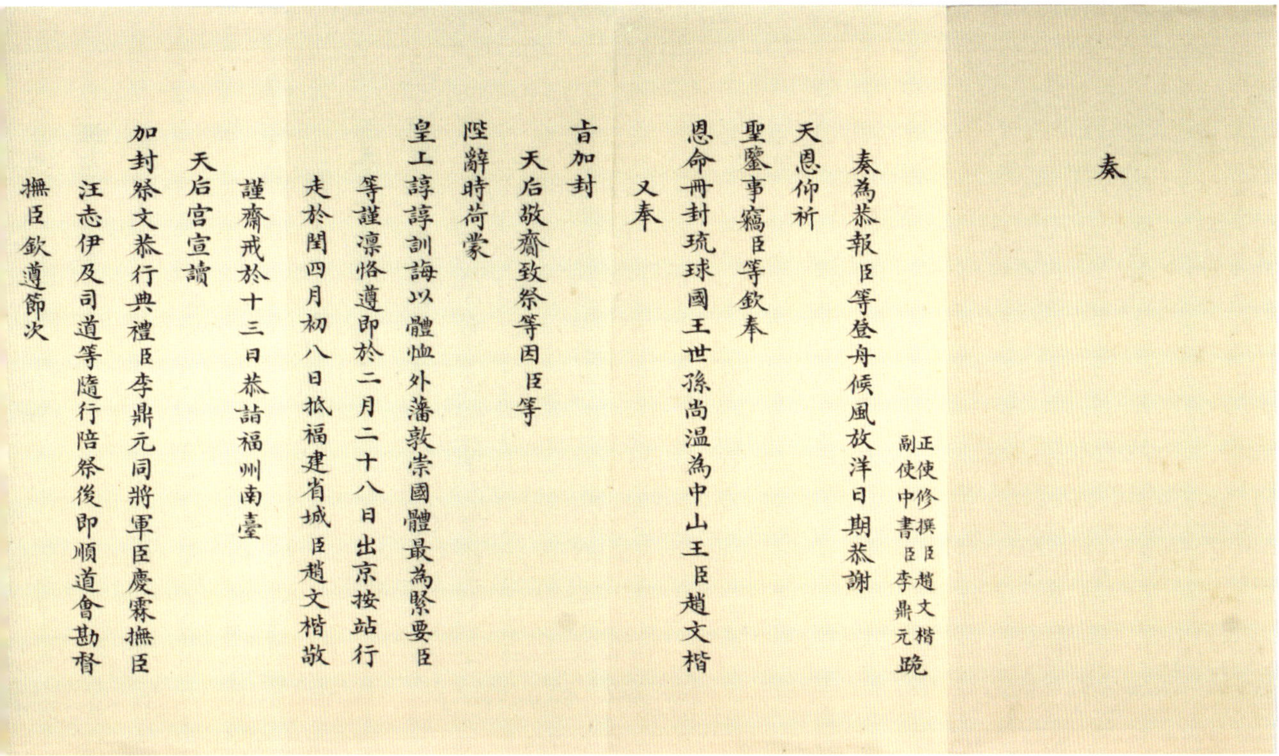

奏

正使修撰臣趙文楷
副使中書臣李鼎元 跪

奏為恭報臣等登舟候風放洋日期恭謝
天恩仰祈
聖鑒事竊臣等欽奉
恩命冊封琉球國王世孫尚温為中山王臣趙文楷
又奉
旨加封
天后敬齋致祭等因臣等
陛辭時荷蒙
皇上諄諄訓誨以體恤外藩敦崇國體最為緊要臣
等謹凜恪遵即於二月二十八日出京按站行
走於閏四月初八日抵福建省城臣趙文楷敬
謹齋戒於十三日恭詣福州南臺
天后宮宣讀
加封祭文恭行典禮臣李鼎元同將軍臣慶霖撫臣
汪志伊及司道等隨行陪祭後即順道會勘督
撫臣欽遵節次

正使翰林院修撰赵文楷等奏折（嘉庆五年五月初一日）

嘉庆五年（1800），翰林院修撰赵文楷、内阁中书李鼎元奉旨分别担任正副使，册封琉球国王世孙尚温为中山王。赵文楷等于二月二十八日出京，闰四月初八日抵达福州。准备乘坐海船两艘，带领武官两员、士兵200名，于五月初一日解缆出洋。先行驶至五虎门一带停泊，等候西南风顺时即放洋驶往琉球。嘉庆帝还特别赏赐“右旋白螺”，以保护册封使安全往返。

赵文楷等于五月十三日抵达琉球国。一切册封事宜按例办理就竣。于十月十五日在那霸港登舟候风，至十月二十五日开行，到十一月初一日安全抵达福建附近洋面，十一月初四日进入省城福州。以当时的技术条件，远渡重洋颇为危险，所以嘉庆帝得到册封使安全返回奏报后，朱批“欣慰览之”。副使李鼎元回京后，向嘉庆帝复命，得到召见。经过一番交谈，嘉庆帝写下了对李鼎元的评价：“似可。”

跨海册封，波涛险阻，加之海盗未靖，故往返皆难。此次平安抵达琉球国后，嘉庆帝认为，“皆赖海神垂佑”，故发去藏香若干，交予地方官员，令亲赴厦门天后宫默祷祀谢。天后，即民间所称妈祖。相传是宋代福建女子，生前行善救难，自宋代以降，逐渐成为沿海地区祭拜的女神。这体现了清代海上活动中的文化信仰，同时也揭示了海路交流成为官方与民间信仰互动的一个载体。

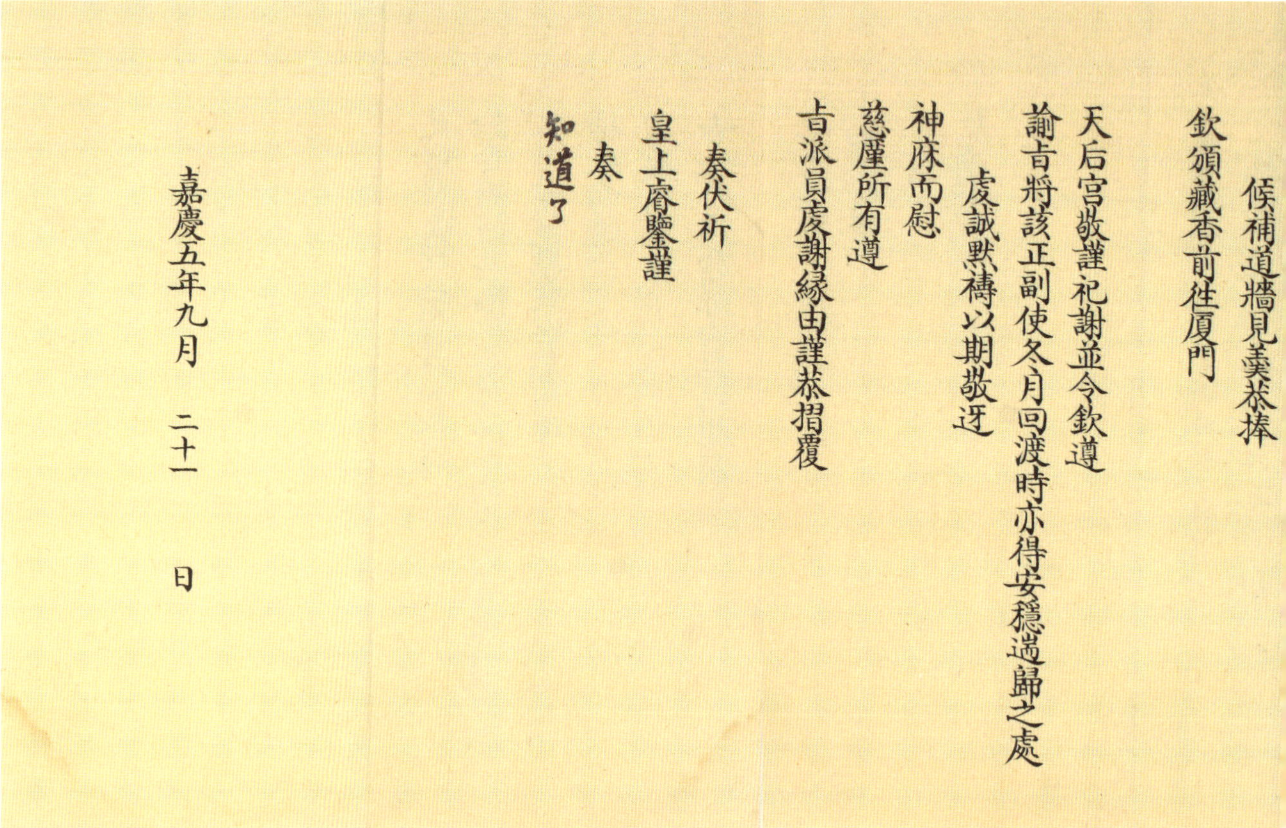
候補道牆見羹恭捧
欽頒藏香前往廈門
天后宫敬謹祀謝並令欽遵
諭旨將該正副使冬月回渡時亦得安穩遄歸之處
虔誠默禱以期敬迓
神庥而慰
慈廑所有遵
旨派員虔謝緣由謹恭摺覆
奏伏祈
皇上睿鑒謹
奏
知道了
嘉慶五年九月　二十一　日

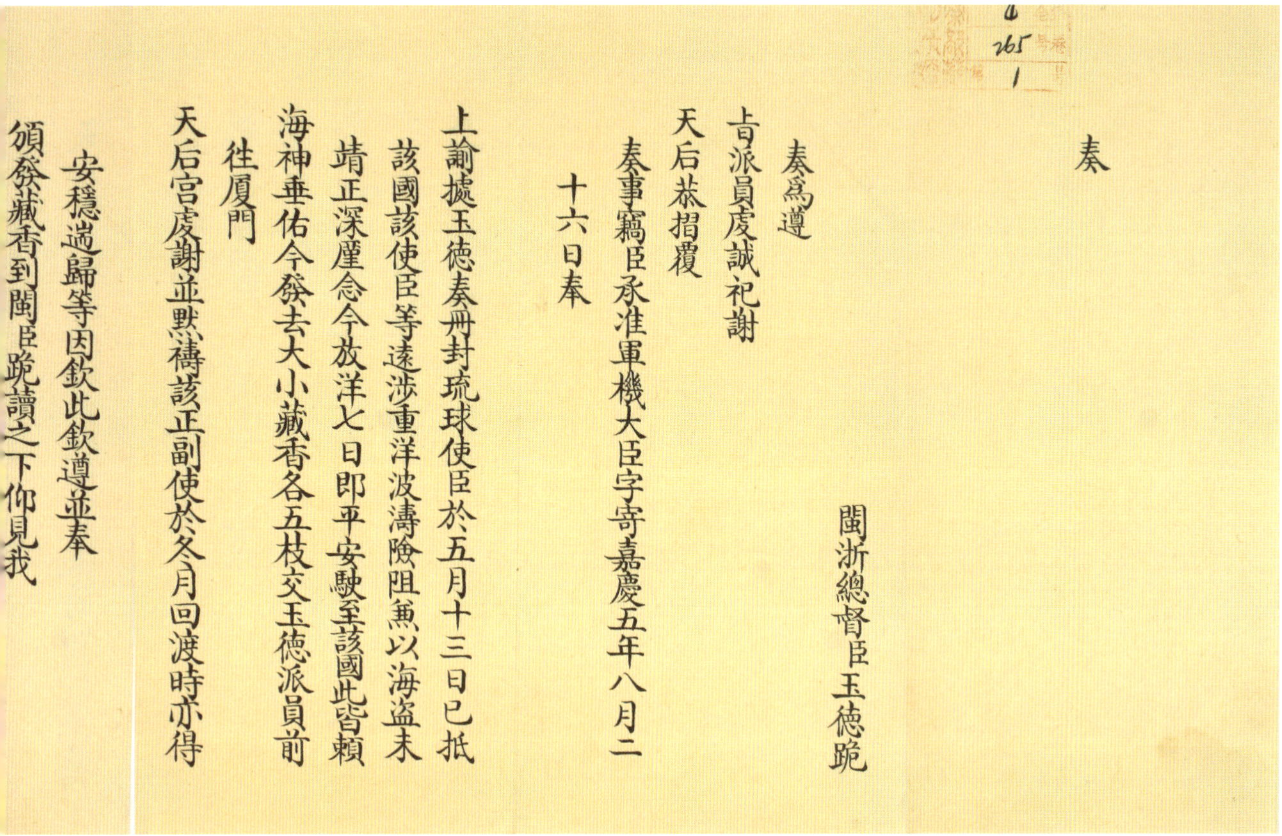
奏
閩浙總督臣玉德跪
奏爲遵
旨派員虔誠祀謝
天后恭摺覆
奏事竊臣承准軍機大臣字寄嘉慶五年八月二
十六日奉
上諭據玉德奏册封琉球使臣於五月十三日已抵
該國該使臣等遠涉重洋波濤險阻兼以海盜未
靖正深廑念今放洋七日即平安駛至該國此皆賴
海神垂佑今發去大小藏香各五枝交玉德派員前
往厦門
天后宫虔謝並默禱該正副使於冬月回渡時亦得
安穩遄歸等因欽此欽遵並奉
頒發藏香到閩臣跪讀之下仰見我

闽浙总督玉德奏折（嘉庆五年九月二十一日）

荷
聖慈之垂厪益感激以難名今往返重洋計期半月
皆仰托
皇上鴻福
天后
海神顯佑不惟臣等仰沐
殊恩即該國臣民來使及隨從官兵亦無不同聲感
頌共戴
生成其前蒙
賜帶右旋白螺已敬謹送交督臣供奉臣等於拜摺
後亦即起程回京恭復
恩命所有事竣抵閩緣由理合恭摺具
奏伏祈
皇上睿鑒謹
奏
欣慰覽之另有旨
嘉慶五年十一月　初五　日

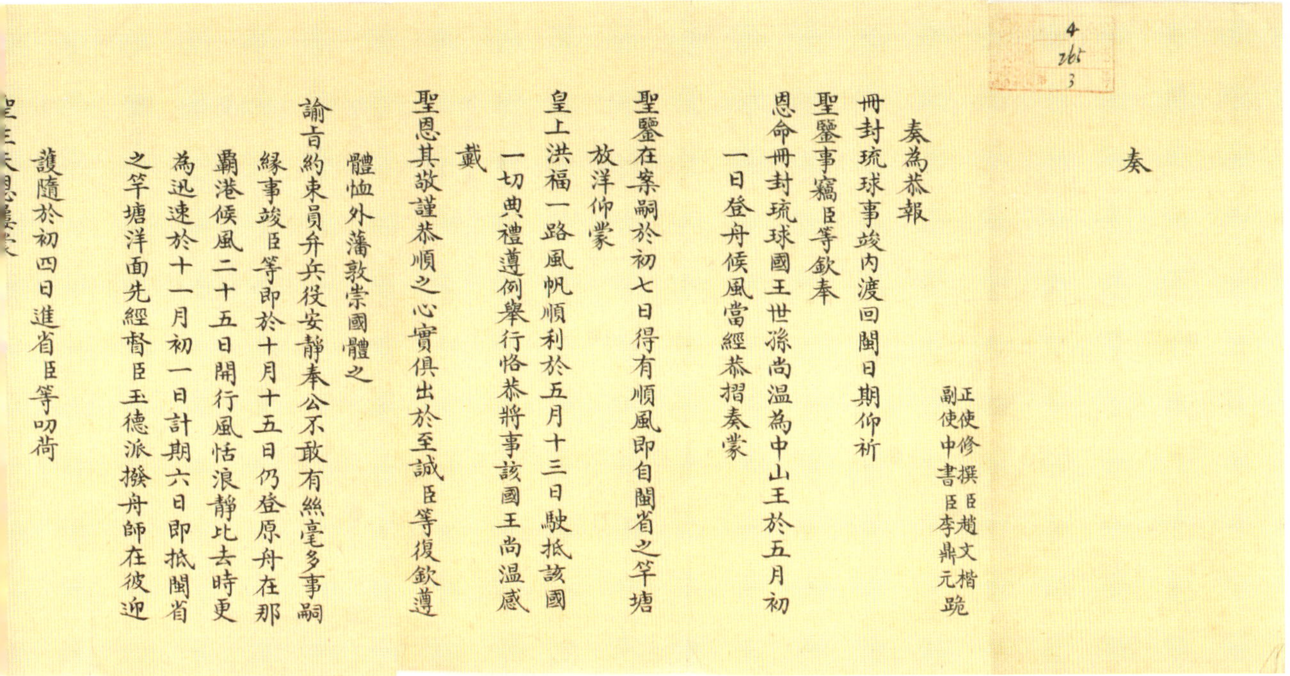
4 265 3

奏

正使修撰臣趙文楷
副使中書臣李鼎元跪

奏為恭報
冊封琉球事竣內渡回閩日期仰祈
聖鑒事竊臣等欽奉
恩命冊封琉球國王世孫尚溫為中山王於五月初
一日登舟候風當經恭摺奏蒙
聖鑒在案嗣於初七日得有順風即自閩省之竿塘
放洋仰蒙
皇上洪福一路風帆順利於五月十三日駛抵該國
一切典禮遵例舉行恪恭將事該國王尚溫感
戴
聖恩其敬謹恭順之心實俱出於至誠臣等復欽遵
體恤外藩敦崇國體之
諭旨約束員弁兵役安靜奉公不敢有絲毫多事嗣
緣事竣臣等即於十月十五日仍登原舟在那
霸港候風二十五日開行風恬浪靜比去時更
為迅速於十一月初一日計期六日即抵閩省
之竿塘洋面先經督臣玉德派撥舟師在彼迎
護隨於初四日進省臣等叩荷
皇上天恩優

正使翰林院修撰赵文楷等奏折（嘉庆五年十一月初五日）

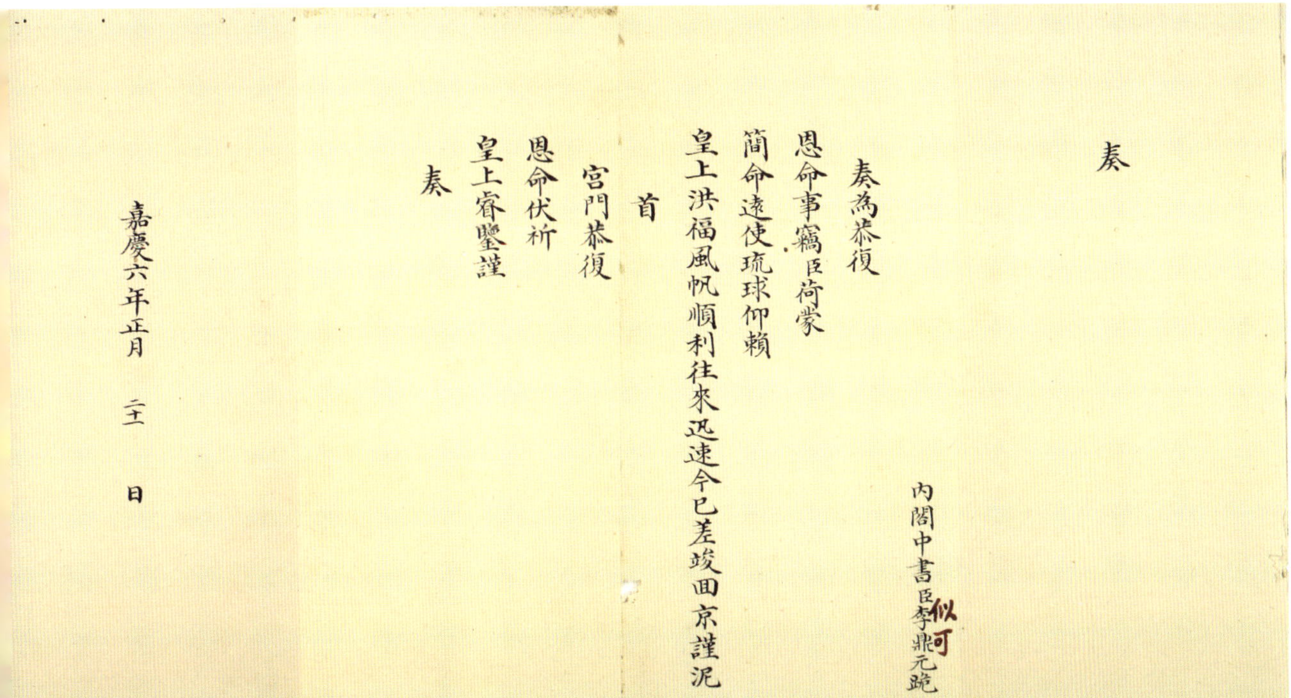
奏

內閣中書臣李鼎元跪

似可

奏為恭復
恩命事竊臣荷蒙
簡命遠使琉球仰賴
皇上洪福風帆順利往來迅速今已差竣回京謹泥
首
宮門恭復
恩命伏祈
皇上睿鑒謹
奏

嘉慶六年正月 二十一 日

内阁中书李鼎元奏折（嘉庆六年正月二十一日）

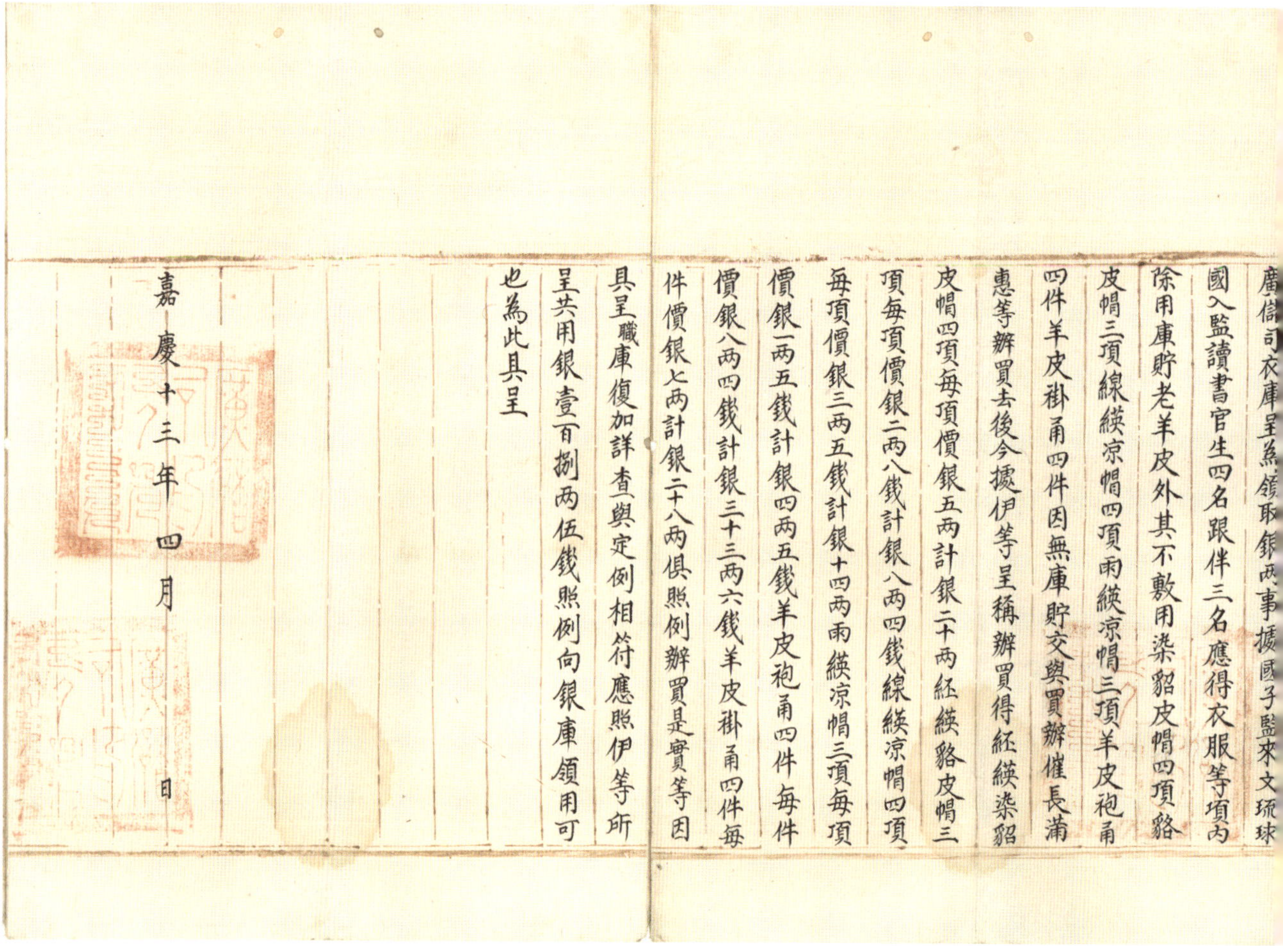

廣儲司衣庫呈為領取銀兩事據國子監來文琉球
國入監讀書官生四名跟伴三名應得衣服等項內
除用庫貯老羊皮外其不敷用染貂皮帽四項貉
皮帽三項線緞涼帽四項雨緞涼帽三項羊皮袍甬
四件羊皮褂甬四件因無庫貯交與買辦催長滿
惠等辦買去後今據伊等呈稱辦買得紅緞染貂
皮帽四項每項價銀五兩計銀二十兩紅緞貉皮帽三
項每項價銀二兩八錢計銀八兩四錢線緞涼帽四項
每項價銀三兩五錢計銀十四兩雨緞涼帽三項每項
價銀一兩五錢計銀四兩五錢羊皮袍甬四件每件
價銀八兩四錢計銀三十三兩六錢羊皮褂甬四件每
件價銀七兩計銀二十八兩俱照例辦買是實等因
具呈職庫復加詳查與定例相符應照伊等所
呈共用銀壹百捌兩伍錢照例向銀庫領用可
也為此具呈
嘉慶十三年四月　日

总管内务府广储司衣库呈稿：

为领取办买琉球国入国子监读书官生等应得衣帽等项所需银两事

嘉庆十三年四月十一日（1808 年 5 月 6 日）

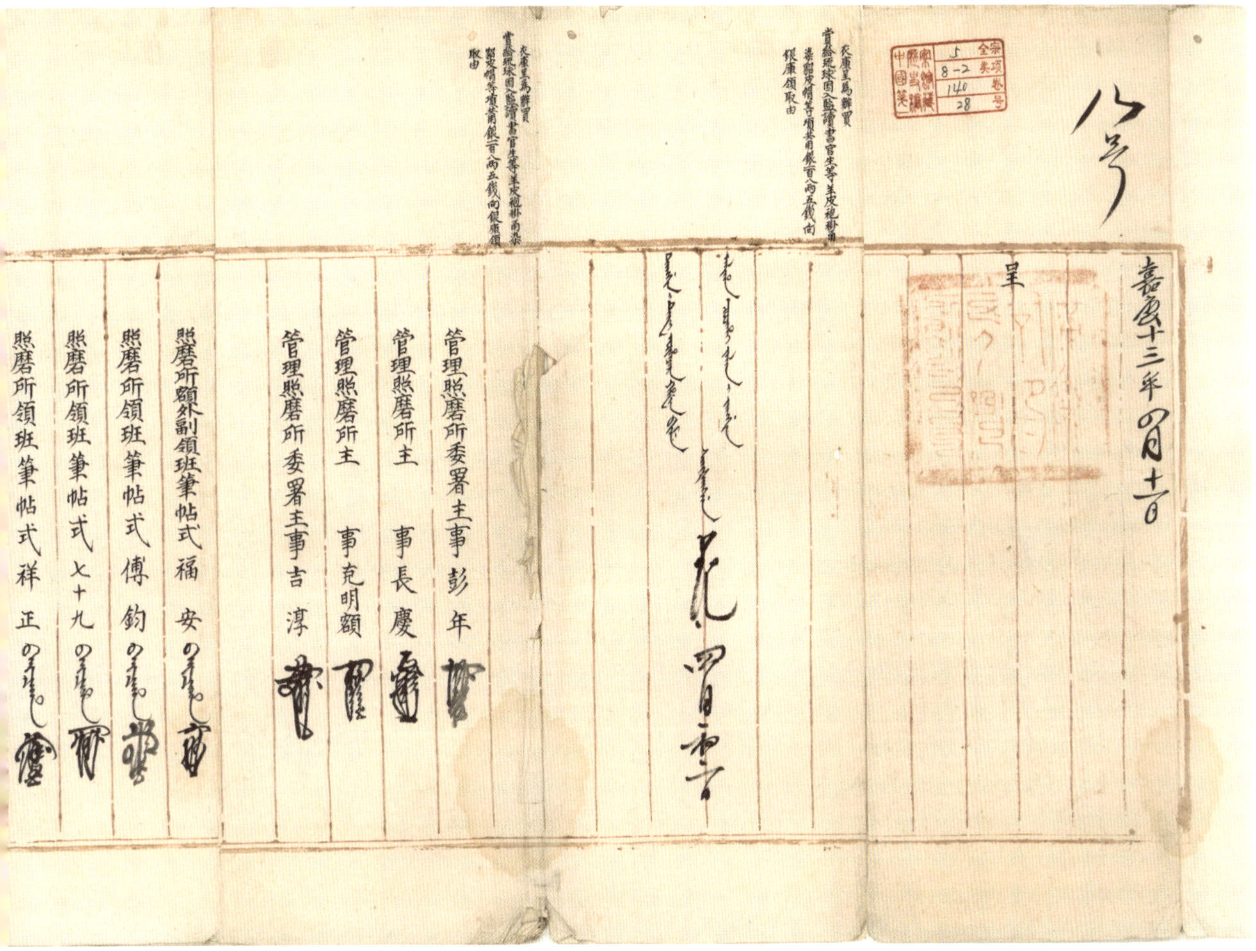

衣庫呈爲辦買
賞給琉球國入監讀書官生等羊皮袍褂兩
染貂皮帽等項共用銀一百八兩五錢向
銀庫領取由

嘉慶十三年四月十一日
呈

管理照磨所委署主事 彭年
管理照磨所主事 長慶
管理照磨所主事 克明額
管理照磨所委署主事 吉淳

衣庫呈爲辦買
賞給琉球國入監讀書官生等羊皮袍褂兩染
貂皮帽等項共用銀一百八兩五錢向銀庫領
取由

照磨所額外副領班筆帖式 福安
照磨所領班筆帖式 傅鈞
照磨所領班筆帖式 七十九
照磨所領班筆帖式 祥正

总管内务府广储司衣库呈稿之一（嘉庆十三年四月十一日）

琉球官生入国子监读书，向例应由总管内务府提供衣服等物品，具体由广储司衣库承办。嘉庆十三年（1808），需给入监读书官生 4 名及跟伴 3 名提供衣物。其中，除老羊皮因衣库存有外，其余都需置买。包括染貂皮帽 4 顶、貂皮帽 3 顶、各式凉帽 7 顶、羊皮袍 4 件、羊皮褂 4 件，共用银 108.5 两。于是，广储司衣库按例呈请总管内务府堂官批准，向广储司银库领用。

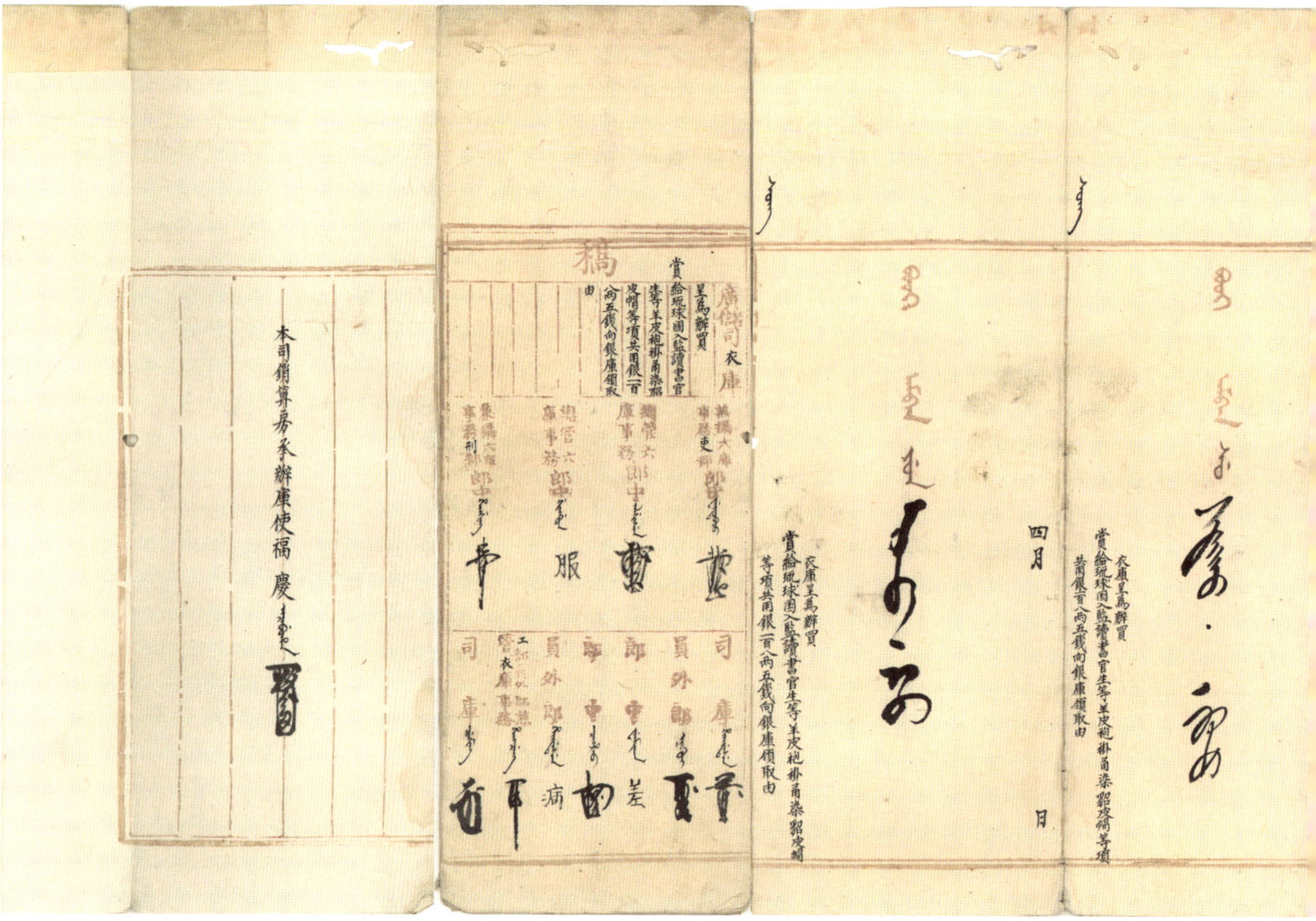
衣庫呈爲辦買
賞給琉球國入監讀書官生等羊皮袍褂甬染貂皮帽等項
共用銀一百八兩五錢向銀庫領取由

衣庫呈爲辦買
賞給琉球國入監讀書官生等羊皮袍褂甬染貂皮帽等項
共用銀一百八兩五錢向銀庫領取由
四月　日

稿
廣儲司　衣庫
呈爲辦買
賞給琉球國入監讀書官生等羊皮袍褂甬染貂皮帽等項共用銀一百八兩五錢向銀庫領取由

兼攝六庫事務吏部郎中
總管六庫事務郎中
總管六庫事務郎中　服
兼攝六庫事務刑部郎中
司庫
員外郎
郎中　差
郎中
員外郎　病
工部員外郎兼管衣庫事務
司庫

本司銷算房承辦庫使福慶

总管内务府广储司衣库呈稿之二（嘉庆十三年四月十一日）

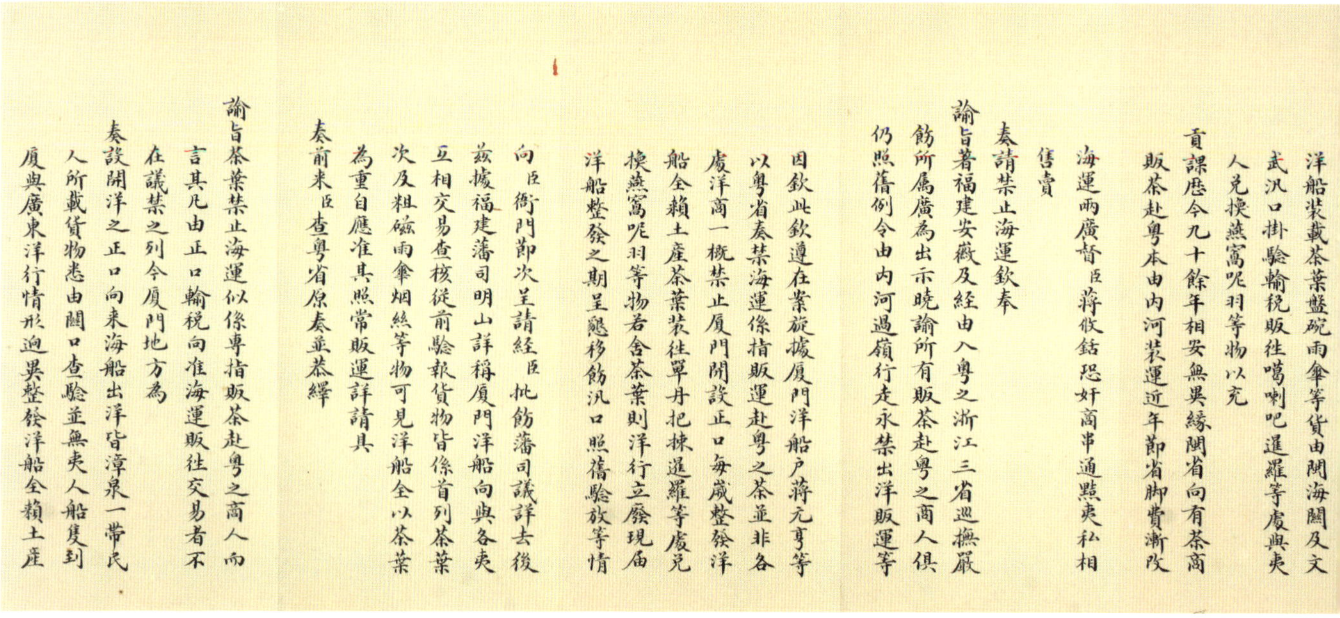
洋船裝載茶葉盤碗雨傘等貨由閩海關及文
武汛口掛驗輸稅販往噶喇吧暹羅等處與夷
人兌換燕窩呢羽等物以充
貢課歷今九十餘年相安無異緣閩省向有茶商
販茶赴粵本由內河裝運近年節省脚費漸改
海運兩廣督臣蔣攸銛恐奸商串通黠夷私相
售賣
奏請禁止海運欽奉
諭旨著福建安徽及經由入粵之浙江三省巡撫嚴
飭所屬廣為出示曉諭所有販茶赴粵之商人俱
仍照舊例令由內河過嶺行走永禁出洋販運等
因欽此欽遵在案旋據廈門洋船戶蔣元亨等
以粵省奏禁海運係指販運赴粵之茶並非各
處洋商一概禁止廈門開設正口每歲整發洋
船全賴土產茶葉裝往單丹把揀暹羅等處兌
換燕窩呢羽等物若舍茶葉則洋行立廢現屆
洋船整發之期呈懇移飭汛口照舊驗放等情
向臣衙門節次呈請經臣批飭藩司議詳去後
茲據福建藩司明山詳稱廈門洋船向與各夷
互相交易查核從前驗報貨物皆係首列茶葉
次及粗磁雨傘烟絲等物可見洋船全以茶葉
為重自應准其照常販運詳請具
奏前來臣查粵省原奏並恭繹
諭旨茶葉禁止海運似係專指販茶赴粵之商人而
言其凡由正口輸稅向准海運販往交易者不
在議禁之列今廈門地方為
奏設開洋之正口向來海船出洋皆漳泉一帶民
人所載貨物悉由關口查驗並無夷人船隻到
廈與廣東洋行情形迥異整發洋船全賴土產

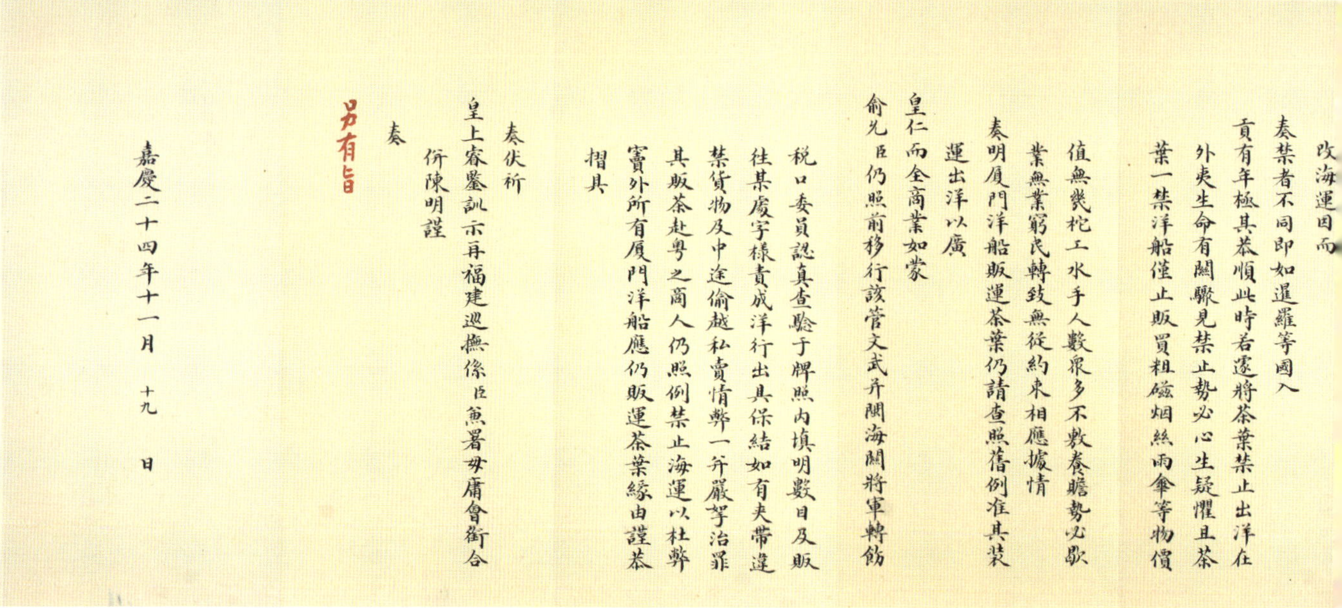
改海運因而
奏禁者不同即如暹羅等國入
貢有年極其恭順此時若遽將茶葉禁止出洋在
外夷生命有關驟見禁止勢必心生疑懼且茶
葉一禁洋船僅止販買粗磁烟絲雨傘等物價
值無幾柁工水手人數衆多不敷養贍勢必歇
業無業窮民轉致無從約束相應據情
奏明廈門洋船販運茶葉仍請查照舊例准其裝
運出洋以廣
皇仁而全商業如蒙
俞允臣仍照前移行該管文武并閩海關將軍轉飭
稅口委員認真查驗于牌照內填明數目及販
往某處字樣責成洋行出具保結如有夾帶違
禁貨物及中途偷越私賣情弊一并嚴拏治罪
其販茶赴粵之商人仍照例禁止海運以杜弊
竇外所有廈門洋船應仍販運茶葉緣由謹恭
摺具
奏伏祈
皇上睿鑒訓示再福建巡撫係臣兼署毋庸會銜合
併陳明謹
奏
另有旨
嘉慶二十四年十一月　十九　日

闽浙总督董教增奏折（嘉庆二十四年十一月十九日）

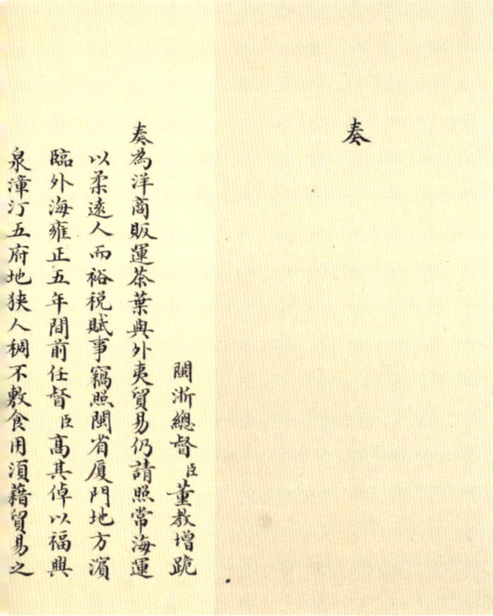

奏

閩浙總督臣董教增跪
奏為洋商販運茶葉與外夷貿易仍請照常海運
以柔遠人而裕稅賦事竊照閩省厦門地方濱
臨外海雍正五年間前任督臣高其倬以福興
泉漳汀五府地狹人稠不敷食用須藉貿易之

闽浙总督董教增奏折：

为厦门洋商贩运茶叶与外商贸易仍请照常海运事

嘉庆二十四年十一月十九日（1820年1月4日）

清代闽浙沿海贸易中，茶叶贸易始终居于大宗。雍正五年（1727），前闽浙总督高其倬在厦门设立口岸，准令商民贩卖茶叶等货物至暹罗等国，以充贡课。向例，茶叶由闽至粤皆由内河输运。然有闽商欲省脚费，改由海运。该管官员唯恐与奸商串通，私相售卖，奏请由闽至粤之茶叶禁止海运。然有司奉行不利，竟波及厦门口岸，亦不准其茶叶海运出口，厦门口岸由此面临废止。闽浙总督董教增与藩司商议后，重申禁止海运，乃专指贩茶赴粤之海运，厦门正口输税者，不在议禁之列，从而确保了闽浙沿海地区对外贸易秩序的正常运转。

江苏巡抚陈桂生奏折：

为查明东洋产铜较少官商不能添办情形事

嘉庆二十五年六月十三日（1820年7月22日）

户部宝泉局因铸钱铜斤不足，饬令江苏官商每年额外采买洋铜30万斤解交北京，以资鼓铸。但江苏官商程洪然、汪永增、王宇安等先后派遣可靠伙计前往日本探查，确实是当地产量不足，难以额外采办。实际上，当时每年额办洋铜尚且采买不足额，官商并无余力额外采买。

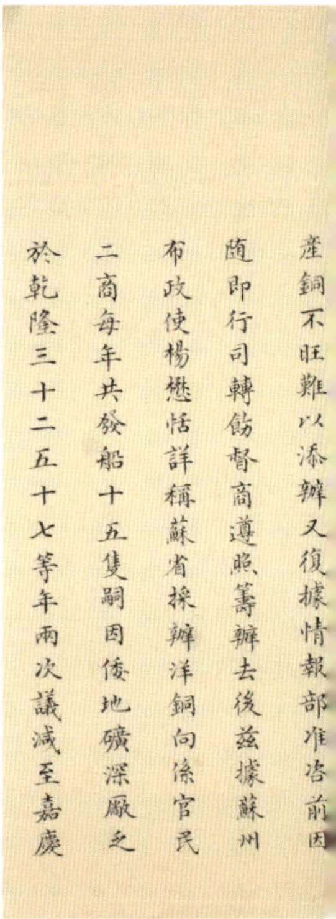
產銅不旺難以添辦又復據情報部准咨前因
隨即行司轉飭督商遵照籌辦去後茲據蘇州
布政使楊懋恬詳稱蘇省採辦洋銅向係官民
二商每年共發船十五隻嗣因倭地礦深廠乏
於乾隆三十二五十七等年兩次議減至嘉慶

遣夥屬赴洋查探倭地銅礦衰乏實在難以添
購上年冬汛赴洋之船現已回棹據稟覆查情
形與歷次所稟相同并據蘇州府及寶蘇局監
督查訪確實其非捏飾推諉自屬可信應請俯
如所稟免其辦解此案前後辦理原委實因屢
次專遣夥屬赴洋查探往返動以半年又值舊
商力乏告退另僉新商接辦輾轉行令籌議並
非無故稽延奏取遲延職名邀免開送等情詳
請具
奏前來臣伏查添辦洋銅為京局鼓鑄所需寧多
無缺如果倭地產銅豐旺自應督商遵辦何敢
聽其諉卸惟屢經飭商專遣夥屬赴洋確探該
地礦深廠乏辦運年額已屬竭蹶據稟難以添
辦委係實在情形相應遵照部行據實恭摺具
奏伏乞
皇上睿鑒勅部核覆施行謹
奏
户部知道
嘉慶二十五年六月 十三 日

江苏巡抚陈桂生奏折（嘉庆二十五年六月十三日）

奏

江蘇巡撫臣陳桂生跪

奏為查明東洋產銅較少官商不能添辦情形遵

照部行恭摺具

奏仰祈

聖鑒事竊臣准户部咨前因寶泉局年額銅觔不敷

鼓鑄奏交蘇省飭令官商添辦今據咨稱年来

東洋產銅欽乏辦運維艱該商王宇安接辦以

来既須專顧應解年額又有帶解前商舊欠節

經赴洋細察情形實無餘銅可供京局仍請免

其辦解等語惟係奏明飭辦未便據咨核准行

令遵照原奏將此項洋銅能否添辦之處據實

奏明辦理等因奏查嘉慶十六年正月户部行

文飭令官商添辦洋銅三十萬觔按年解交京

局以資鼓鑄經各前撫臣先後飭據前商程洪

然汪永增查明東洋產銅缺乏年額尚有不敷

無從添辦并令專遣的屬信夥赴洋探視籌商

各緣由節次咨明户部以因程洪然汪永增遞

五年酌定官民兩商每年各去船五隻每船額

裝毛銅十萬觔計可各辦五十萬觔咨部有案

除民商所辦僅敷應繳江蘇浙江江西等三省

年額不計外官商應繳直隸江蘇浙江江西湖

北陕西等六省鼓鑄銅五十萬五千餘觔加以

添平補色年額尚有不敷外洋風汎靡定設有

留洋遭風更需設法籌補以致前商程洪然汪

永增遞年均有未繳年額銅觔現由新商王宇

安按年帶辦此倭地產銅不旺之明證也至此

項添辦銅觔前因京局額銅不敷奏文飭辦續

奉部行業經滇省在於瀘店存銅内每年劃出

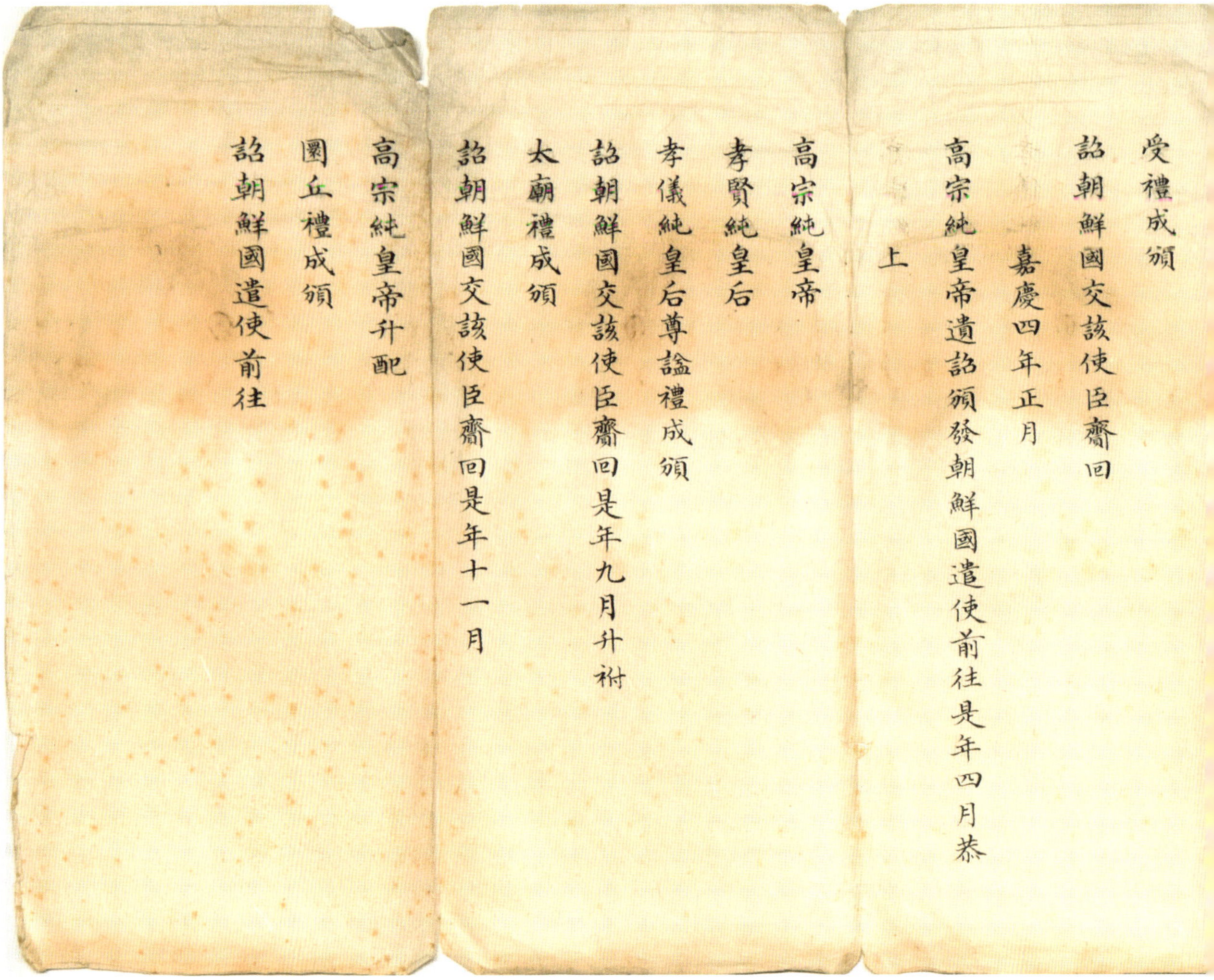

受禮成頒
詔朝鮮國交該使臣齎回
嘉慶四年正月
高宗純皇帝遺詔頒發朝鮮國遣使前往是年四月恭
上
高宗純皇帝
孝賢純皇后
孝儀純皇后尊謚禮成頒
詔朝鮮國交該使臣齎回是年九月升祔
太廟禮成頒
詔朝鮮國交該使臣齎回是年十一月
高宗純皇帝升配
圜丘禮成頒
詔朝鮮國遣使前往

礼部尚书穆克登额清单：

呈雍正十三年至嘉庆四年颁诏朝鲜国成案清单

嘉庆二十五年九月初一日（1820 年 10 月 7 日）

朝鲜作为清朝的藩属国，除了朝贡贸易外，两国间的礼仪交往也构成了其中重要的一个方面。这则档案反映的便是雍正十三年（1735）至嘉庆四年

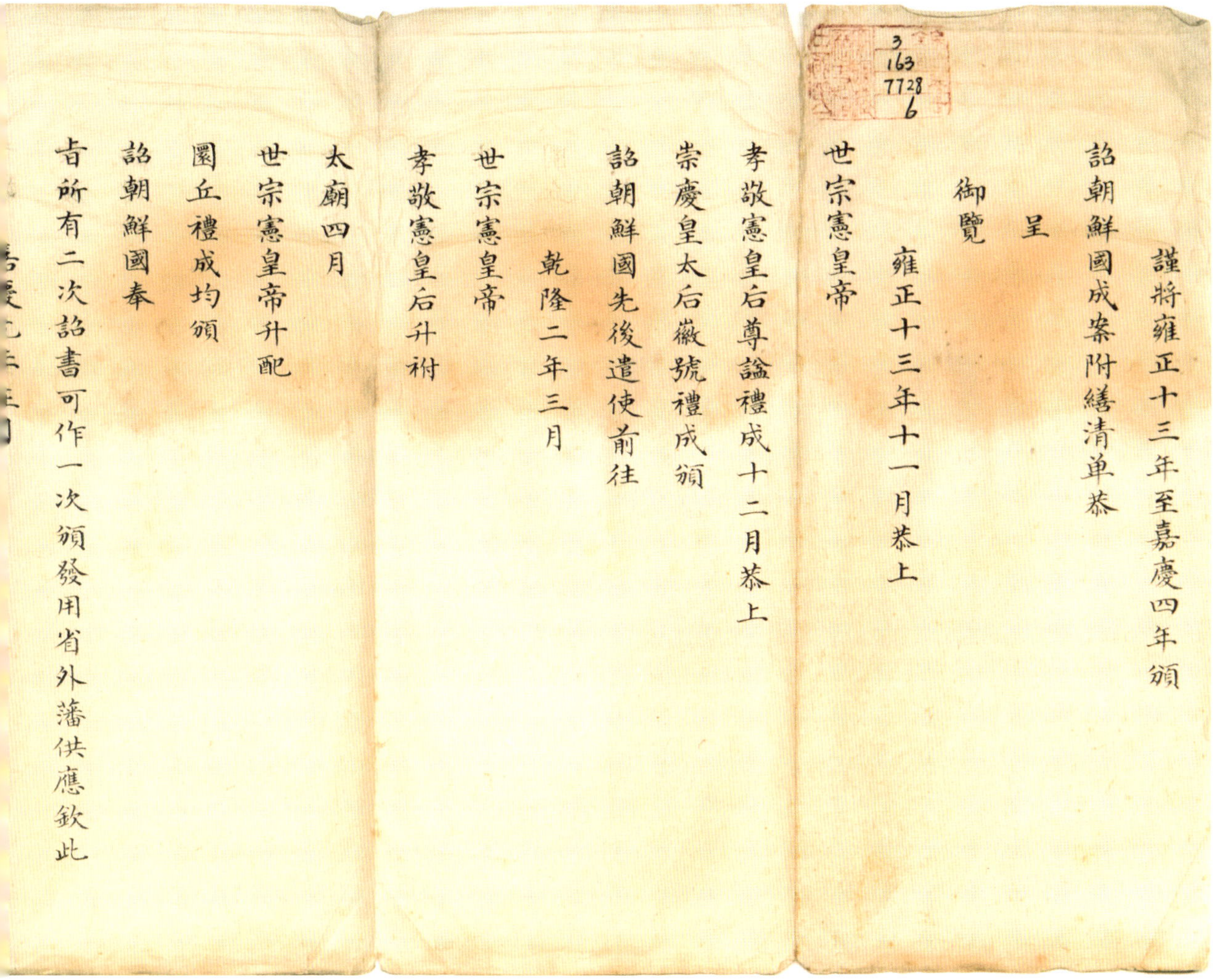
謹將雍正十三年至嘉慶四年頒
詔朝鮮國成案附繕清單恭
呈
御覽
雍正十三年十一月恭上
世宗憲皇帝
孝敬憲皇后尊謚禮成十二月恭上
崇慶皇太后徽號禮成頒
詔朝鮮國先後遣使前往
乾隆二年三月
世宗憲皇帝
孝敬憲皇后升祔
太廟四月
世宗憲皇帝升配
圜丘禮成均頒
詔朝鮮國奉
旨所有二次詔書可作一次頒發用省外藩供應欽此

礼部尚书穆克登额清单（嘉庆二十五年九月初一日）

（1799）间以“礼”为载体的中朝两国之间的藩属关系。雍正十三年，孝敬宪皇后尊号礼成、崇庆皇太后徽号礼成，遣使颁诏朝鲜；乾隆二年（1737），孝敬宪皇后升祔太庙，雍正帝升配圜丘礼成，亦颁诏朝鲜；嘉庆元年，授受礼成，四年，高宗纯皇帝孝贤纯皇后、孝仪纯皇后尊谥礼成，均颁诏朝鲜。这份颁诏朝鲜国成案清单的背后，体现了清代对外交往中“礼以体政”的政治文化内涵。

浙江巡抚陈若霖奏折：

为抚恤日本国遭风难民先令乘坐原船护送乍浦搭附东洋铜船归国事

道光元年正月十九日（1821 年 2 月 21 日）

嘉庆二十五年（1820）九月，载有日本萨州园田喜三次等 16 人的日本船一艘在海上贸易途中被风打断桅杆，漂流至浙江永嘉县洋面，得到当地官府的救助。浙江地方政府一方面向难民发放衣服粮食及盐菜钱，妥善安顿，其中有喜三、右卫门半助两人还身患疾病，就传来医生予以调治；另一方面，则购买料物修复船只。对于难民船携带的水糖 15339 斤，还帮助他们以公平价格售卖，共变价 241.13 两。然后，按惯例护送至乍浦交办铜商船顺便带回日本。

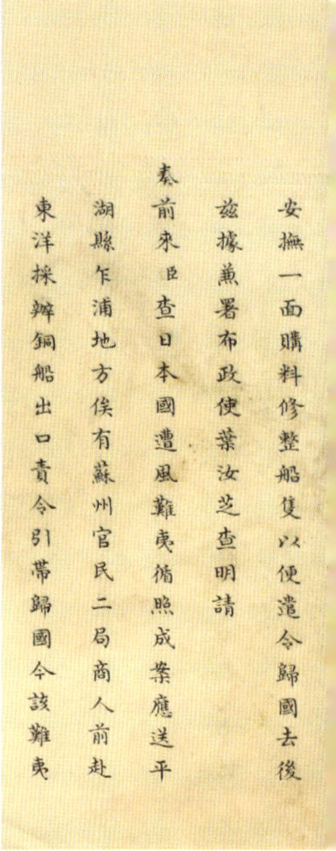

安撫一面購料修整船隻以便遣令歸國去後
茲據兼署布政使葉汝芝查明請
奏前來臣查日本國遭風難夷循照成案應送平
湖縣乍浦地方俟有蘇州官民二局商人前赴
東洋採辦銅船出口責令引帶歸國今該難夷

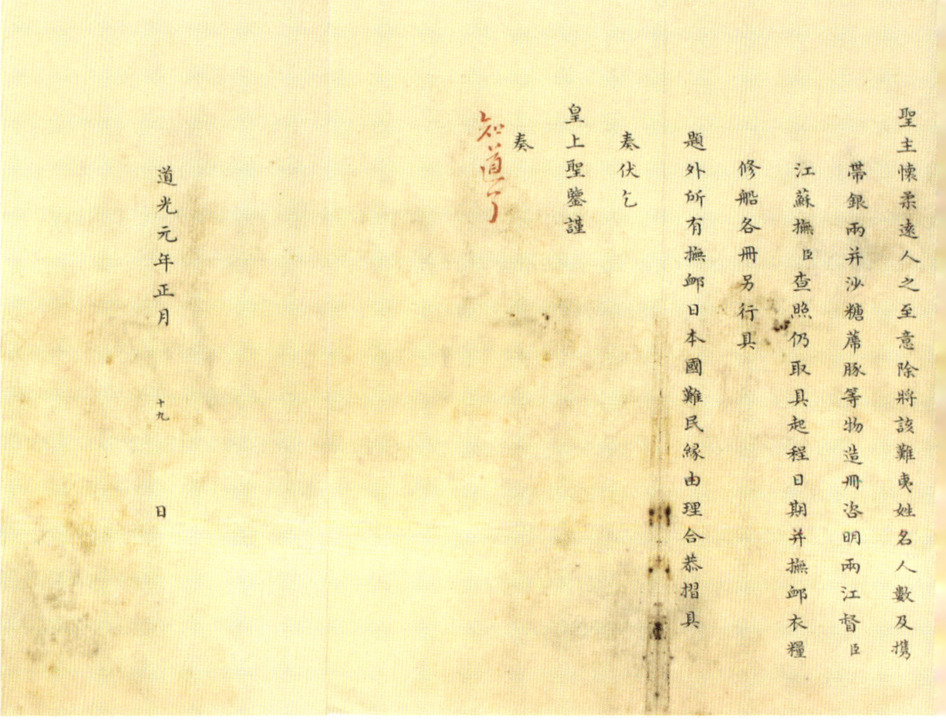

聖主懷柔遠人之至意除將該難夷姓名人數及携
帶銀兩并沙糖蔗豚等物造冊咨明兩江督臣
江蘇撫臣查照仍取具起程日期并撫卹衣糧
修船各冊另行具
題外所有撫卹日本國難民緣由理合恭摺具
奏伏乞
皇上聖鑒謹
奏 知道了
道光元年正月十九日

浙江巡抚陈若霖奏折（道光元年正月十九日）

奏

新授湖廣總督浙江巡撫臣陳若霖跪

奏為撫卹日本國遭風難夷先令乘坐原船護送
乍浦俟有東洋銅船出口附帶歸國恭摺奏
聞事據永嘉縣詳報嘉慶二十五年九月初八日有
日本國夷船一隻漂至縣境三盤門洋面適巡
洋舟師到彼護帶進口當經該縣會營親詣查
驗船內夷人一十六名裝有糖蓆豚肉等物並
無軍器該夷船身長八丈橫濶二丈四尺風蓬
桅柁槓具均皆折損不全船旁船底破碎滲漏
並無字號當即查詢夷人不通漢音內有一人
粗識漢字給與紙筆令其書寫據稱日本國薩
州人名係園田喜三次船頭水手共一十六人
自備資本於本年八月初八日從本國境內駕
船出海到七島置買貨物載回薩州二十八日
在洋被風打斷桅柁隨將重物拋海隨風漂流
到此懇將桅柁修換貨求變價送回本國等語
查視各夷內有喜三右衛門半助兩人患病隨

等在伊本國出海被風漂流浙洋情殊可憫既
經藩司飭縣妥為安頓撫卹病夷業已醫痊船
隻修竣其願變之貨傳牙公估分售水糖一百
三十九桶共重一萬五千三百三十九觔零計
每百觔估變紋銀一兩五錢七分二釐共銀二
百四十一兩一錢三分零交給該夷園田喜三
次收領餘剩沙糖及原來草蓆牛皮豚肉等貨
亦逐一點交上船并製給禦寒棉衣及食米鹽
菜柴薪等銀派撥兵船於嘉慶二十五年十二
月初九日自溫港開行至乍浦口內交替一面
飛飭嘉興府及平湖縣遵照一俟該夷船到乍

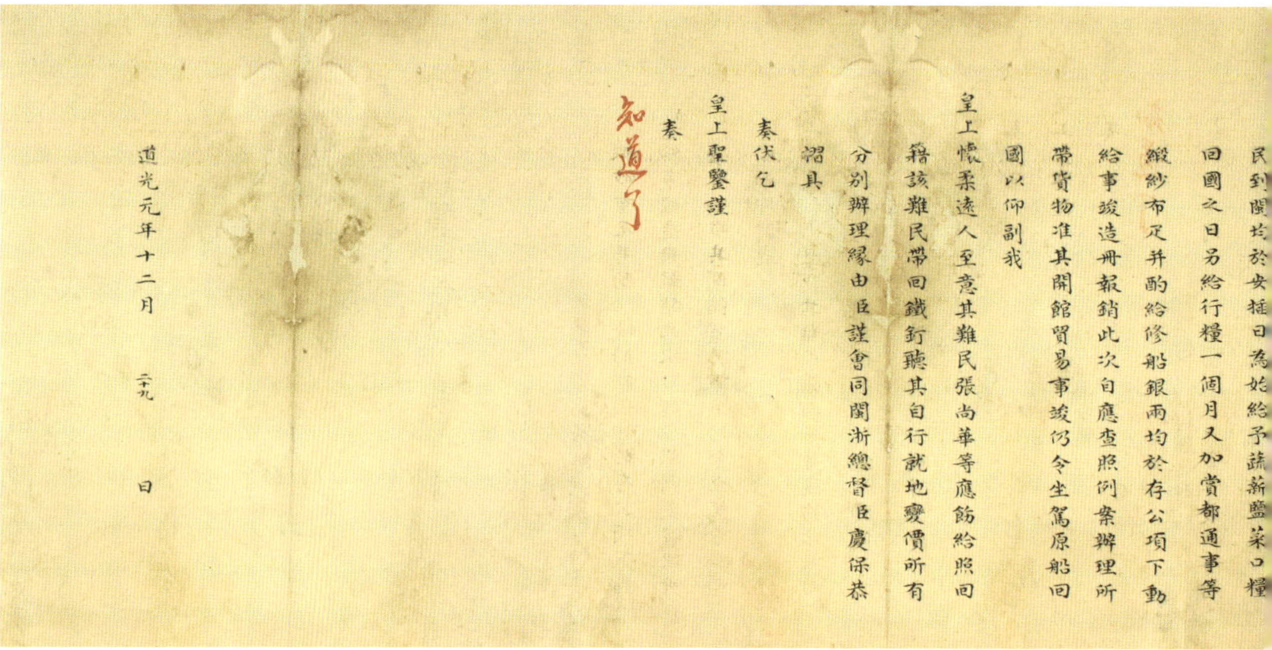
民到閩均於安插日為始給予蔬薪鹽菜口糧
回國之日另給行糧一個月又加賞都通事等
緞紗布疋并酌給修船銀兩均於存公項下動
給事竣造冊報銷此次自應查照例案辦理所
帶貨物准其開館貿易事竣仍令坐駕原船回
國以仰副我
皇上懷柔遠人至意其難民張尚華等應飭給照回
籍該難民帶回鐵釘聽其自行就地變價所有
分別辦理緣由臣謹會同閩浙總督臣慶保恭
摺具
奏伏乞
皇上聖鑒謹
奏
知道了
道光元年十二月 二十九 日

福建巡抚颜检奏折（道光元年十二月二十九日）

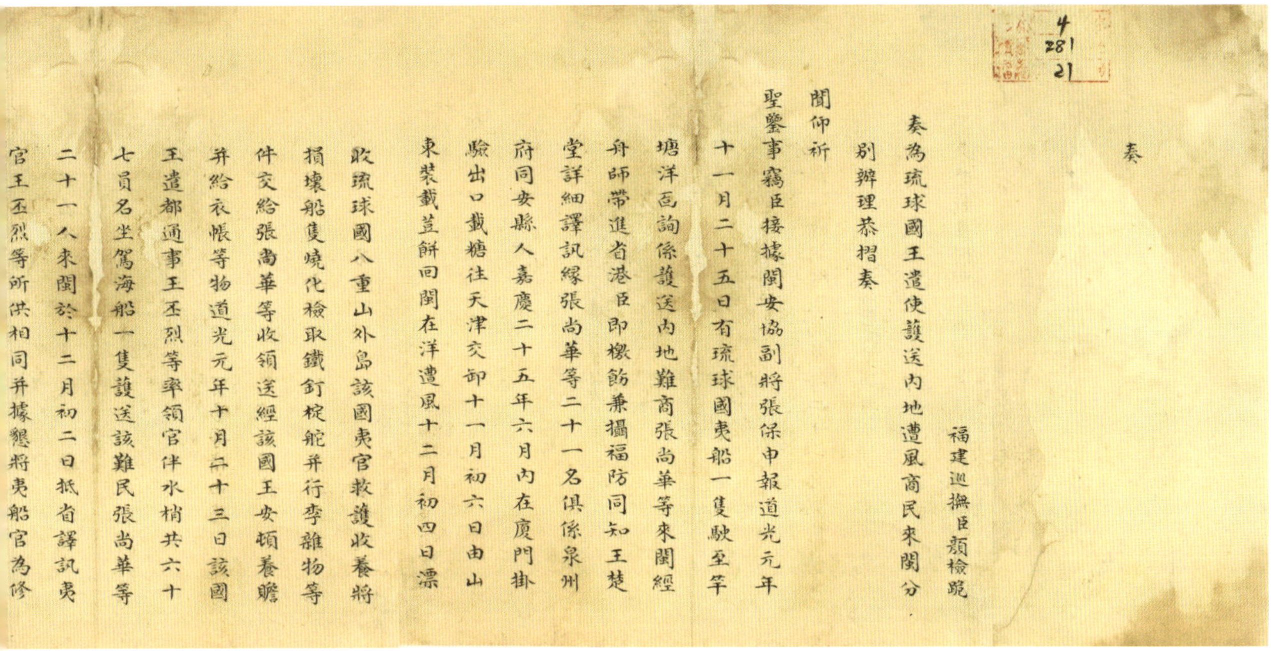

奏

福建巡撫臣顏檢跪

奏為琉球國王遣使護送內地遭風商民來閩分

别辦理恭摺奏

聞仰祈

聖鑒事竊臣接據閩安協副將張保申報道光元年

十一月二十五日有琉球國夷船一隻駛至竿

塘洋面詢係護送內地難商張尚華等來閩經

舟師帶進省港臣即檄飭兼攝福防同知王楚

堂詳細譯訊緣張尚華等二十一名俱係泉州

府同安縣人嘉慶二十五年六月內在廈門掛

驗出口載糖往天津交卸十一月初六日由山

東裝載荳餅回閩在洋遭風十二月初四日漂

收琉球國八重山外島該國夷官救護收養將

損壞船隻燒化檢取鐵釘椗舵并行李雜物等

件交給張尚華等收領送經該國王安頓養贍

并給衣帳等物道光元年十月二十三日該國

王遣都通事王丕烈等率領官伴水梢共六十

七員名坐駕海船一隻護送該難民張尚華等

二十一人來閩於十二月初二日抵省譯訊夷

官王丕烈等所供相同并據懇將夷船官為修

福建巡抚颜检奏折：

为琉球国王遣使护送内地遭风商民张尚华等来闽分别办理事

道光元年十二月二十九日（1822年1月21日）

嘉庆二十五年（1820）六月，福建泉州府同安县人张尚华等装载食糖，由厦门出口，前往天津交卸，然后从天津装载豆饼返回，途中遭遇风暴，于十二月漂流至琉球国八重山外岛，得到救助。道光元年（1821）十月，琉球国王派遣官员驾船一艘护送张尚华等回国，于十二月初二日抵达福建。福建地方政府照例将琉球官员安顿，给予生活用品，赏给缎匹、银两，并允许他们开馆贸易所带货物。事毕，仍令回国。

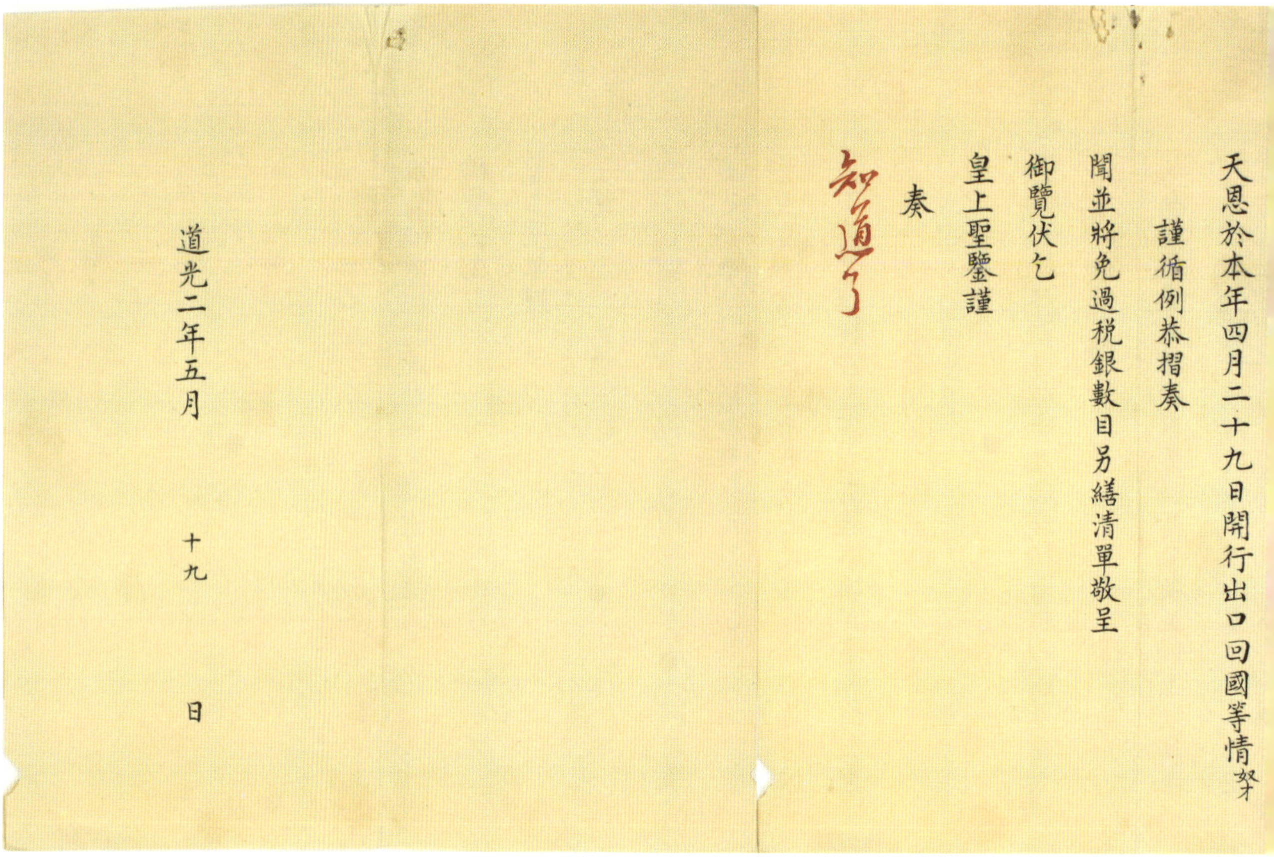

天恩於本年四月二十九日開行出口回國等情奴才
謹循例恭摺奏
聞並將免過稅銀數目另繕清單敬呈
御覽伏乞
皇上聖鑒謹
奏
知道了
道光二年五月　十九　日

福州将军兼管闽海关事务和世泰奏折（道光二年五月十九日）

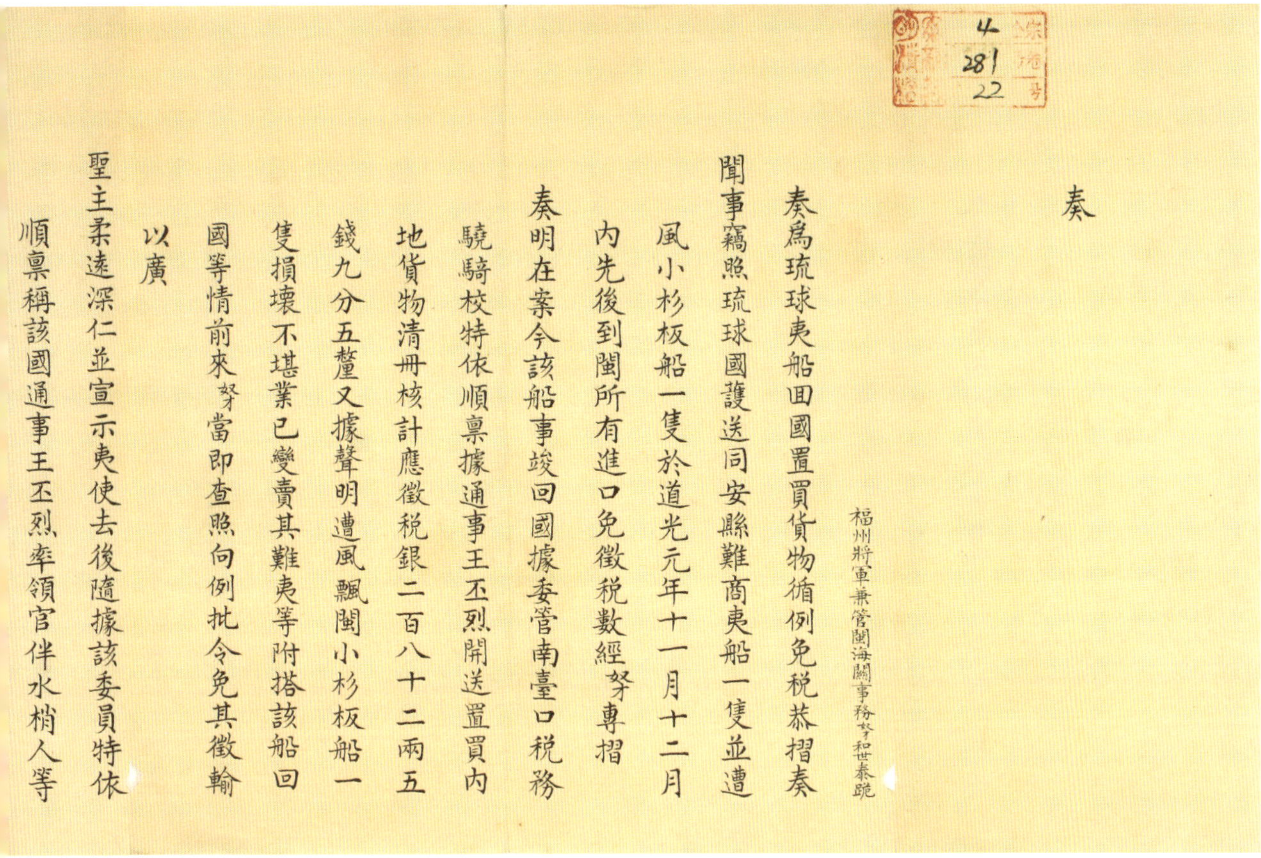

奏

福州將軍兼管閩海關事務奴才和世泰跪

奏為琉球夷船回國置買貨物循例免稅恭摺奏

聞事竊照琉球國護送同安縣難商夷船一隻並遭

風小杉板船一隻於道光元年十一月十二月

內先後到閩所有進口免徵稅數經奴才專摺

奏明在案今該船事竣回國據委管南臺口稅務

驍騎校特依順稟據通事王丕烈開送置買內

地貨物清冊核計應徵稅銀二百八十二兩五

錢九分五釐又據聲明遭風飄閩小杉板船一

隻損壞不堪業已變賣其難夷等附搭該船回

國等情前來奴才當即查照向例批令免其徵輸

以廣

聖主柔遠深仁並宣示夷使去後隨據該委員特依

順稟稱該國通事王丕烈率領官伴水梢人等

福州将军兼管闽海关事务和世泰奏折：

为琉球国护送难商船只回国置买货物循例免税事

道光二年五月十九日（1822 年 7 月 7 日）

护送中国漂海难民张尚华回国的琉球船只，在福建贸易事竣后，准备回国。他们购买了大量内地货物，核计应交出口税银 282.595 两。按照惯例，福州将军兼管闽海关事务和世泰免除了其出口税，并向道光帝奏报。

礼部尚书耆英清单：

呈朝鲜国请封贡物清单

道光十一年正月二十三日（1831年3月7日）

嘉道以降，中外贸易格局发生了重大变化，英国对华贸易逐渐超越法国、荷兰诸国而位居首位。但另一方面，中国与亚洲各国之间依然保持了传统的贸易关系。这则档案就反映了道光中叶与朝鲜的贸易关系。朝鲜上贡给皇帝、皇太后的贡物主要包括布匹、丝绸、笔墨等。尽管这份清单反映的是朝鲜国的贡物情况，但在朝贡和回赐制度形成的背后，却反映的是中朝两国间所进行的官方贸易。

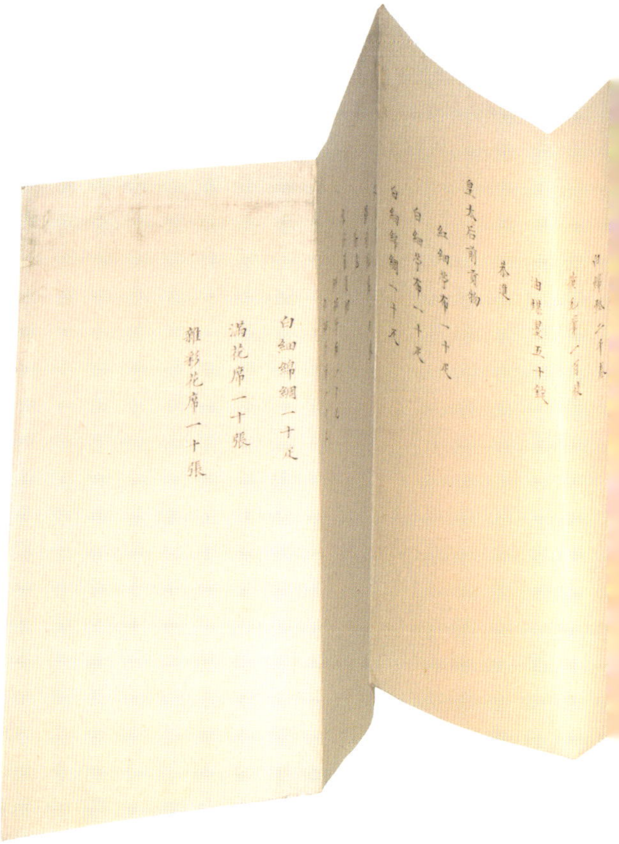

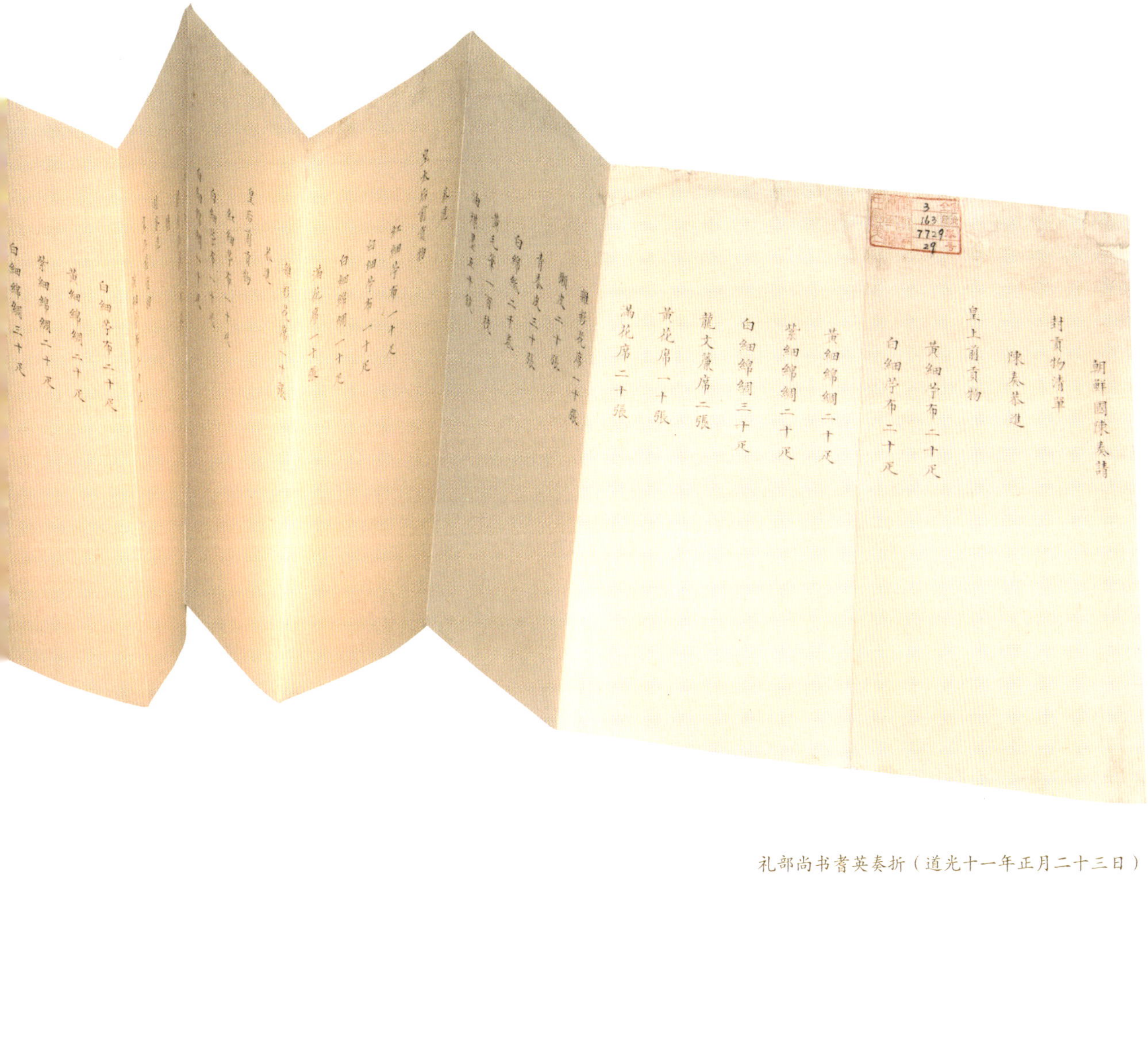
礼部尚书耆英奏折（道光十一年正月二十三日）

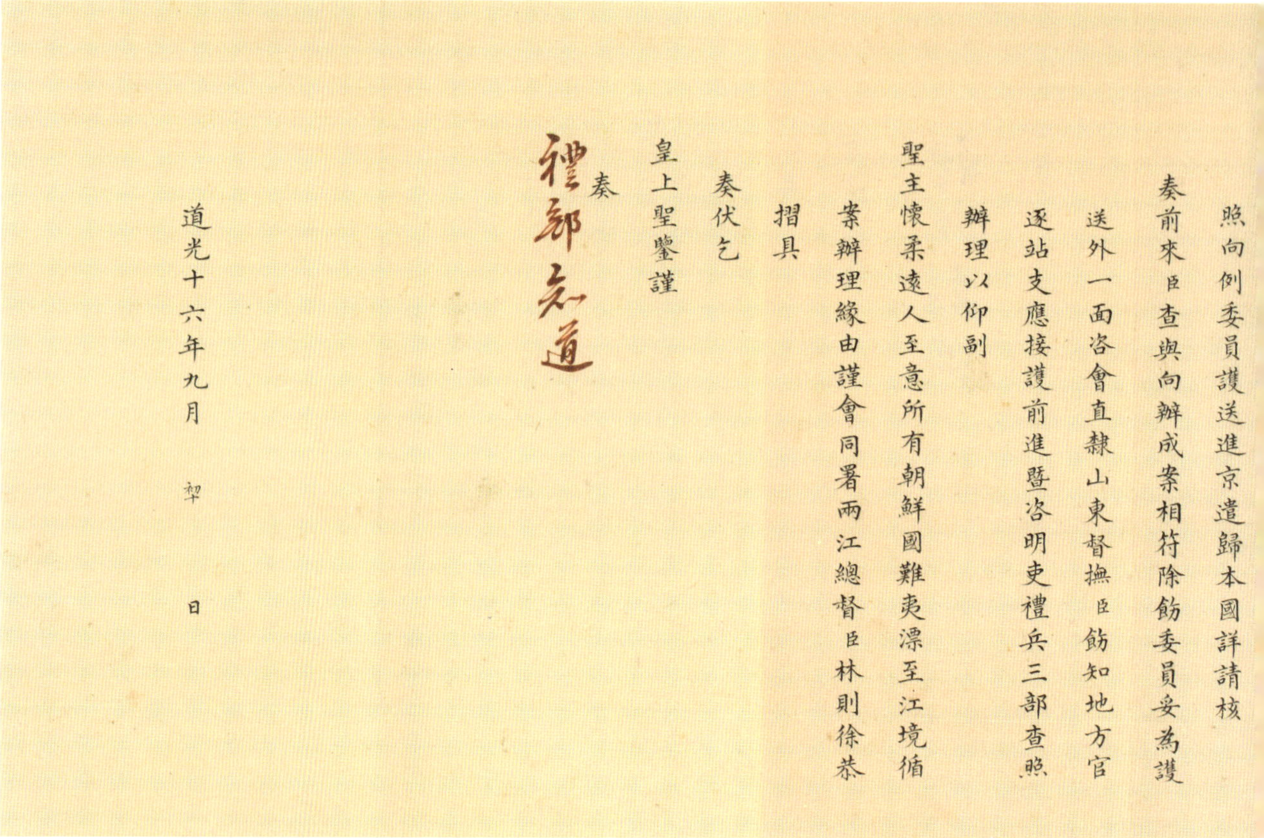

照向例委員護送進京遣歸本國詳請核
奏前來臣查與向辦成案相符除飭委員妥為護
送外一面咨會直隸山東督撫臣飭知地方官
逐站支應接護前進暨咨明吏禮兵三部查照
辦理以仰副
聖主懷柔遠人至意所有朝鮮國難夷漂至江境循
案辦理緣由謹會同署兩江總督臣林則徐恭
摺具
奏伏乞
皇上聖鑒謹
奏
禮部知道
道光十六年九月　初十　日

护理江苏巡抚怡良奏折（道光十六年九月初十日）

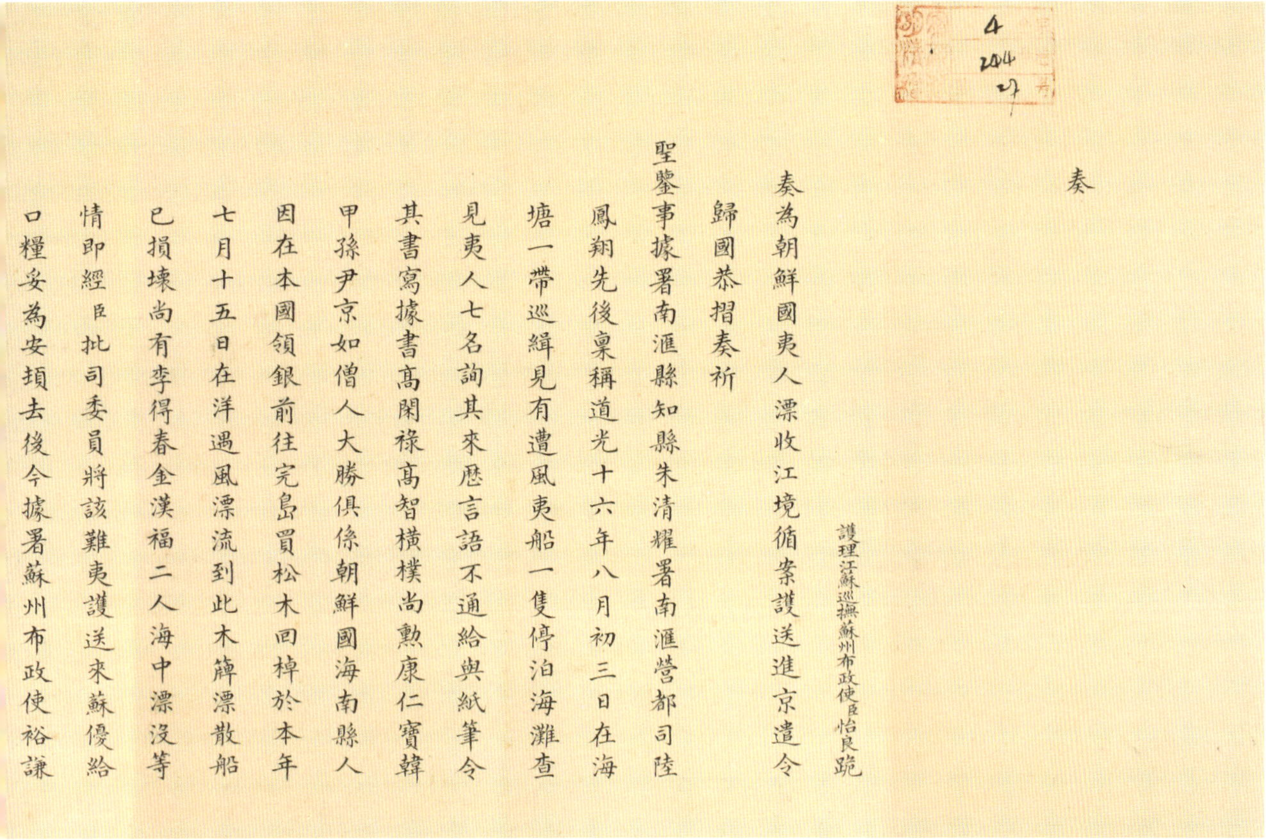

奏

護理江蘇巡撫蘇州布政使臣怡良跪

奏為朝鮮國夷人漂收江境循案護送進京遣令

歸國恭摺奏祈

聖鑒事據署南滙縣知縣朱清耀署南滙營都司陸

鳳翔先後稟稱道光十六年八月初三日在海

塘一帶巡緝見有遭風夷船一隻停泊海灘查

見夷人七名詢其來歷言語不通給與紙筆令

其書寫據書高閑祿高智橫樸尚勲康仁寶韓

甲孫尹京如僧人大勝俱係朝鮮國海南縣人

因在本國領銀前往完島買松木回棹於本年

七月十五日在洋遇風漂流到此木簰漂散船

已損壞尚有李得春金漢福二人海中漂沒等

情即經臣批司委員將該難夷護送來蘇優給

口糧妥為安頓去後今據署蘇州布政使裕謙

护理江苏巡抚怡良奏折：

为遣送朝鲜国遭风漂收难民高闲禄等回国事

道光十六年九月初十日（1836 年 10 月 19 日）

道光十六年（1836）八月，有朝鲜海南县人高闲禄等 7 人因在洋面遇风，漂流至江苏南汇海面。当地官府收留后，护送至省城苏州，将其妥善安顿。护理江苏巡抚怡良按惯例派遣官员将朝鲜难民护送，并通知沿途山东、直隶二省官员接应，直至京城，然后由北京派人护送，由陆路返回朝鲜。

咸丰帝谕旨：

着令商议采买日本国朝鲜国洋铜事宜

咸丰七年二月十八日（1857 年 3 月 13 日）

太平天国运动的发生，使清政府陷入财政危机，开铸钱币成为应急之需。而铸钱的主要原料铜，一部分依赖于对日本的进口。咸丰初年，日本国铜船每年运至乍浦销售，惠亲王奏请饬浙江巡抚、乍浦副都统体察铜价，筹款采买，运送至京。同时，又奏请饬盛京将军会同礼部侍郎商议是否有可能向朝鲜国采购铜斤。

軍機大臣 字寄
盛京副都統署將軍承
盛京禮部侍郎倭 浙江巡撫晏 乍浦副都統
來 咸豐七年二月十八日奉
上諭前因惠親王奏日本國銅船每年駛泊乍浦銷
售銅觔請飭浙江巡撫並乍浦副都統體察價值
籌款採買運京朝鮮國亦產銅觔請飭盛京將軍
會同禮部侍郎咨商該國每年可否運銅若干觔
至盛京以備收買當經諭令戶部議奏茲據戶部
遵旨議覆請飭該將軍等妥籌聲覆等語浙江等
省開爐鼓鑄本有官商採辦洋銅現在價值若干
能否辦運到京著晏端書來存妥籌奏明辦理其
朝鮮國銅觔能否收買著承志等就近訪察情形
據實聲覆覈辦將此各諭令知之欽此遵
旨寄信前來

咸丰帝谕旨（咸丰七年二月十八日）

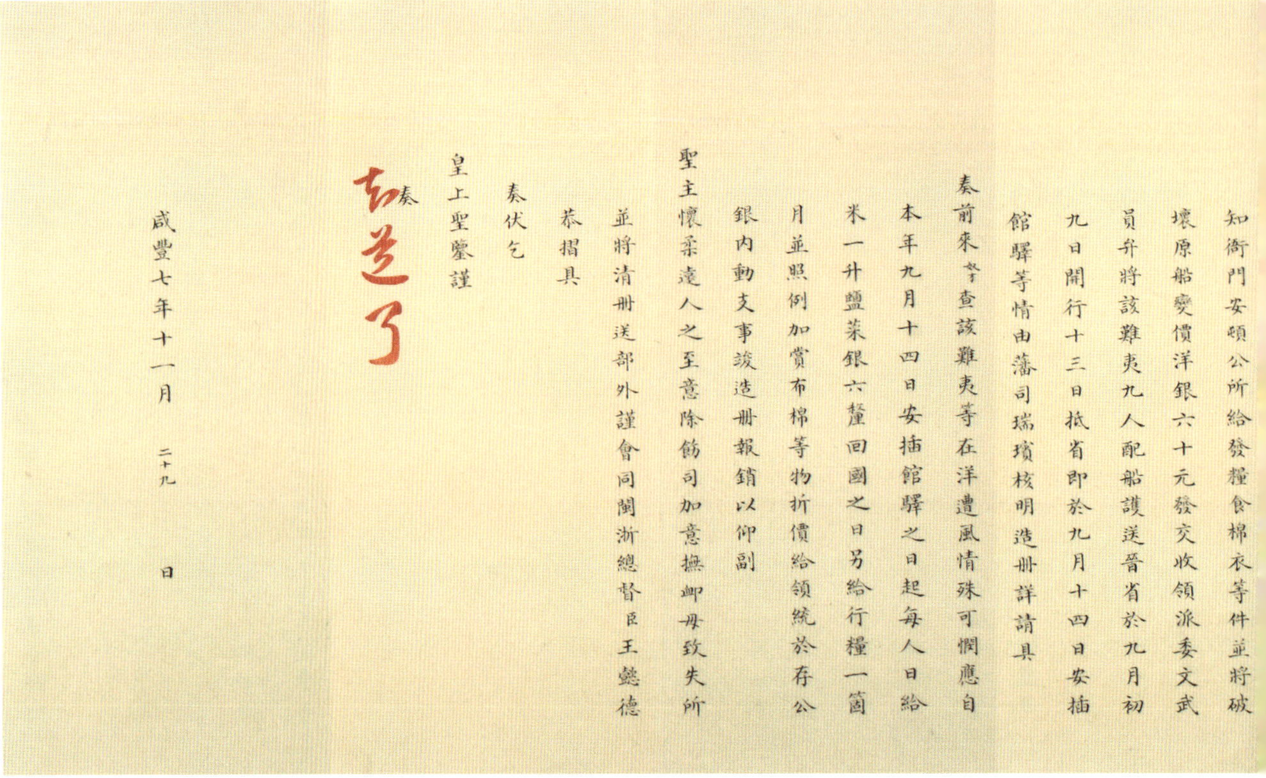
知衙門安頓公所給發糧食棉衣等件並將破
壞原船變價洋銀六十元發交收領派委文武
員弁將該難夷九人配船護送晉省於九月初
九日開行十三日抵省即於九月十四日安插
館驛等情由藩司瑞璸核明造册詳請具
奏前來臣查該難夷等在洋遭風情殊可憫應自
本年九月十四日安插館驛之日起每人日給
米一升鹽菜銀六釐回國之日另給行糧一箇
月並照例加賞布棉等物折價給領統於存公
銀內動支事竣造册報銷以仰副
聖主懷柔遠人之至意除飭司加意撫卹毋致失所
並將清册送部外謹會同閩浙總督臣王懿德
恭摺具
奏伏乞
皇上聖鑒謹
奏
知道了
咸豐七年十一月 二十九 日

福建巡抚庆端奏折（咸丰七年十一月二十九日）

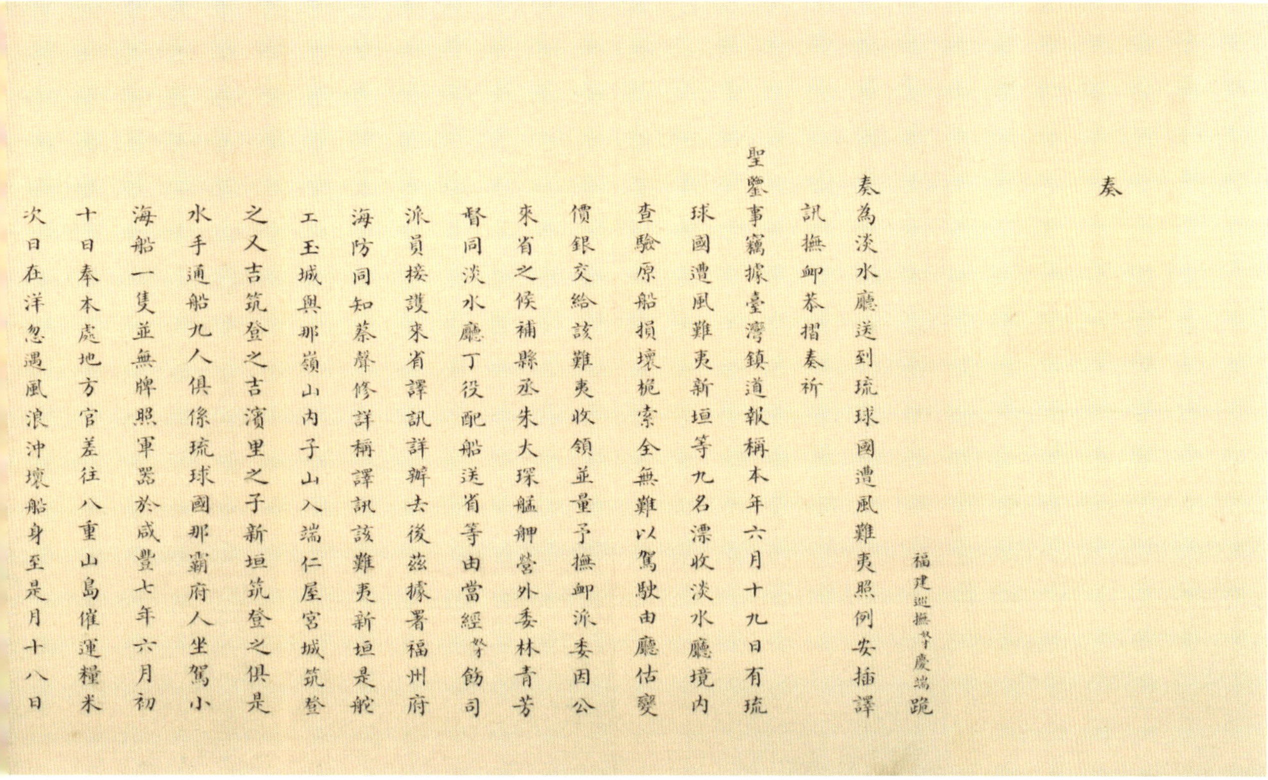
奏

福建巡撫臣慶端跪

奏為淡水廳送到琉球國遭風難夷照例安插譯
訊撫卹恭摺奏祈
聖鑒事竊據臺灣鎮道報稱本年六月十九日有琉
球國遭風難夷新垣等九名漂收淡水廳境內
查驗原船損壞桅索全無難以駕駛由廳估變
價銀交給該難夷收領並量予撫卹派委因公
來省之候補縣丞朱大琛艋舺營外委林青芳
督同淡水廳丁役配船送省等由當經臣飭司
派員接護來省譯訊詳辦去後茲據署福州府
海防同知蔡聲修詳稱譯訊該難夷新垣是舵
工玉城與那嶺山內子山入端仁屋宮城筑登
之人吉筑登之吉濱里之子新垣筑登之俱是
水手通船九人俱係琉球國那霸府人坐駕小
海船一隻並無牌照軍器於咸豐七年六月初
十日奉本處地方官差往八重山島催運糧米
次日在洋忽遇風浪沖壞船身至是月十八日

福建巡抚庆端奏折：

为淡水厅送到琉球国遭风难民照例安插译讯抚恤事

咸丰七年十一月二十九日（1858年1月13日）

咸丰七年（1857）六月，琉球那霸新垣等9人驾船出海，遭遇风浪，漂荡至台湾淡水厅洋面。淡水厅官员予以救助，并将损坏船只估变银两交给新垣等，然后将他们护送至省城福州。福建省地方政府接收后，问清情况，发给粮米、盐菜银等，妥善安置。

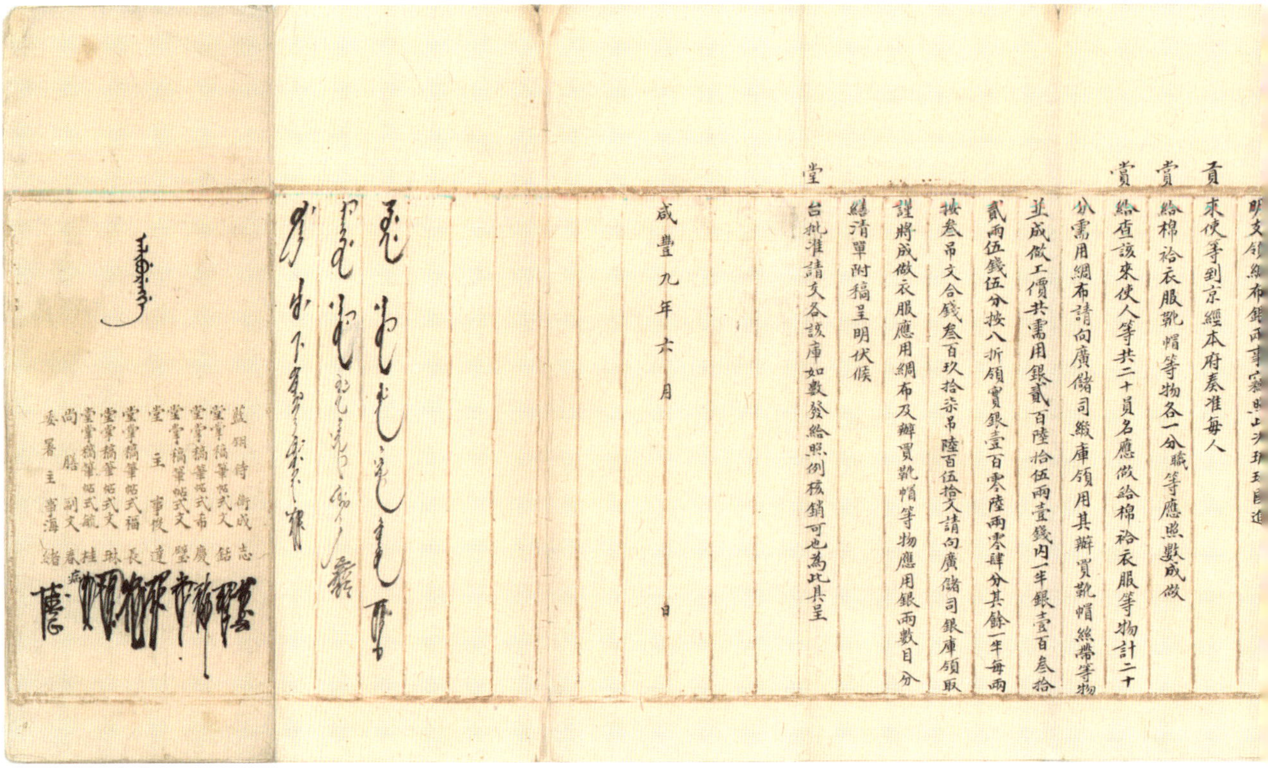

貢
來使等到京經本府奏准每人
賞
給棉袷衣服靴帽等物各一分職等應照數成做
賞
給查該來使人等共二十員名應做給棉袷衣服等物計二十
分需用綢布請向廣儲司緞庫領用其辦買靴帽絲帶等物
並成做工價共需用銀貳百陸拾伍兩壹錢內一半銀壹百叁拾
貳兩伍錢伍分按八折領實銀壹百零陸兩零肆分其餘一半每兩
按叁吊文合錢叁百玖拾柒吊陸百伍拾文請向廣儲司銀庫領取
謹將成做衣服應用綢布及辦買靴帽等物應用銀兩數目分
繕清單附稿呈明伏候
堂
台批准請文各該庫如數發給照例核銷可也為此具呈

咸豐九年六月　日

藍翎侍衛成志
堂掌稿筆帖式文銛
堂掌稿筆帖式希慶
堂掌稿筆帖式文璧
堂主事俊達
堂掌稿筆帖式福長
堂掌稿筆帖式文琳
堂掌稿筆帖式毓桂
尚膳副文春
委署主事海緒

总管内务府堂主事俊达等呈稿之一（咸丰九年六月二十六日）

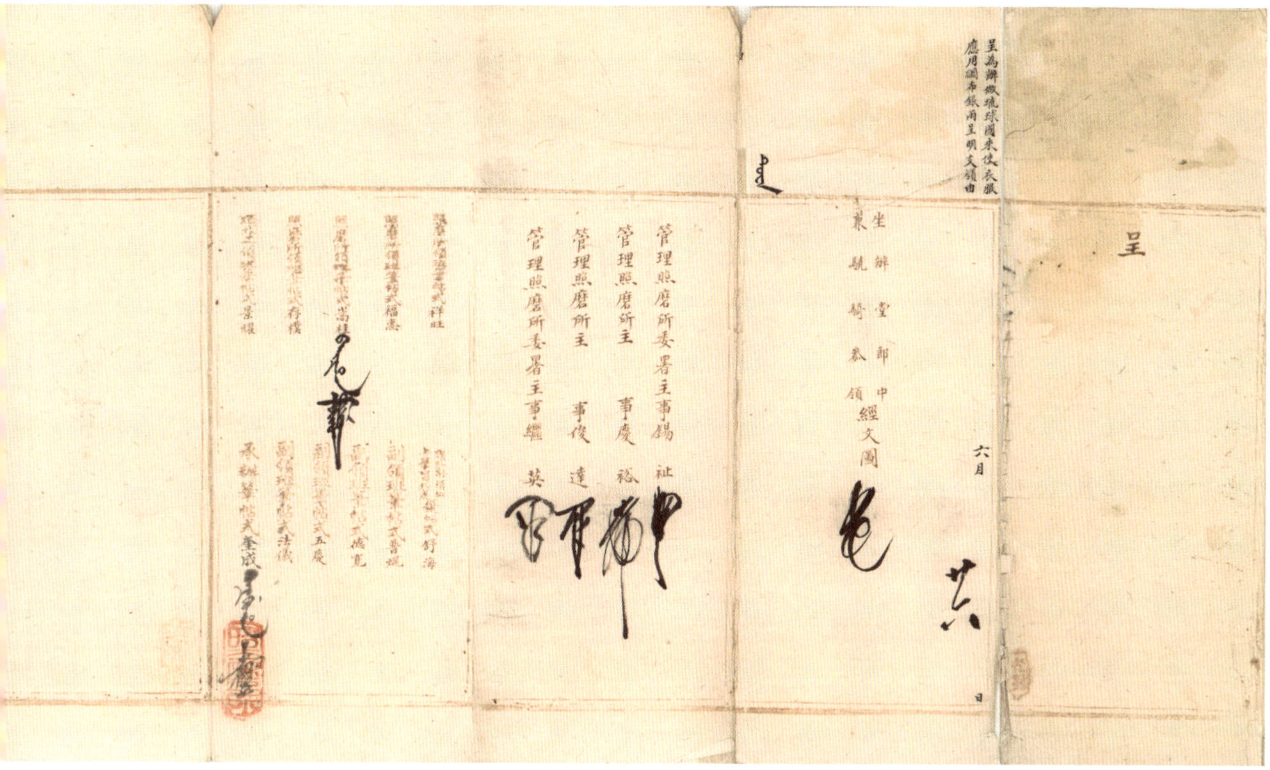

总管内务府堂主事俊达等呈稿：

为支领成做琉球国进贡来使等应得棉袷衣服等项所需绸布银两事

咸丰九年六月二十六日（1859 年 7 月 25 日）

咸丰四年（1854），琉球遣使进贡方物，但因太平天国战事道路梗阻而未果。咸丰九年，琉球使臣终于抵达北京进贡。按例，使团应每人赏给棉袷、衣服、靴帽等物各一份，具体由堂主事俊达等办理。琉球使团包括正副使 2 员、都通事 1 员、副通事 2 员、从人 15 名，共 20 名，除所用大量绸布由总管内务府广储司缎库给发外，还需用银 265.1 两，由总管内务府广储司银库发放。由于正处于太平天国运动期间，清廷财政极其困难，因此，这些用项一半领银，且只能领取八成实银，另一半则折合大钱发放。

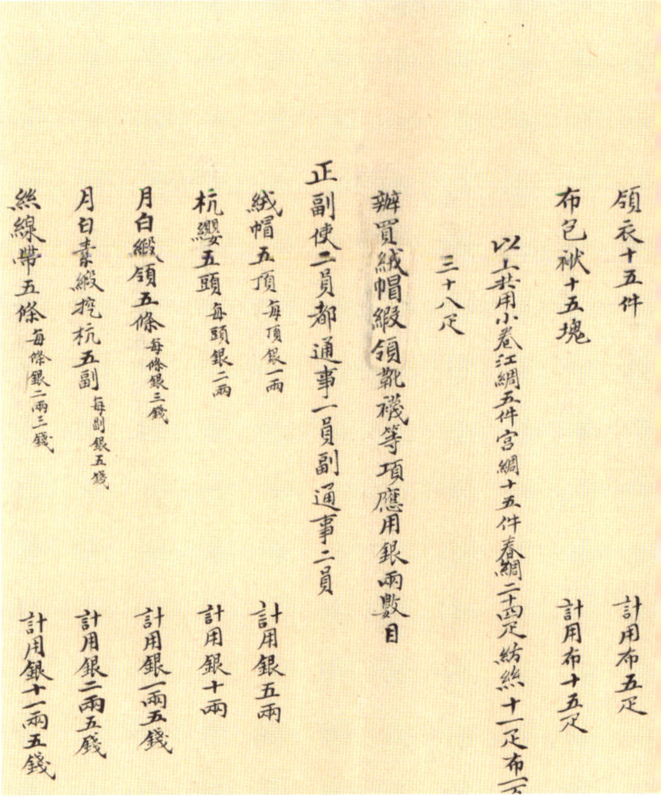

領衣十五件 計用布五疋
布包袱十五塊 計用布十五疋
以上共用小卷江綢五件宮綢十五件春綢二十四疋紡絲十一疋布一百
三十八疋
辦買絨帽緞領靴襪等項應用銀兩數目
正副使二員都通事一員副通事二員
絨帽五頂 每頂銀一兩 計用銀五兩
杭纓五頭 每頭銀二兩 計用銀十兩
月白緞領五條 每條銀三錢 計用銀一兩五錢
月白素緞挽杭五副 每副銀五錢 計用銀二兩五錢
絲線帶五條 每條銀二兩三錢 計用銀十一兩五錢

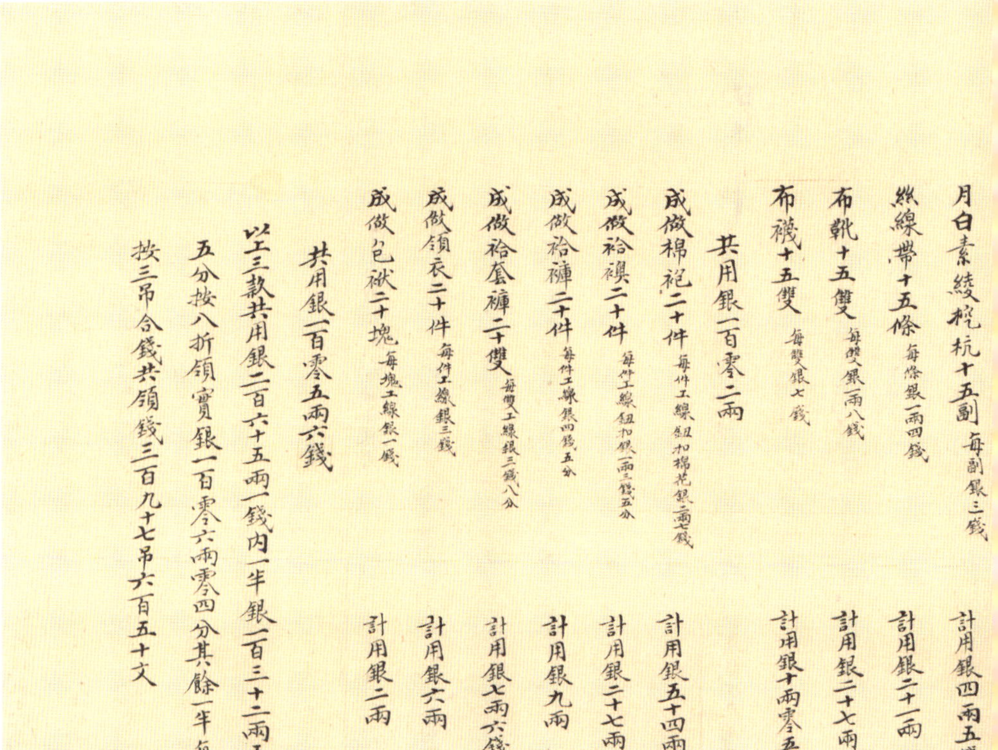

月白素綾挽杭十五副 每副銀三錢 計用銀四兩五錢
絲線帶十五條 每條銀一兩四錢 計用銀二十一兩
布靴十五雙 每雙銀一兩八錢 計用銀二十七兩
布襪十五雙 每雙銀七錢 計用銀十兩零五錢
共用銀一百零二兩
成做棉袍二十件 每件工線鈕扣棉花銀二兩七錢 計用銀五十四兩
成做袷襖二十件 每件工線鈕扣銀一兩三錢五分 計用銀二十七兩
成做袷褲二十件 每件工線銀四錢五分 計用銀九兩
成做袷套褲二十雙 每雙工線銀三錢八分 計用銀七兩六錢
成做領衣二十件 每件工線銀三錢 計用銀六兩
成做包袱二十塊 每塊工線銀一錢 計用銀二兩
共用銀一百零五兩六錢
以上三款共用銀二百六十五兩一錢內一半銀一百三十二兩五錢
五分按八折領實銀一百零六兩零四分其餘一半每兩
按三吊合錢共領錢三百九十七吊六百五十文

总管内务府堂主事俊达等呈稿之二（咸丰九年六月二十六日）

粘單

辦理琉球國貢使人等衣服靴帽需用綢布銀兩數目

正副使二員都通事一員副通事二員共五員

江綢面綢裡棉袍五件 每件用小卷江綢一件紡絲一尺　計用小卷江綢五件紡絲五尺

春綢袷襖五件 每件用春綢一尺紡絲一尺　計用春綢五尺紡絲五尺

綢面布裡袷褲五件 每件用春綢半尺布一尺　計用春綢二尺半布五尺

綢面布裡袷套褲五雙　計用春綢一尺布三尺

袷綢領衣五件　計用春綢半尺紡絲一尺

布包袱五塊 每塊布一尺　計用布五尺

從人十五名

宮綢面布裡棉袍十五件 每件用小卷宮綢一件布二尺　計用小卷宮綢十五件布三十尺

綢面布裡袷襖十五件 每件用春綢一尺布二尺　計用春綢十五尺布三十尺

緞靴五雙 每雙銀三兩八錢　計用銀十九兩

緞襪五雙 每雙銀一兩六錢　計用銀八兩

共用銀五十七兩五錢

從人十五名

絨帽十五頂 每頂銀一兩　計用銀十五兩

内阁敕谕稿：

谕令册封琉球国中山王世子为国王

同治四年十一月初十日（1865 年 12 月 27 日）

福州将军英桂等奏折：

为册封琉球使臣赵新、于光甲顺利返回事

同治五年十一月二十八日（1866 年 1 月 3 日）

清代对琉球国王（中山王）的袭替，采取遣使册封制度。琉球新王即位以及册立世子等，由琉球向清政府上奏，经礼部议定，清廷选派正副使持节前往册封。敕谕就是册封的重要文书。同治四年（1865），中山王世子尚泰“以序当嗣，爵表吁锡”，因此，清政府“特遣正使右春坊右赞善赵新，副使内阁中书舍人于光甲赍诏往封”。这件敕谕稿是由内阁撰拟的，档案上有大学士贾桢的“书奏”（写一“奏”字）。正使赵新、副使于光甲于同治五年六月初四日出发，册封事竣后，于十一月十六日顺利抵达福建洋面。这是清朝最后一次派往琉球的册封使。

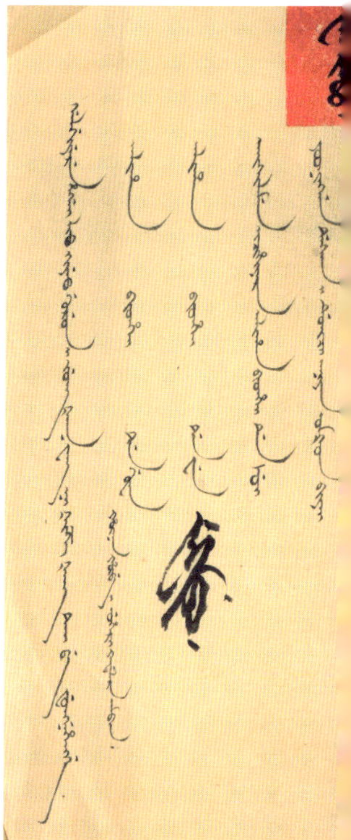

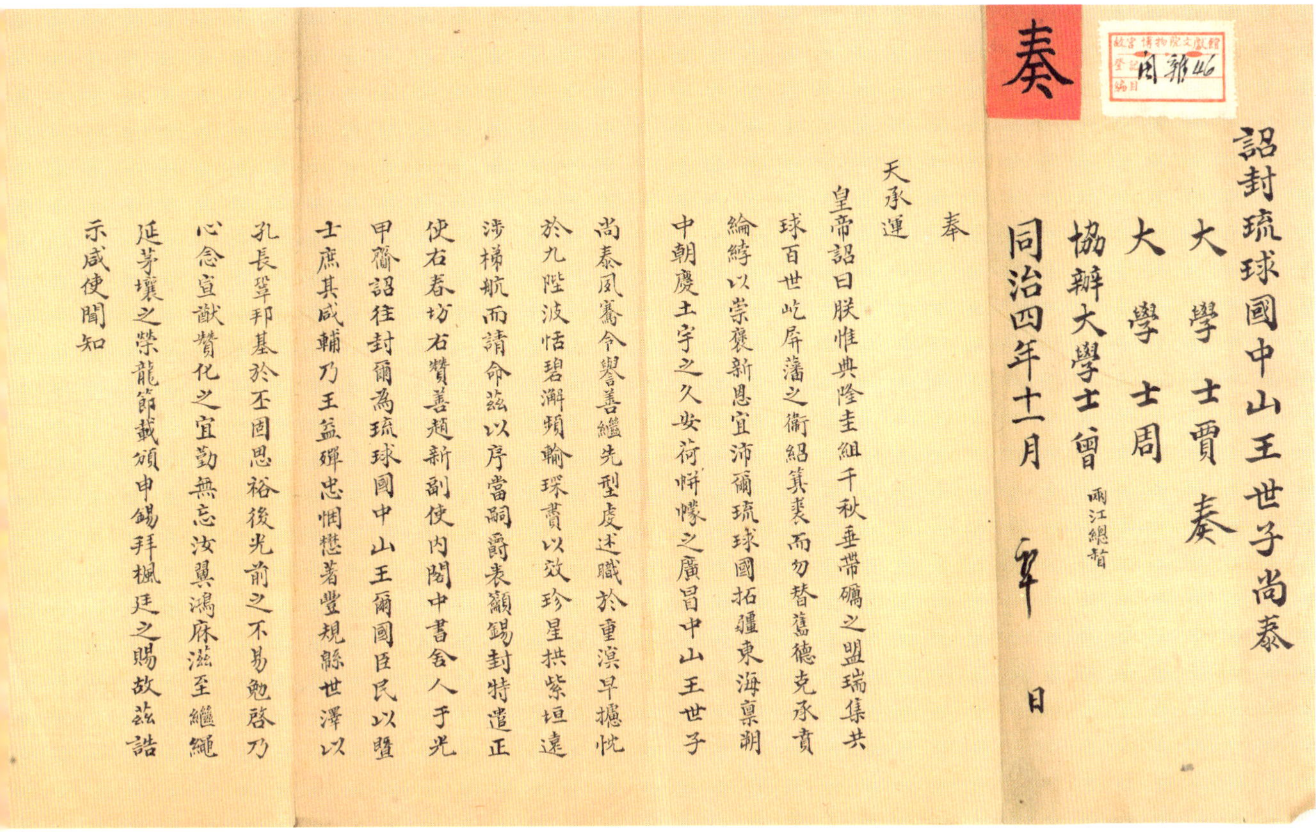
奏

詔封琉球國中山王世子尚泰

大學士賈 奏

大學士周

協辦大學士曾 兩江總督

同治四年十一月 [朱筆] 日

奉

天承運

皇帝詔曰朕惟典隆圭組千秋垂帶礪之盟瑞集共球百世屹屏藩之衛紹箕裘而勿替舊德克承賁綸綍以崇褒新恩宜沛爾琉球國拓疆東海禀朔

中朝慶土宇之久安荷帡幪之廣冒中山王世子尚泰夙膺令譽善繼先型虔述職於重溟早攄忱於九陛波恬碧澥頻輸琛賮以效珍星拱紫垣遠涉梯航而請命茲以序當嗣爵表籲錫封特遣正使右春坊右贊善趙新副使內閣中書舍人于光甲齎詔往封爾為琉球國中山王爾國臣民以暨士庶其咸輔乃王益殫忠悃懋著豐規繇世澤以孔長鞏邦基於丕固恩裕後光前之不易勉啓乃心念宣猷贊化之宜勤無忘汝翼鴻庥滋至繼繩延茅壤之榮龍節載頒申錫拜楓廷之賜故茲詔

示咸使聞知

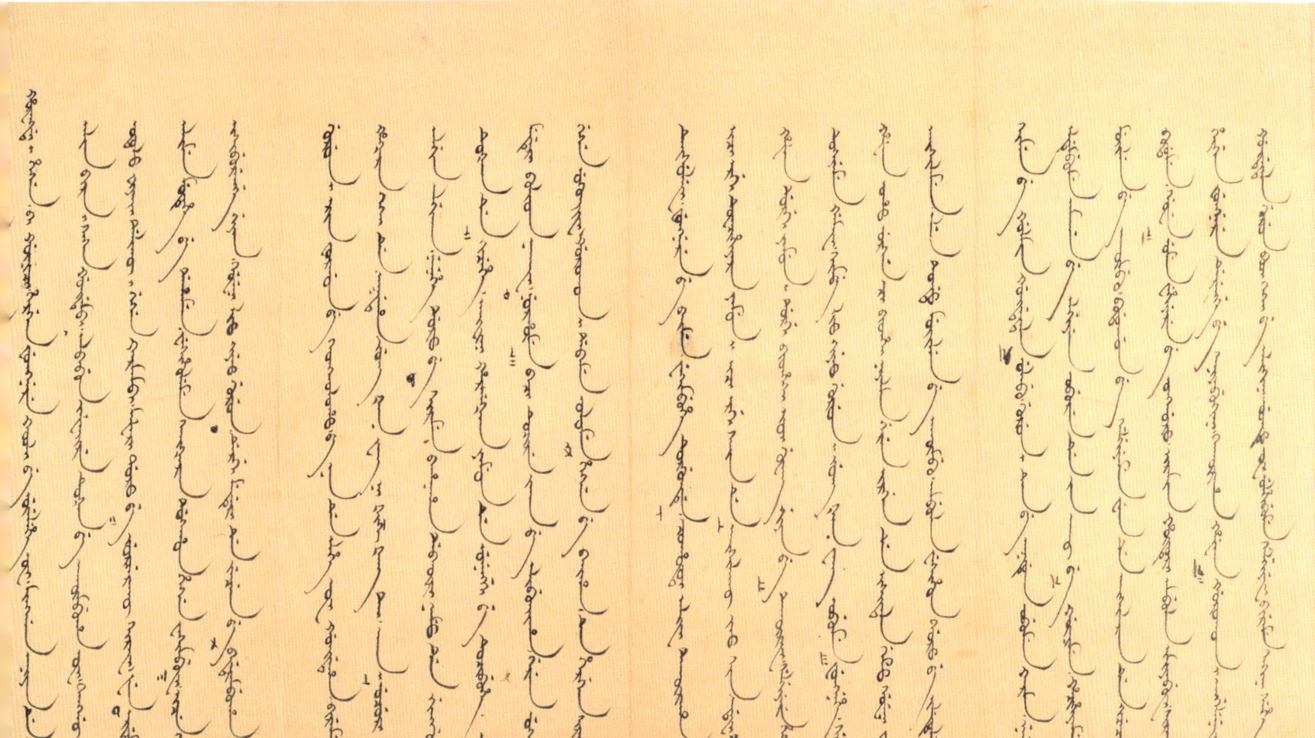

内阁敕谕稿（同治四年十一月初十日）

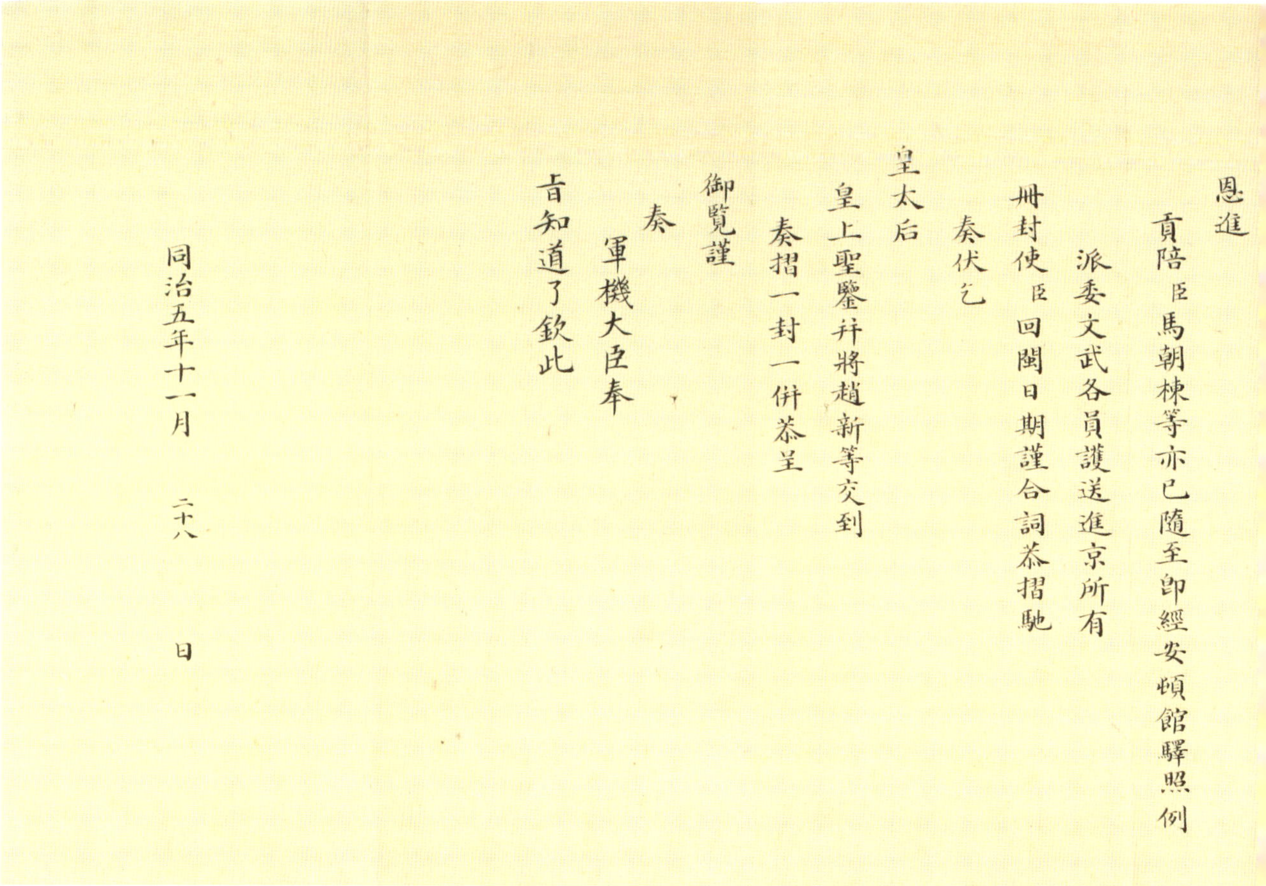
恩進
貢陪臣馬朝棟等亦已隨至即經安頓館驛照例
派委文武各員護送進京所有
冊封使臣回閩日期謹合詞恭摺馳
奏伏乞
皇太后
皇上聖鑒并將趙新等交到
奏摺一封一併恭呈
御覽謹
奏
軍機大臣奉
旨知道了欽此
同治五年十一月二十八日

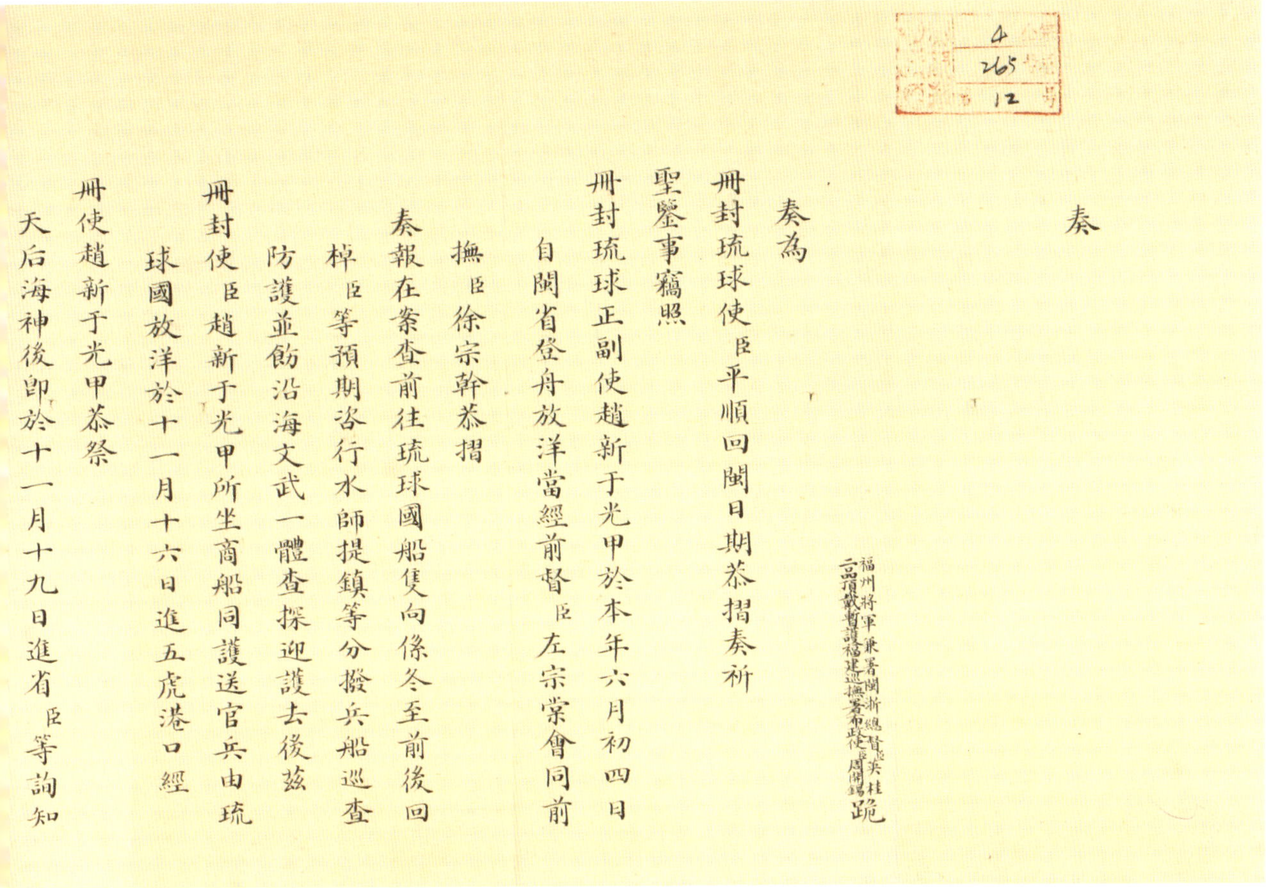

奏

福州將軍兼署閩浙總督臣英桂
二品頂戴署理福建巡撫署布政使臣周開錫 跪

奏為

冊封琉球使臣平順回閩日期恭摺奏祈

聖鑒事竊照

冊封琉球正副使趙新于光甲於本年六月初四日

自閩省登舟放洋當經前督臣左宗棠會同前

撫臣徐宗幹恭摺

奏報在案查前往琉球國船隻向係冬至前後回

棹臣等預期咨行水師提鎮等分撥兵船巡查

防護並飭沿海文武一體查探迎護去後茲

冊封使臣趙新于光甲所坐商船同護送官兵由琉

球國放洋於十一月十六日進五虎港口經

冊使趙新于光甲恭祭

天后海神後即於十一月十九日進省臣等詢知

福州将军英桂等奏折（同治五年十一月二十八日）

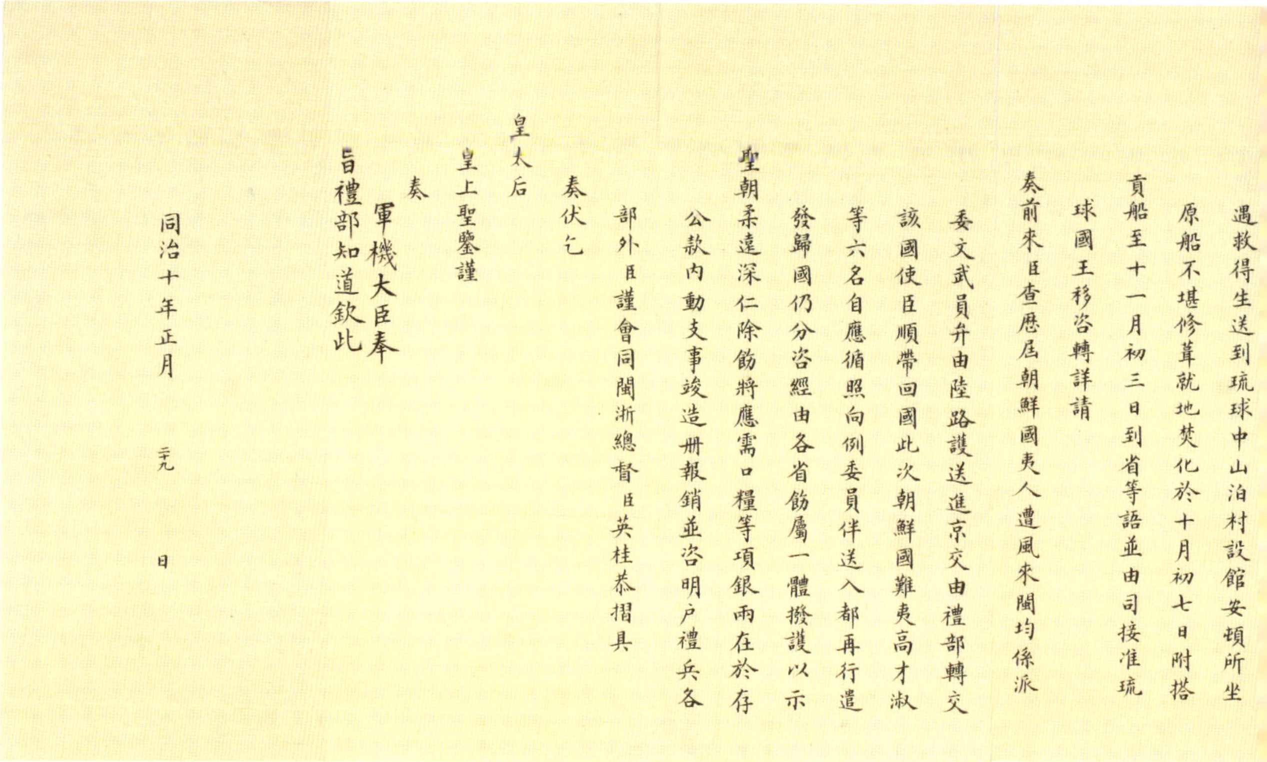
遇救得生送到琉球中山泊村設館安頓所坐
原船不堪修葺就地焚化於十月初七日附搭
貢船至十一月初三日到省等語並由司接准琉
球國王移咨轉詳請
奏前來臣查歷屆朝鮮國夷人遭風來閩均係派
委文武員弁由陸路護送進京交由禮部轉交
該國使臣順帶回國此次朝鮮國難夷高才淑
等六名自應循照向例委員伴送入都再行遣
發歸國仍分咨經由各省飭屬一體撥護以示
聖朝柔遠深仁除飭將應需口糧等項銀兩在於存
公款内動支事竣造冊報銷並咨明戶禮兵各
部外臣謹會同閩浙總督臣英桂恭摺具
奏伏乞
皇太后
皇上聖鑒謹
奏
軍機大臣奉
旨禮部知道欽此
同治十年正月　二十九　日

福建巡抚王凯泰奏折（同治十年正月二十九日）

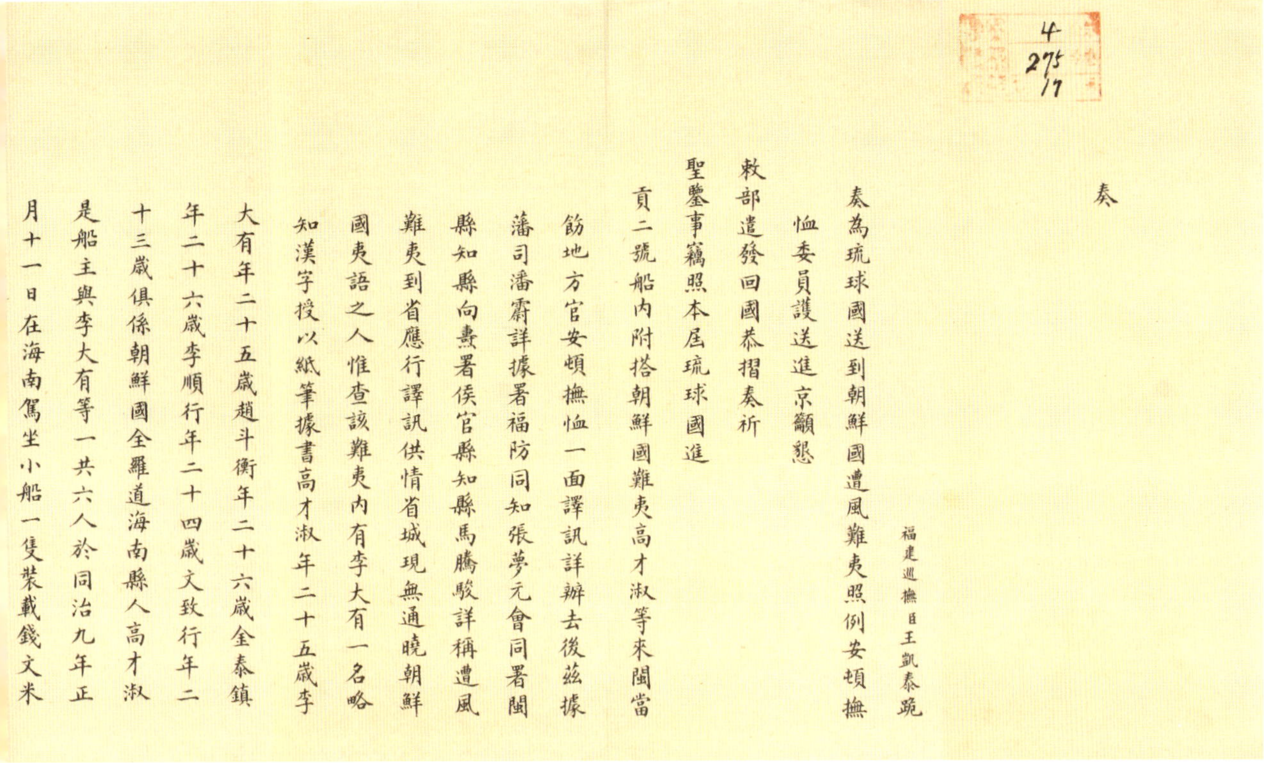
奏
福建巡撫臣王凱泰跪
奏為琉球國送到朝鮮國遭風難夷照例安頓撫
恤委員護送進京籲懇
敕部遣發回國恭摺奏祈
聖鑒事竊照本屆琉球國進
貢二號船内附搭朝鮮國難夷高才淑等來閩當
飭地方官安頓撫恤一面譯訊詳辦去後兹據
藩司潘霨詳據署福防同知張夢元會同署閩
縣知縣向燾署侯官縣知縣馬騰駿詳稱遭風
難夷到省應行譯訊供情省城現無通曉朝鮮
國夷語之人惟查該難夷内有李大有一名略
知漢字授以紙筆據書高才淑年二十五歲李
大有年二十五歲趙斗衡年二十六歲全泰鎮
年二十六歲李順行年二十四歲文致行年二
十三歲俱係朝鮮國全羅道海南縣人高才淑
是船主與李大有等一共六人於同治九年正
月十一日在海南駕坐小船一隻裝載錢文米

福建巡抚王凯泰奏折：

为琉球国送到朝鲜国遭风难民安顿抚恤护送进京请敕部遣发回国事

同治十年正月二十九日（1871 年 3 月 19 日）

同治九年（1870），朝鲜全罗道海南县高才淑等 6 人，在朝鲜沿海贸易时，遭遇飓风，漂流至琉球国，得到琉球政府的救助。但琉球与朝鲜之间并无直接联系。于是，琉球在进贡时，附搭上朝鲜人 6 名，送至福建。福建地方政府予以妥善安顿，并按照惯例，护送进京，由礼部转交朝鲜使臣顺带回国。

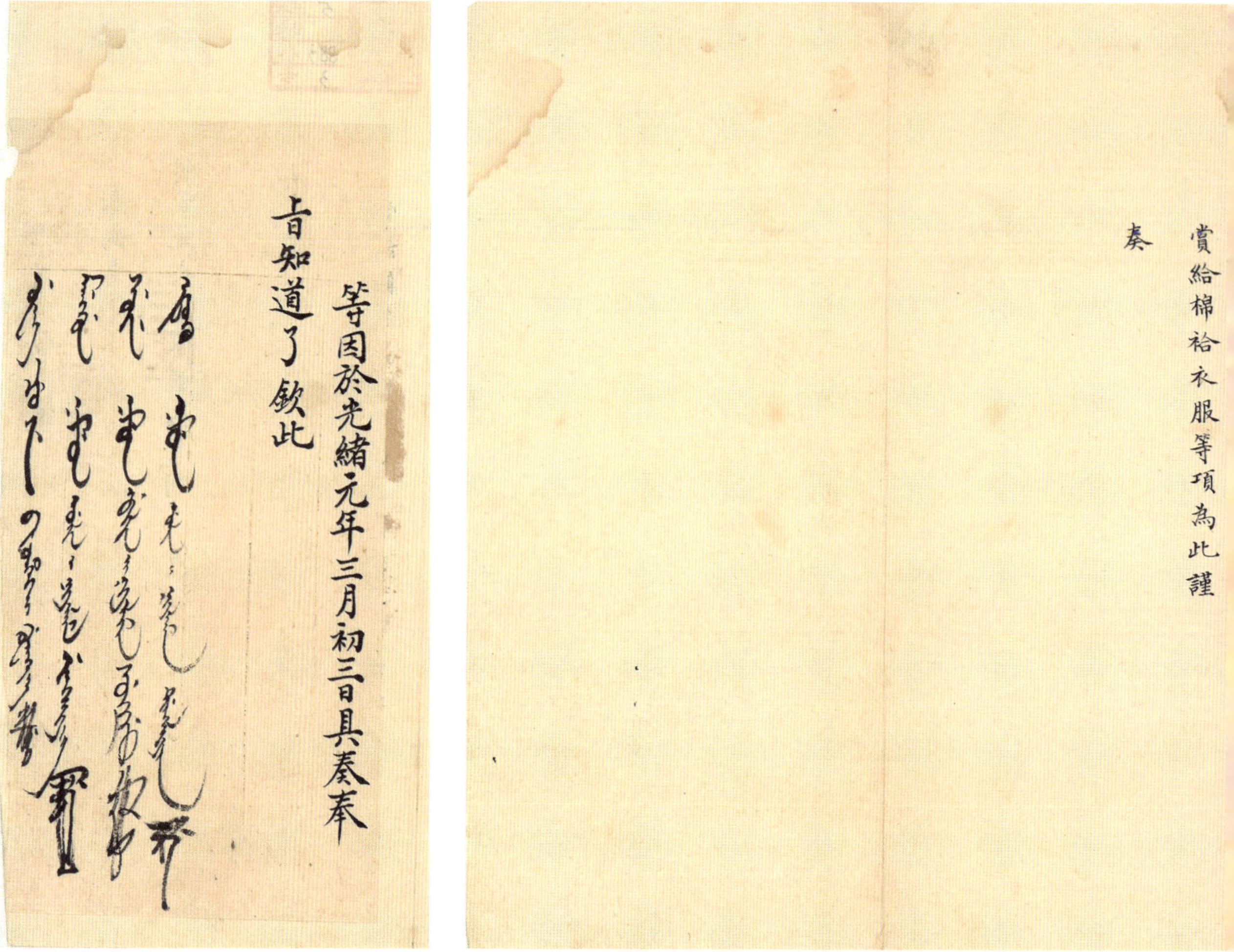

賞給棉祫衣服等項為此謹
奏

等因於光緒元年三月初三日具奏奉
旨知道了欽此

总管内务府奏折（光绪元年三月初三日）

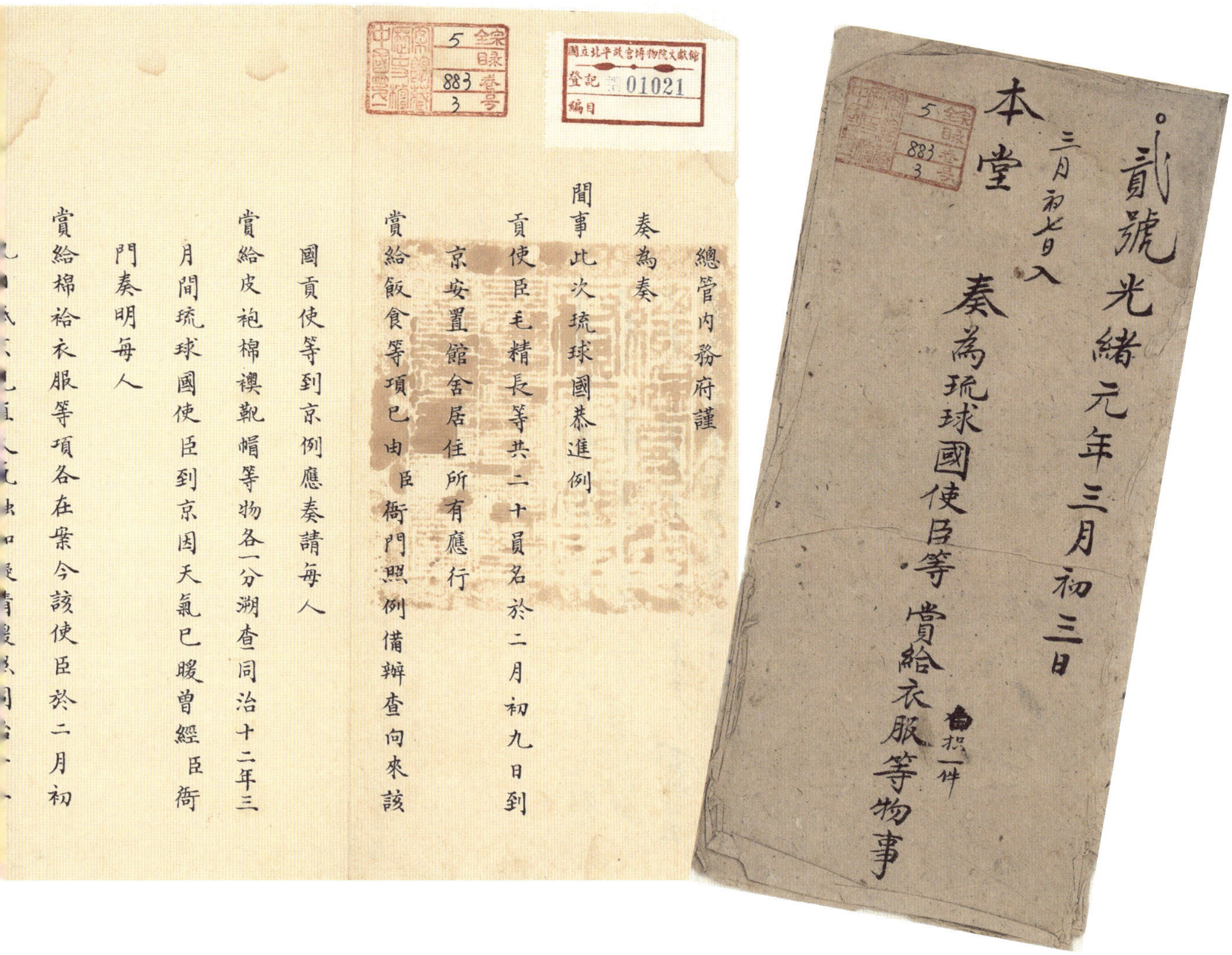

總管內務府謹
奏為奏
聞事此次琉球國恭進例
貢使臣毛精長等共二十員名於二月初九日到
京安置館舍居住所有應行
賞給飯食等項已由臣衙門照例備辦查向來該
國貢使等到京例應奏請每人
賞給皮袍棉襖靴帽等物各一分溯查同治十二年三
月間琉球國使臣到京因天氣已暖曾經臣衙
門奏明每人
賞給棉袷衣服等項各在案今該使臣於二月初

貳號光緒元年三月初三日
三月初七日入
本堂
奏為琉球國使臣等賞給衣服等物事
由摺一件

总管内务府奏折：

为琉球国使臣等赏给衣服等物事

光绪元年三月初三日（1875年4月8日）

琉球国使臣毛精长等20人于光绪元年（1875）二月初九日抵达京城。按惯例，应赏给每名琉球来使皮袍、棉袄、靴帽等一份，但同治十二年（1873）时，因琉球使臣到达时已是早春二月，天气转暖，就改为赏棉袷衣服。这次琉球使臣也是在二月抵京，总管内务府奏请按照同治十二年成案赏给。奉旨“知道了”。

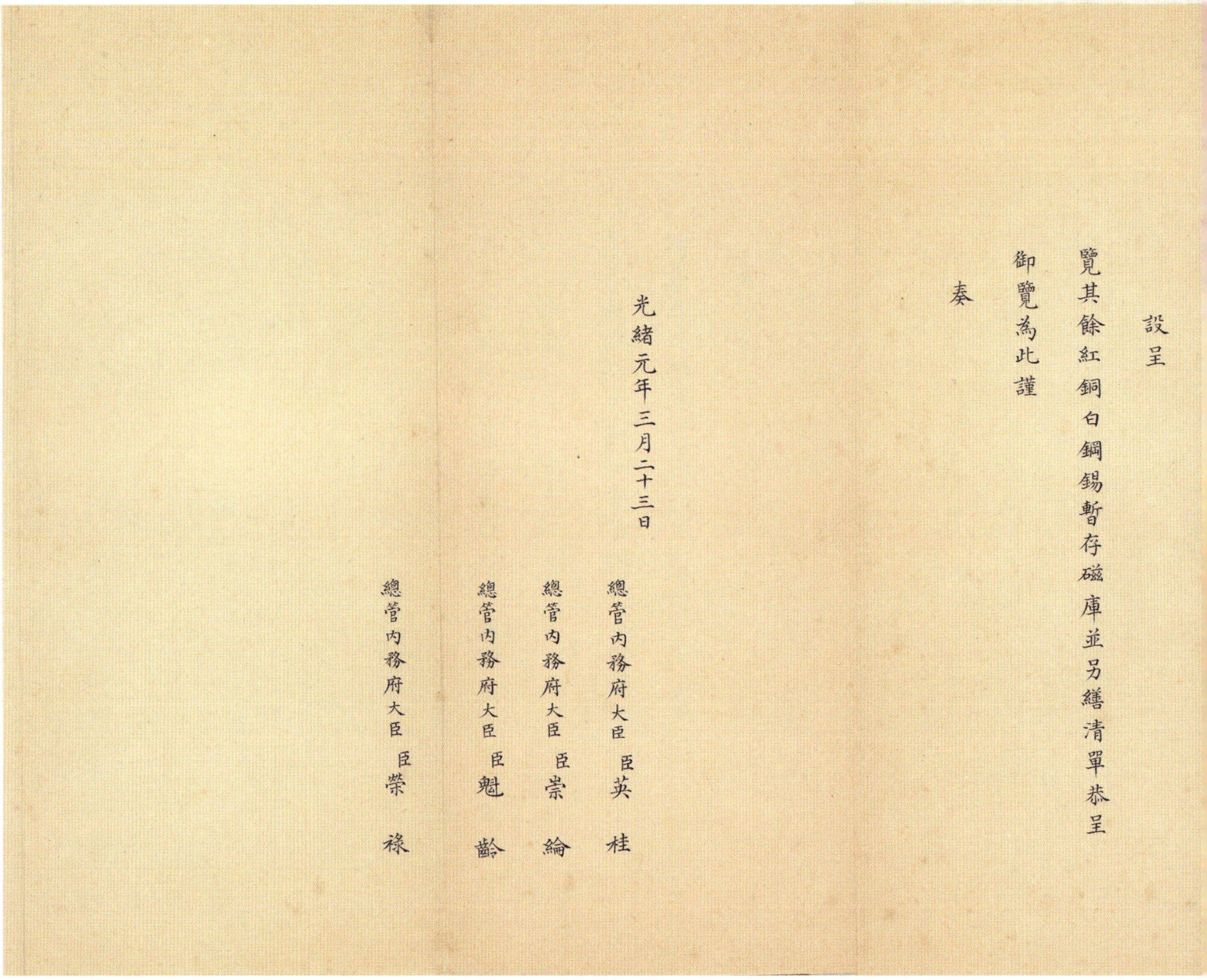
設呈
覽其餘紅銅白鋼錫暫存磁庫並另繕清單恭呈
御覽為此謹
奏
光緒元年三月二十三日
總管內務府大臣臣英桂
總管內務府大臣臣崇綸
總管內務府大臣臣魁齡
總管內務府大臣臣榮祿

总管内务府奏折（光绪元年三月二十三日）

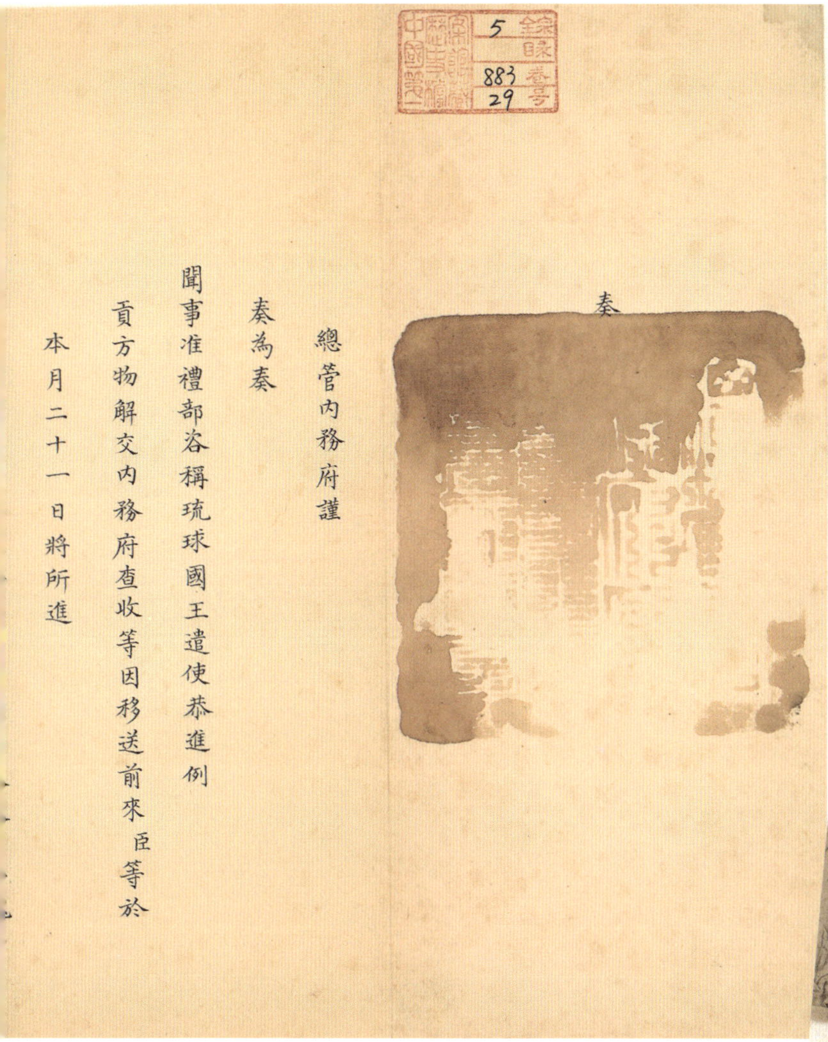
奏

總管內務府謹

奏為奏

聞事准禮部咨稱琉球國王遣使恭進例

貢方物解交內務府查收等因移送前來臣等於

本月二十一日將所進

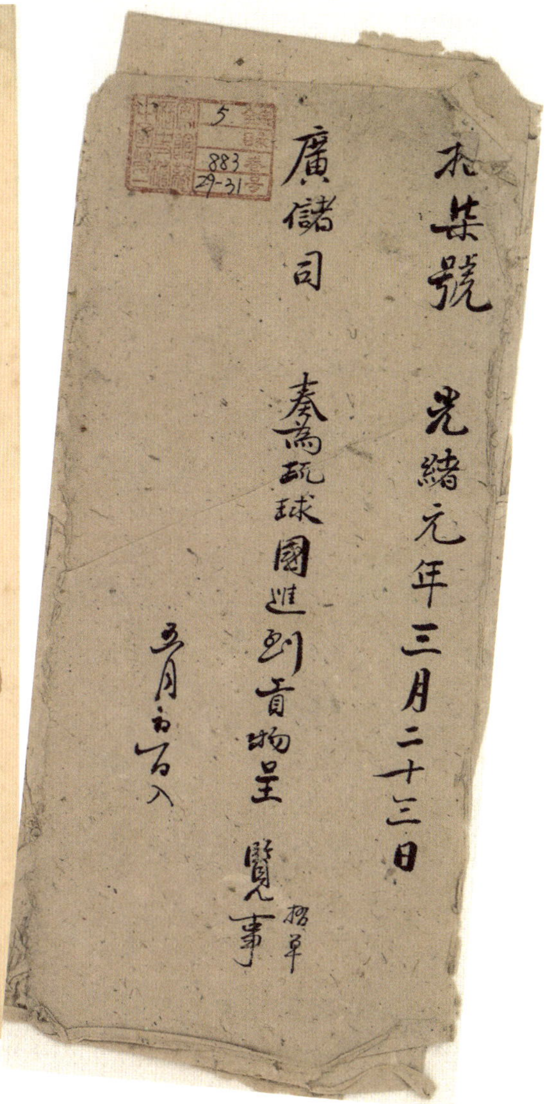
本柒號　光緒元年三月二十三日

廣儲司　奏為琉球國進到貢物呈覽事　摺單

三月廿三日入

总管内务府奏折：

为琉球国王遣使恭进贡物查收呈览事

光绪元年三月二十三日（1875年4月28日）

琉球使臣毛精长等人的进贡，贡物基本按照惯例置备。总管内务府收到贡物后，奏称，将红铜、白钢、锡等与围屏纸5000张、嫩熟焦布100匹一并向皇太后、皇帝呈览。这是琉球最后一次向清朝进贡。光绪五年（1879），日本吞并琉球，将琉球王、世子掳掠前往日本，琉球灭亡。

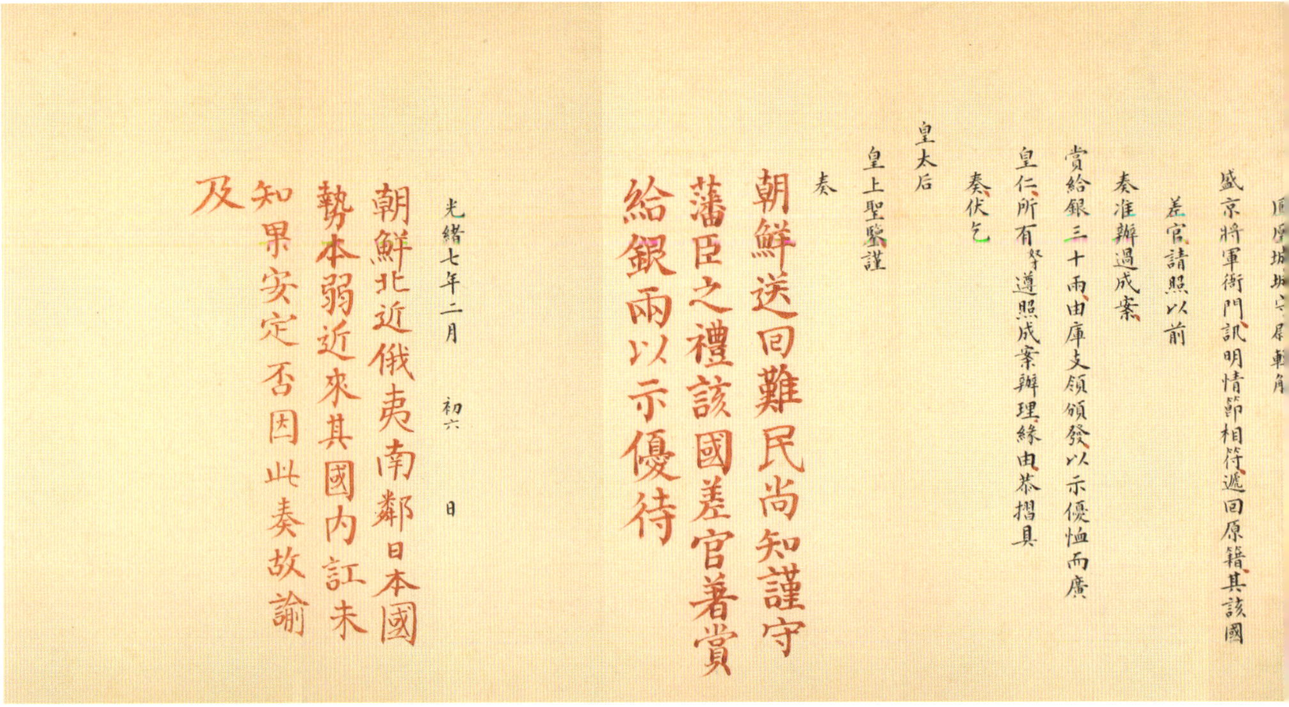
盛京將軍衙門訊明情節相符遞回原籍其該國
差官請照以前
奏准辦過成案
賞給銀三十兩由庫支領發以示優恤而廣
皇仁所有等遵照成案辦理緣由恭摺具
奏伏乞
皇太后
皇上聖鑒謹
奏
朝鮮送回難民尚知謹守
藩臣之禮該國差官著賞
給銀兩以示優待
光緒七年二月 初六 日
朝鮮北近俄夷南鄰日本國
勢本弱近來其國內訌未
知果安定否因此奏故諭
及

盛京礼部侍郎松森奏折：

为朝鲜国漂收内地遭风民人张立喜等专差送回请赏差官银两事

光绪七年二月初六日（1881 年 3 月 5 日）

光绪六年（1880），有山东莱州府即墨县张立喜等 3 人，在沿海航行时，遭遇狂风，漂流至朝鲜。朝鲜政府对他们加以收留救助，并送至清朝凤凰城移交。凤凰城守尉接收了张立喜等，转递回原籍，并按例赏给朝鲜差官 30 两。奏折中的句读是年仅 10 岁的光绪帝学批奏折时所留，他还朱批“赏给银两以示优待”，并关切询问朝鲜国内“果否安定”。不过，这只是光绪帝学作的朱批，并不公开发出。正式的旨意是“军机大臣奉旨：知道了”。

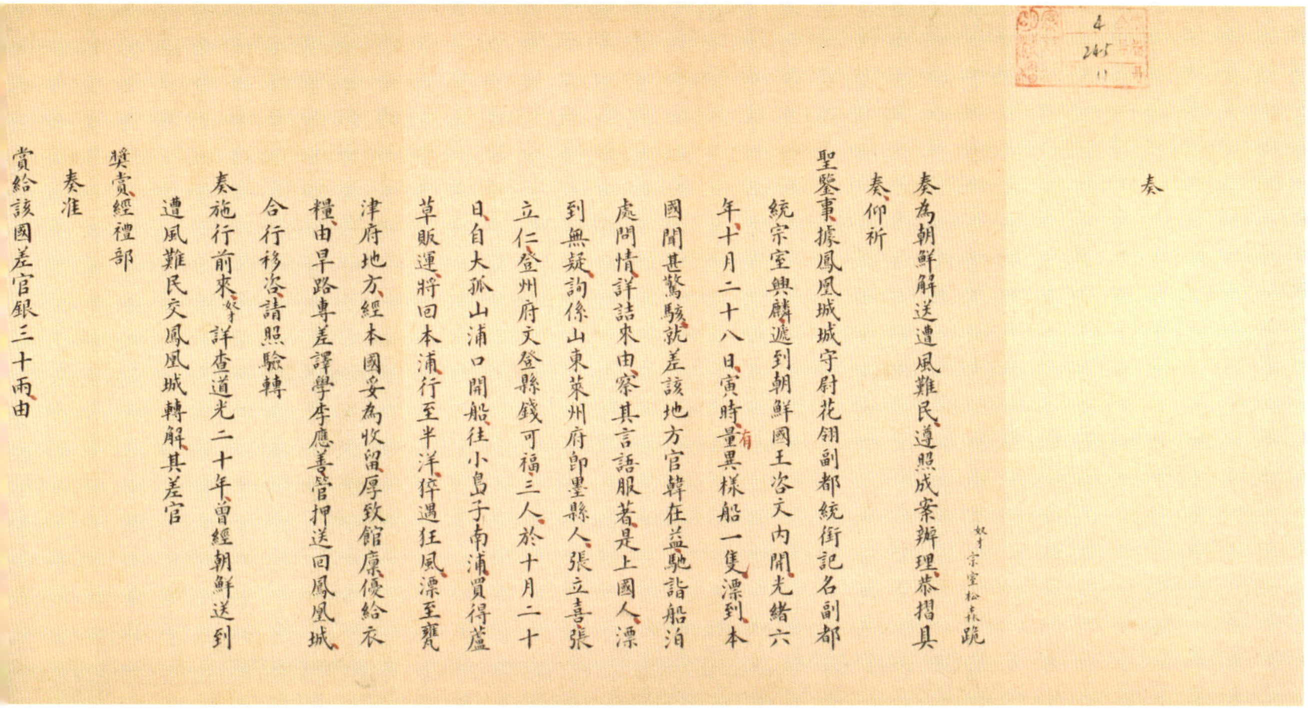

奏

奴才宗室松森跪

奏為朝鮮解送遭風難民遵照成案辦理恭摺具

奏仰祈

聖鑒事據鳳凰城城守尉花翎副都統銜記名副都

統宗室興麟遞到朝鮮國王咨文內開光緒六

年十月二十八日寅時量(有)異樣船一隻漂到本

國聞甚驚駭就差該地方官韓在益馳詣船泊

處問情詳詰來由察其言語服著是上國人漂

到無疑詢係山東萊州府即墨縣人張立喜張

立仁登州府文登縣錢可福三人於十月二十

日自大孤山浦口開船往小島子南浦買得蘆

草販運將回本浦行至半洋猝遇狂風漂至甕

津府地方經本國妥為收留厚致館廩優給衣

糧由旱路專差譯學李應善管押送回鳳凰城

合行移咨請照驗轉

奏施行前來奴才詳查道光二十年曾經朝鮮送到

遭風難民交鳳凰城轉解其差官

獎賞經禮部

奏准

賞給該國差官銀三十兩由

盛京礼部侍郎松森奏折（光绪七年二月初六日）

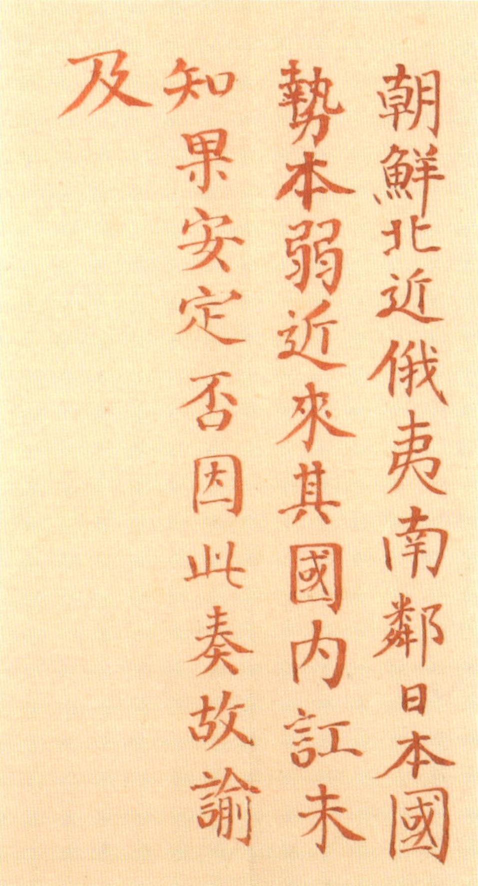

朝鮮北近俄夷南鄰日本國

勢本弱近來其國內訌未

知果安定否因此奏故諭

及

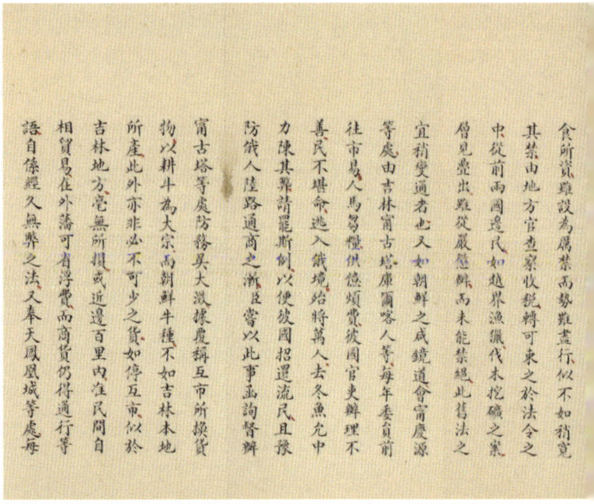
食所資雖設為厲禁而勢難盡行似不如稍寬
其禁由地方官查察收稅轉可柬之於法令之
中從前兩國邊民如越界漁獵伐木挖礦之案
層見疊出雖從嚴懲辦而未能禁絕此舊法之
宜稍變通者也又如朝鮮之咸鏡道會甯慶源
等處由吉林甯古塔庫爾喀人等每年委員前
往市易人馬芻糧供億煩費彼國官吏辦理不
善民不堪命逃入俄境殆將萬人去冬魚允中
力陳其弊請罷斯例以便彼國招還流民且豫
防俄人陸路通商之漸臣嘗以此事函詢督辦
甯古塔等處防務吳大澂據稱互市所換貨
物以耕牛為大宗而朝鮮牛種不如吉林本地
所產此外亦非必不可少之貨如停互市似於
吉林地方毫無所損或近邊百里內准民間自
相貿易在外藩可省浮費而商貨仍得通行等
語自係經久無弊之法又奉天鳳凰城等處每

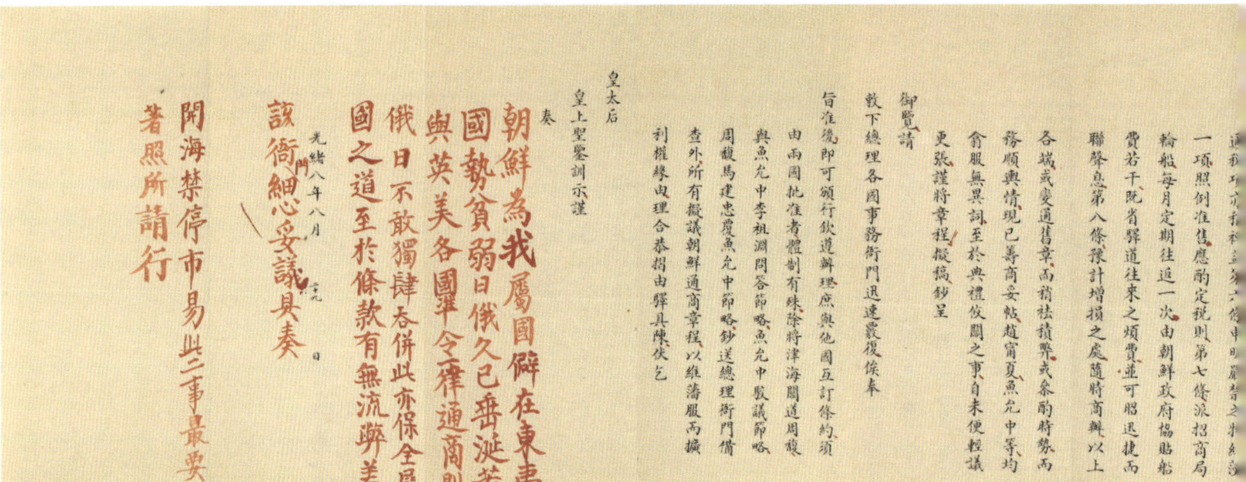
一項照例准售應酌定稅則第七條派招商局
輪船每月定期往返一次由朝鮮政府協貼船
費若干既省驛道往來之煩費並可昭迅捷而
聯聲息第八條豫計增損之處隨時商辦以上
各端或變通舊章而稍袪積弊或參酌時勢而
務順輿情現已籌商妥帖趙甯夏魚允中等均
僉服無異詞至於典禮攸關之事自未便輕議
更張謹將章程擬稿鈔呈
御覽請
敕下總理各國事務衙門迅速覈覆候奉
旨准後即可頒行欽遵辦理庶與他國互訂條約須
由兩國批准者體制有殊除將津海關道周馥
與魚允中李祖淵問答節略魚允中駁議節略
周馥馬建忠覆魚允中節略鈔送總理衙門備
查外所有擬議朝鮮通商章程以維藩服而擴
利權緣由理合恭摺由驛具陳伏乞
皇太后
皇上聖鑒訓示謹
奏
光緒八年八月二十九日
朝鮮為我屬國僻在東夷
國勢貧弱日俄久已垂涎若
與英美各國畢令釋通商則
俄日不敢獨肆吞併此亦保全屬
國之道至於條款有無流弊着
該衙門細心妥議具奏
開海禁停市易此二事最要
著照所請行

署理北洋大臣李鸿章奏折（光绪八年八月二十九日）

署理北洋大臣李鸿章奏折：

为遵旨妥议朝鲜水陆贸易章程事

光绪八年八月二十九日（1882 年 10 月 10 日）

署理北洋大臣李鸿章清单：

中朝商民水陆贸易章程清单

光绪八年八月二十九日（1882 年 10 月 10 日）

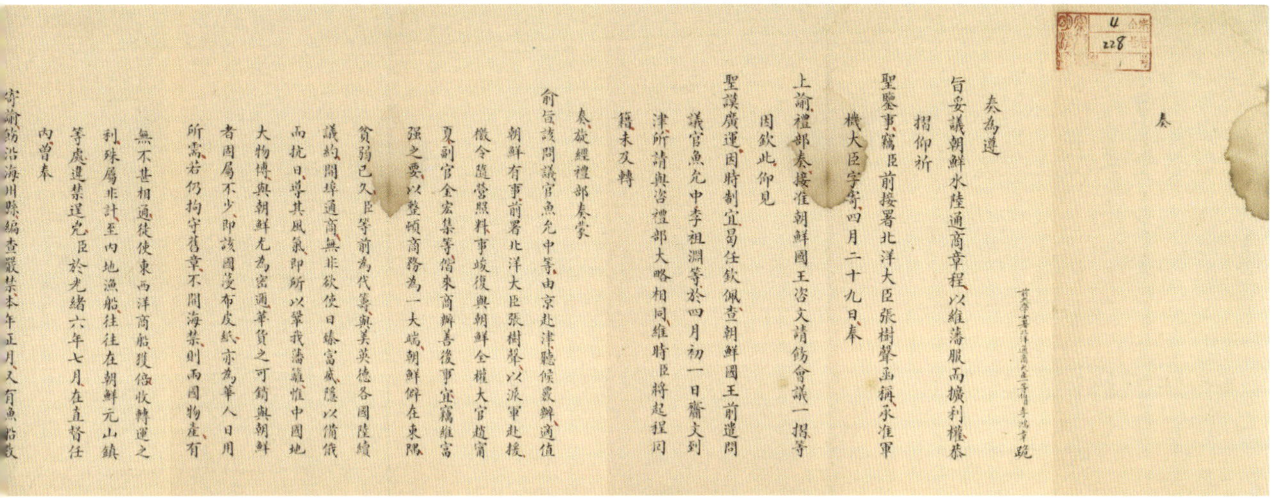

奏
大學士署北洋通商大臣一等伯臣李鴻章跪
奏為遵
旨妥議朝鮮水陸通商章程以維藩服而擴利權恭
摺仰祈
聖鑒事竊臣前接署北洋大臣張樹聲函稱承准軍
機大臣字寄四月二十九日奉
上諭禮部奏據朝鮮國王咨文請飭會議一摺等
因欽此仰見
聖謨廣運因時制宜曷任欽佩查朝鮮國王前遣問
議官魚允中李祖淵等於四月初一日齎文到
津所請與咨禮部大略相同維時臣將起程回
籍未及轉
奏旋經禮部奏蒙
俞旨該問議官魚允中等由京赴津聽候覈辦適值
朝鮮有事前署北洋大臣張樹聲以派軍赴援
檄令隨營照料事竣復與朝鮮全權大官趙甯
夏副官金宏集等偕來商辦善後事宜竊維富
強之要以整頓商務為一大端朝鮮僻在東隅
貧弱已久臣等前為代籌與美英德各國陸續
議約開埠通商無非欲使日臻富盛隱以備俄
而抗日尊其風氣即所以鞏我藩籬惟中國地
大物博與朝鮮尤為密邇華貨之可銷與朝鮮
者固屬不少即該國蔘布皮紙亦為華人日用
所需若仍拘守舊章不開海禁則兩國物產有
無不甚相通徒使東西洋商船獲倍收轉運之
利殊屬非計至內地漁船往往在朝鮮元山鎮
等處違禁逞兇臣於光緒六年七月在直督任
內曾奉
寄諭飭沿海州縣編查嚴禁本年正月又有漁船數

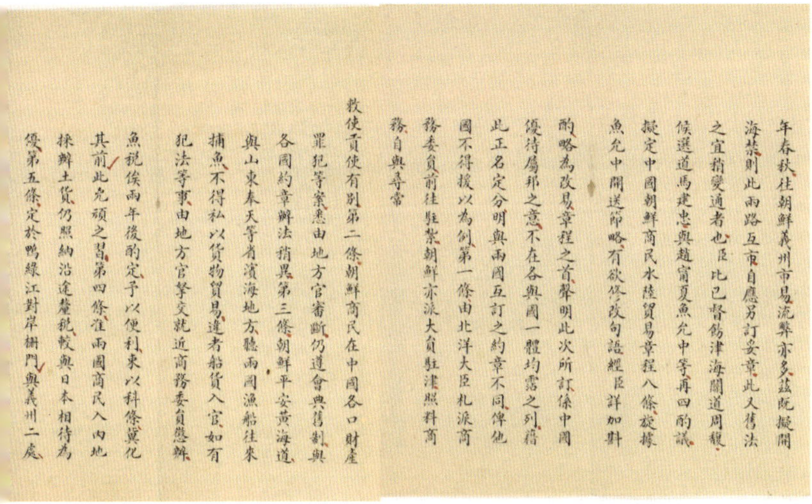

年春秋往朝鮮義州市易流弊亦多茲既擬開
海禁則此兩路互市自應另訂妥章此又舊法
之宜稍變通者也臣比已督飭津海關道周馥
候選道馬建忠與趙甯夏魚允中等再四酌議
擬定中國朝鮮商民水陸貿易章程八條旋據
魚允中開送節略有欲修改句語經臣詳加斟
酌略為改易章程之首聲明此次所訂係中國
優待屬邦之意不在各與國一體均霑之列藉
此正名定分明與兩國互訂之約章不同俾他
國不得援以為例第一條由北洋大臣札派商
務委員前往駐紮朝鮮亦派大員駐津照料商
務自與尋常
敕使貢使有別第二條朝鮮商民在中國各口財產
罪犯等案悉由地方官審斷仍遵會典舊制與
各國約章辦法稍異第三條朝鮮平安黃海道
與山東奉天等省濱海地方聽兩國漁船往來
捕魚不得私以貨物貿易違者船貨入官如有
犯法等事由地方官拏交就近商務委員懲辦
魚稅俟兩年後酌定予以便利東以科條冀化
其前此兇頑之習第四條准兩國商民入內地
採辦土貨仍照納沿途釐稅較與日本相待為
優第五條定於鴨綠江對岸柵門與義州二處

光绪八年（1882），为应对列强对东北亚的渗透，清朝决定加强与朝鲜的贸易交往联系，在署直隶总督北洋大臣李鸿章的主持下，清朝与朝鲜签订了《中朝商民水陆贸易章程》。

《章程》称，“惟现在各国既由水路通商，自宜亟开海禁，令两国商民一体互相贸易，共沾利益”。《章程》约定中朝两国互派商务委员，对两国传统的陆路边境贸易也有所更改，“兹定于鸭绿江封岸栅门与义州二处，又图们江对岸珲春与会宁二处，听边民随时往来交易”。最重要的是，《章程》约定中朝两国开放海上贸易，“两国商船听其驶入彼此通商口岸交易，两国商民前往彼此已开口岸贸易，准其租地赁房建设房屋”。

《章程》的签订，有利于双方贸易的拓展。这是清廷在新的国际形势下对中朝传统宗藩关系做出的相应调适，增添了新的商务内容。

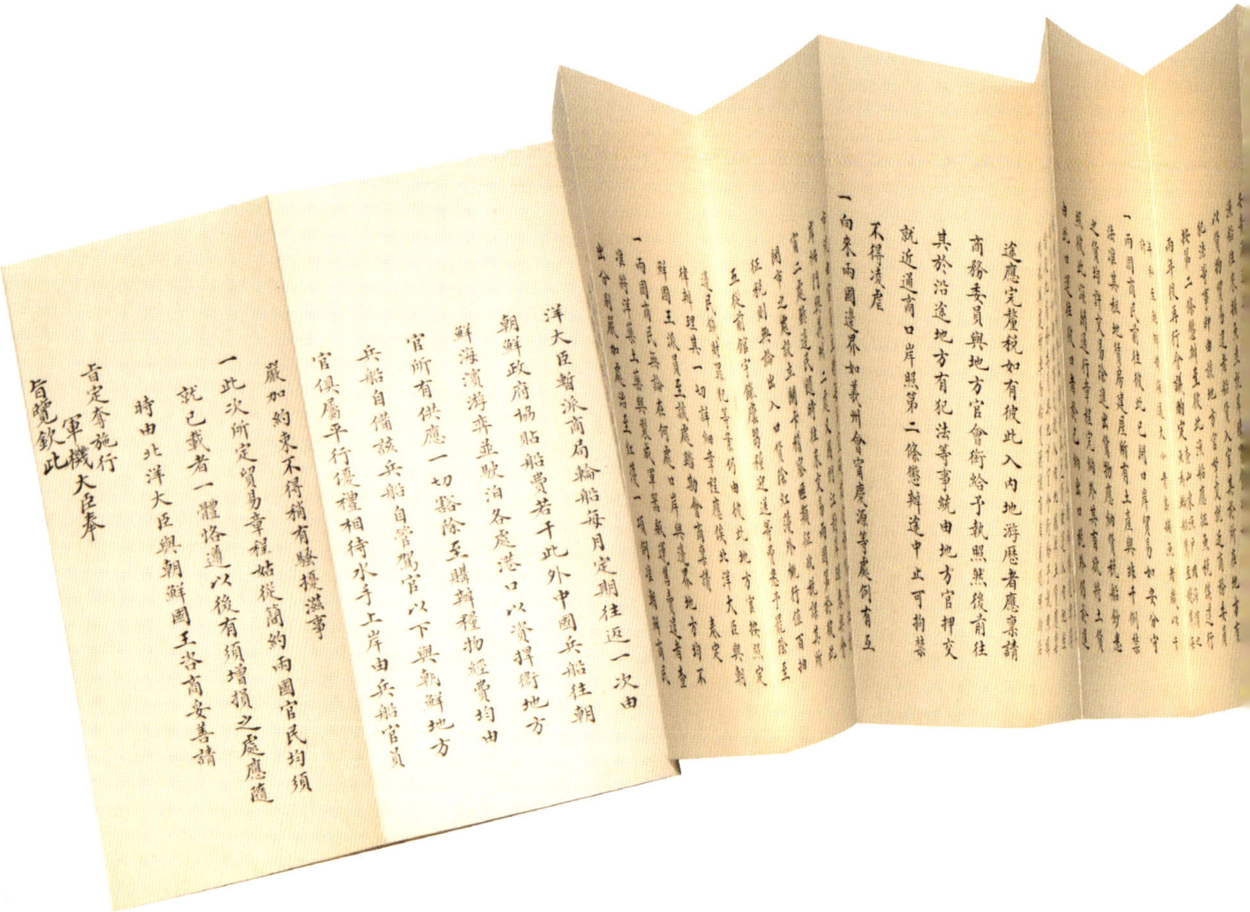
邊應完釐稅如有彼此入內地游歷者應稟請
商務委員與地方官會銜給予執照然後前往
其於沿途地方有犯法等事就由地方官押交
就近通商口岸照第二條懲辦途中止可約禁
不得凌虐
一向來兩國邊界如義州會寧慶源等處例有互

洋大臣輪派商局輪船每月定期往返一次由
朝鮮政府協貼船費若干此外中國兵船往朝
鮮海濱游弋並駛泊各處港口以資捍衛地方
官所有供應一切豁除至購辦糧物經費均由
兵船自備該兵船自管駕官以下與朝鮮地方
官俱屬平行優禮相待水手上岸由兵船官員
嚴加約束不得稍有騷擾滋事
一此次所定貿易章程姑從簡約兩國官民均須
就已載者一體恪遵以後有須增損之處應隨
時由北洋大臣與朝鮮國王咨商妥善請
旨定奪施行軍機大臣奉
旨覽欽此

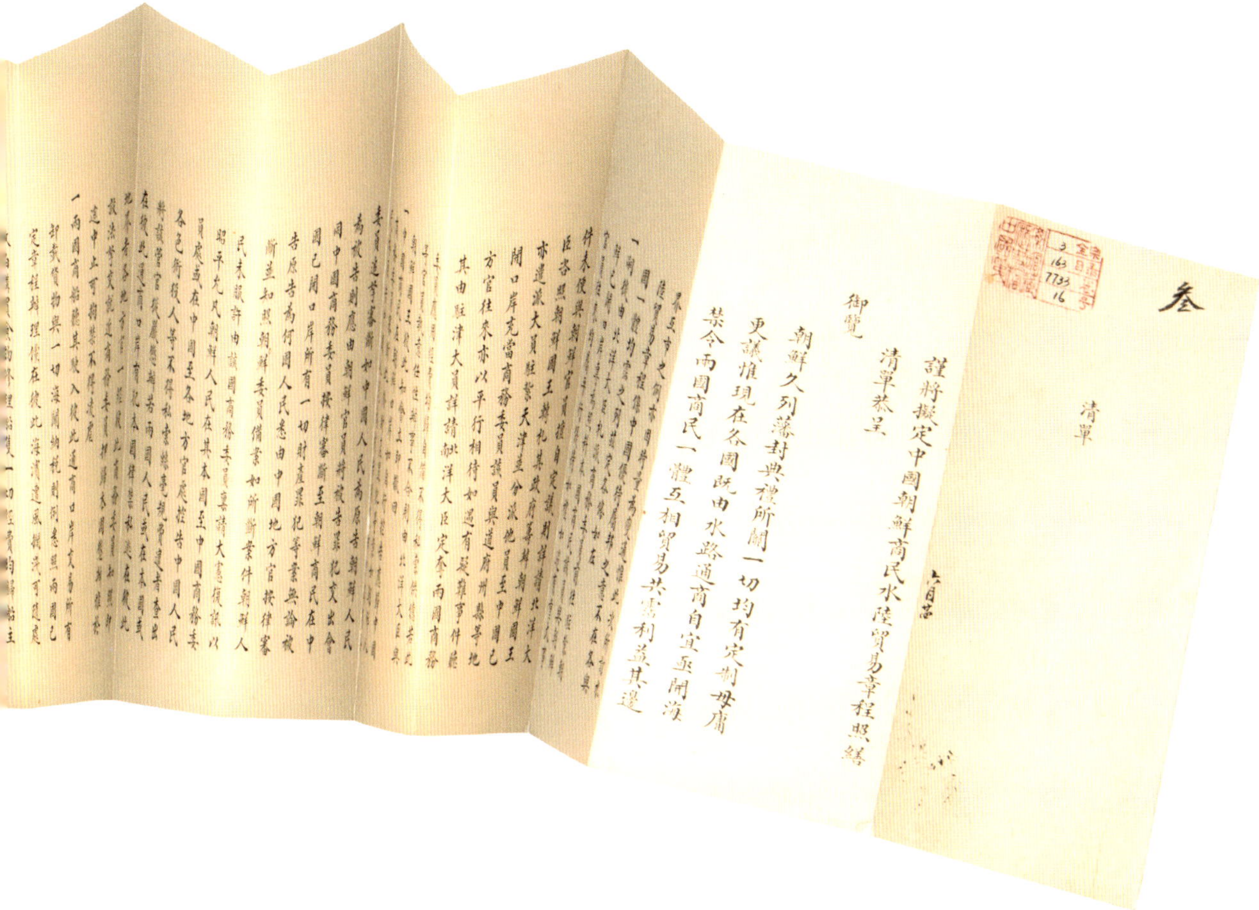
叄

清單

謹將擬定中國朝鮮商民水陸貿易章程照繕
旨留
清單恭呈
御覽
朝鮮久列藩封典禮所關一切均有定制毋庸
更議惟現在各國既由水路通商自宜亟開海
禁令兩國商民一體互相貿易共霑利益其邊

署理北洋大臣李鸿章清单（光绪八年八月二十九日）

清单：

日本明治二十二年九月贸易大数

光绪十五年八月（1889年6月）

清朝自同治十年（1871）与日本签订《中日修好条规》及《通商章程》，相互开放通商口岸后，双方贸易大幅增长。由清单来看，1889年6月，日本出口货值银6765786元，进口货值银5507015元，处于出超状态。进出口等税共银445721元。其中最主要的出口国是美国，占据将近一半出口份额，最主要的进口国是英国，约占进口额的三分之一强。日本运至中国的货物价值503069元，占日本出口总额的7.5%。中国出口至日本的货物价值777705元，占日本进口总额的14.1%。中国当时对日贸易处于出超状态。1889年全年，清朝对日出口额为6469030海关两，进口额为6601833海关两，分别比同治十年增长了450.3%、249.1%。两国间的贸易基本平衡，显示了双方贸易地位平等、优势互补。

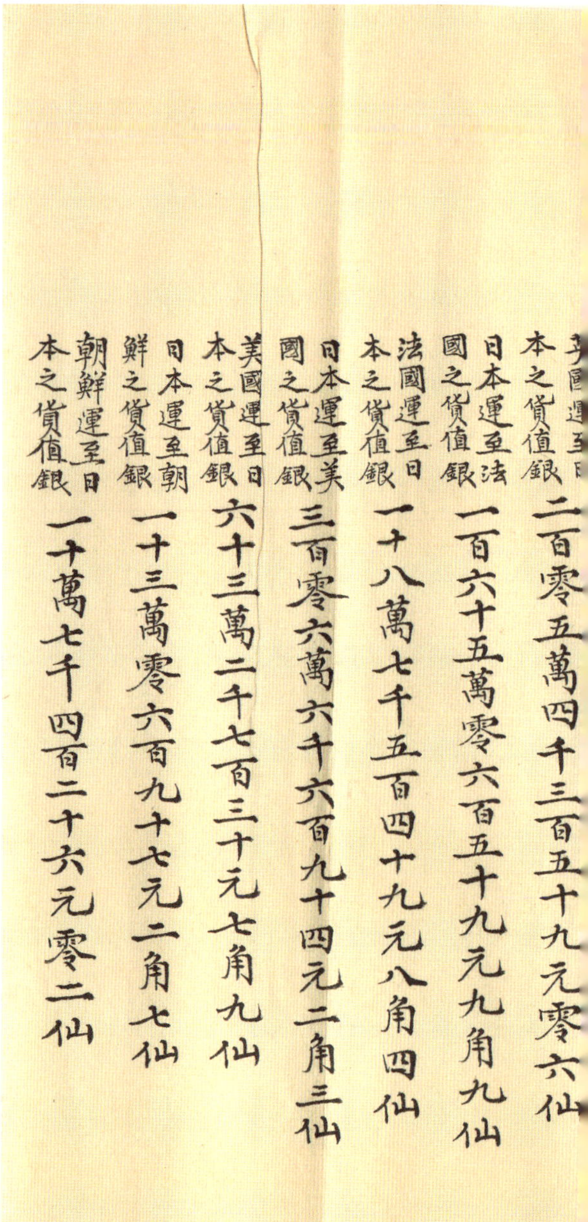
英國運至日本之貨值銀二百零五萬四千三百五十九元零六仙
日本運至法國之貨值銀一百六十五萬零六百五十九元九角九仙
法國運至日本之貨值銀一十八萬七千五百四十九元八角四仙
日本運至美國之貨值銀三百零六萬六千六百九十四元二角三仙
美國運至日本之貨值銀六十三萬二千七百三十元七角九仙
日本運至朝鮮之貨值銀一十三萬零六百九十七元二角七仙
朝鮮運至日本之貨值銀一十萬七千四百二十六元零二仙

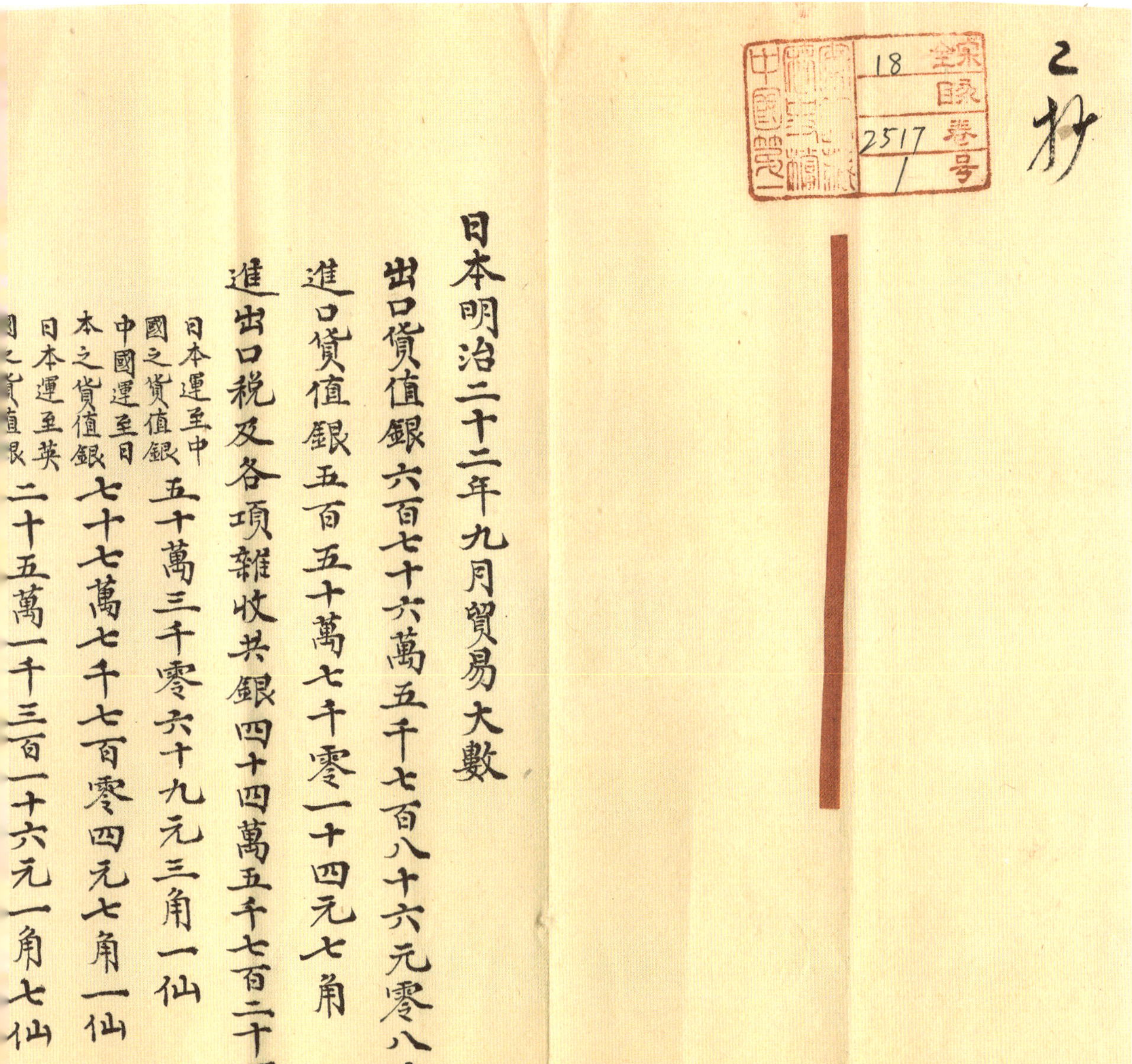

日本明治二十二年九月貿易大數

出口貨值銀六百七十六萬五千七百八十六元零八仙

進口貨值銀五百五十萬七千零一十四元七角

進出口稅及各項雜收共銀四十四萬五千七百二十一元三角三仙六厘

日本運至中國之貨值銀 五十萬三千零六十九元三角一仙

中國運至日本之貨值銀 七十七萬七千七百零四元七角一仙

日本運至英國之貨值銀 二十五萬一千三百一十六元一角七仙

清单（光绪十五年八月）

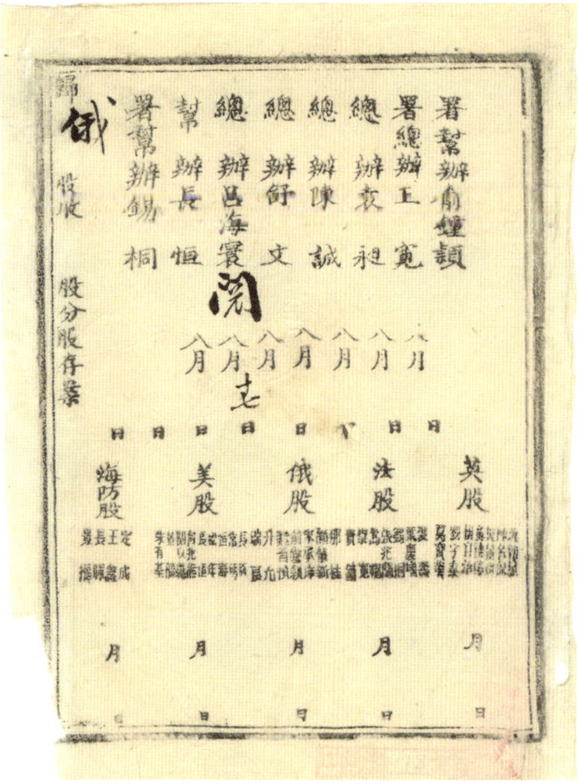

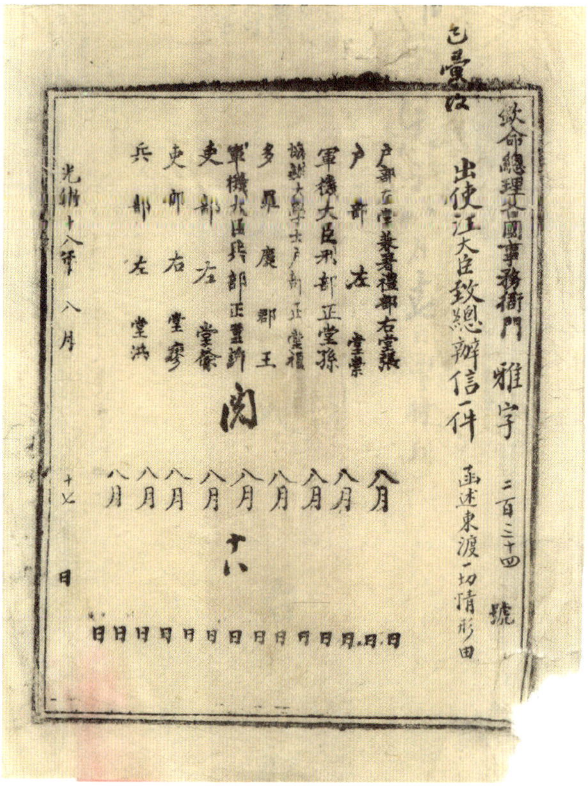

驻日大臣汪凤藻致外务部信函：

为通报赴日本一切情形事

光绪十八年八月初七日（1892 年 9 月 27 日）

光绪十八年（1892）六月十六日，清廷下旨汪凤藻接任驻日公使。这份信函中汪凤藻向总理衙门总办章京们通报前往日本赴任准备情形。据汪凤藻称，他准备在光绪十八年八月初十日，搭乘三菱公司邮船东渡。带领随员 6 名，并从江海关道领取了出使经费 2 万两。汪凤藻还对日本政局发表评论说：“倭人步武泰西，可谓惟妙惟肖矣。”

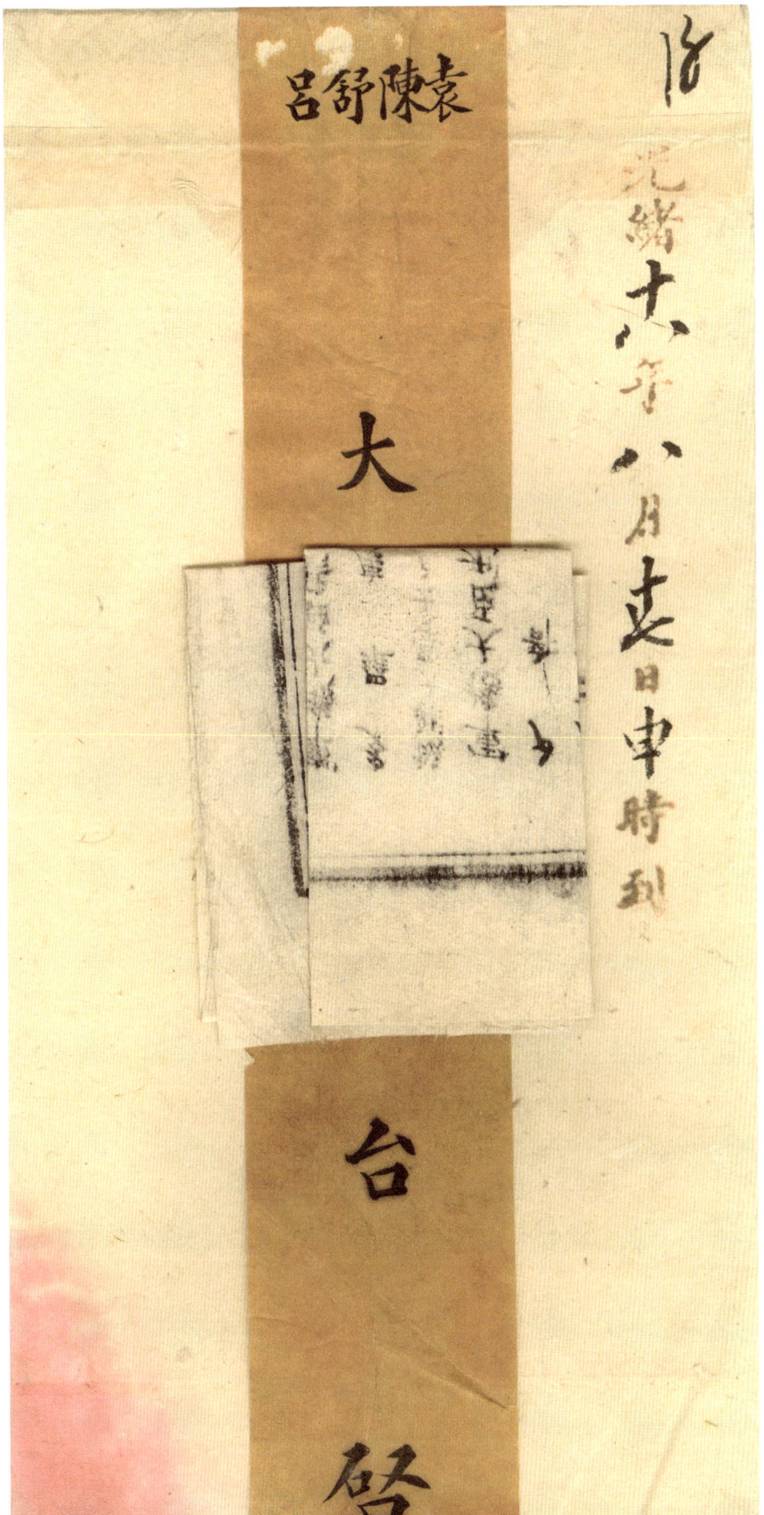

驻日大臣汪凤藻致外务部信函之一（光绪十八年八月初七日）

合肥傅相始見日本更換執政諸大臣抄單內閣總理及外務卿均非當日舊人羣進羣退頗如英制倭人步武泰西可謂惟妙惟肖矣駐滬文報一差面商

傅相於原派三人中移一人駐津以副張令乃得於滬局添派蔡巖一員幫辦文報統俟到洋後給札具咨以歸一律專肅奉布祇請

勛安統祈

荃照不悉

堂憲前祈代呼名請安

愚弟汪鳳藻頓首 八月初七日東字第一號

18

2377
8

陝秋 蘭秋 春舫 鏡宇 君實 清軒 久山 閬生

仁兄大人閣下都門共事快挹
清芬歧路贈言疊叨
寵餞雲天在望感泐靡涯辰維
藎履咸綏式符下頌弟自前月初三由京起程十四晚到
滬略事部署即歸覲潤州二十七日重來海上候船放
洋日來公私一切漸次就理隨行諸君陸續到齊定
於八月初十日附乘三菱公司郵船東渡隨帶原定
五員今又添調壽勳一員都為六員武弁額設二員
聞前任原派洪弁將隨 伯行星使內渡故現檄調
黃德樑充補是差又江蘇文童趙志瀛年少聰穎有
志學習東文察其資性似堪造就因亦挈之東行派
入學堂肄業所請經費銀貳萬兩亦由江海關如數
解到均分別繕具公牘咨達
冰案其酌調隨員及具報出洋各一摺除鈔稿咨呈外仍
謹具印花及奏事處公文敬請
照章飭備代為呈遞無任感禱過聿時謁晤

驻日大臣汪凤藻致外务部信函之二（光绪十八年八月初七日）

驻日大臣裕庚奏折：

为遵查日本国现行印花税章程并粘贴印纸式样事

光绪二十二年三月初八日（1896 年 4 月 20 日）

因御史陈璧奏请仿行印花税，饬令各出使大臣将各国现行印花税章程、印花式样等进呈，光绪帝下旨令总理衙门查核办理，于是，总理衙门转咨各出使大臣等查办。驻日大臣裕庚接到旨意后，上奏简述印花税源起，重点阐述日本印花税章程实施办法，“附粘各种印花式样并手形纸样编成章程”，由总理衙门进呈，以供清廷决策参考。

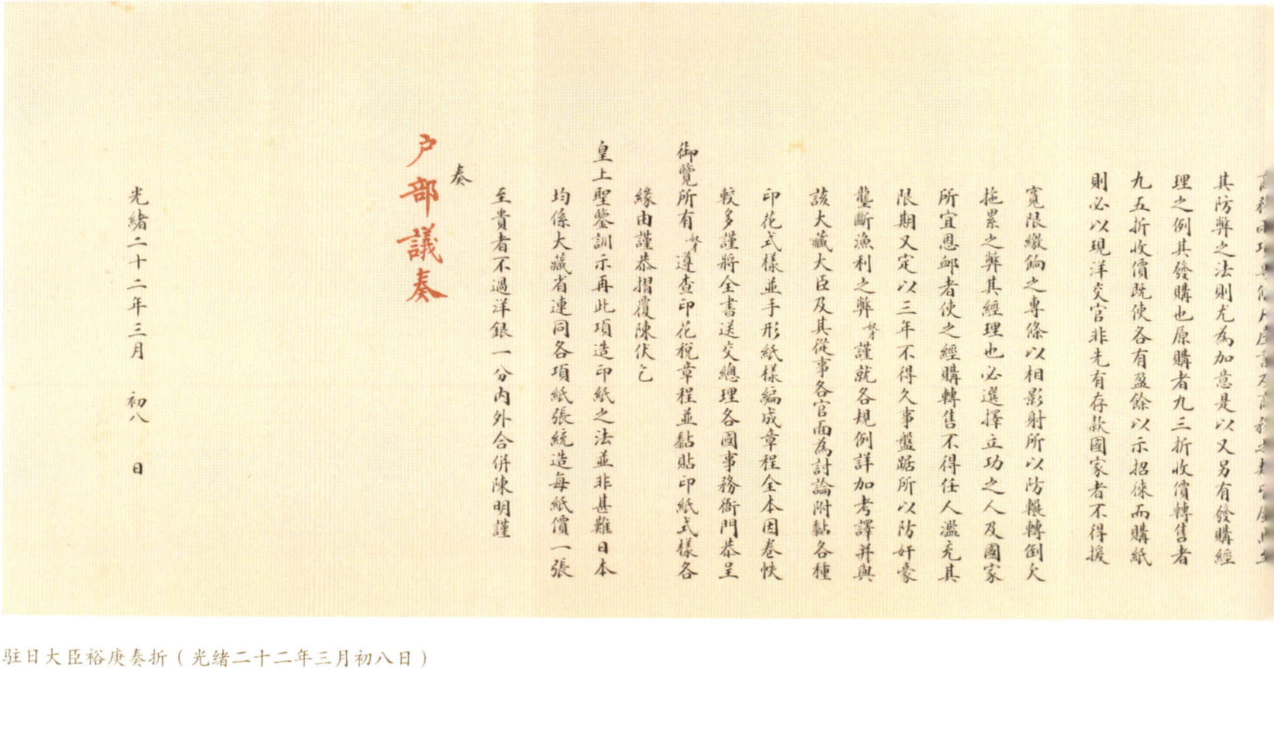
其防弊之法則尤為加意是以又另有發購經
理之例其發購也原購者九三折收價轉售者
九五折收價既使各有盈餘以示招徠而購紙
則必以現洋交官非先有存款國家者不得援
寬限繳餉之專條以相影射所以防輾轉倒欠
拖累之弊其經理也必選擇立功之人及國家
所宜恩卹者使之經購轉售不得任人濫充其
限期又定以三年不得久事盤踞所以防奸豪
壟斷漁利之弊臣謹就各規例詳加考譯並與
該大藏大臣及其從事各官而為討論附黏各種
印花式樣並手形紙樣編成章程全本因卷帙
較多謹將全書送交總理各國事務衙門恭呈
御覽所有臣遵查印花稅章程並黏貼印紙式樣各
緣由謹恭摺覆陳伏乞
皇上聖鑒訓示再此項造印紙之法並非甚難日本
均係大藏省連同各項紙張統造每紙價一張
至貴者不過洋銀一分內外合併陳明謹
奏
户部議奏
光緒二十二年三月　初八　日

驻日大臣裕庚奏折（光绪二十二年三月初八日）

出使大臣二品銜太僕寺少卿臣裕庚跪

奏

奏為遵

旨查明日本國現行印花稅即印紙稅章程並黏貼

印紙式樣恭摺覆陳仰祈

聖鑒事竊臣於光緒二十一年十二月二十九日承

准總理各國事務衙門咨光緒二十一年十一

月二十二日准軍機處鈔交面奉

諭旨御史陳壁奏請仿行外洋印花稅一摺着總理

各國事務衙門查覈辦理欽此鈔錄咨行欽遵辦

理前來臣詳繹原奏大致以時局艱難籌款緊

要請仿照外洋各國舉行印花稅一事為不病

商不擾民之策請

飭出使各大臣將各該國現行印花稅律例章程詳

譯一分並將現用各種印花紙列黏於冊註明

用法及查估印花機器價值限三箇月馳奏進呈

御覽發交戶部速籌興辦各等語係為仿效西法推

廣利源起見伏查印花稅外洋謂之印紙稅本

導源於荷蘭國其後徧行歐美各洲為西法會

計中通行之例日本自改法以來先設鐵路郵

政繼之以銀行又繼之以印紙稅至今二十年

來屢經更訂其取售之法一皆參仿英美各國

而又就本國情形斟酌損益條分縷析搜剔纖

毫其有科則不同之處如煙葉賣藥等類則另

券印紙稅凡立契立薄立券立約之類不分官

私皆屬焉曰煙葉稅則其稅則與印紙稅相連

是以謂之煙葉稅則凡煙葉之類皆屬焉曰賣

藥印紙稅凡製造已成之藥物皆屬焉曰訴訟

稟帖印紙稅凡訴訟之類皆屬焉曰商務具稟

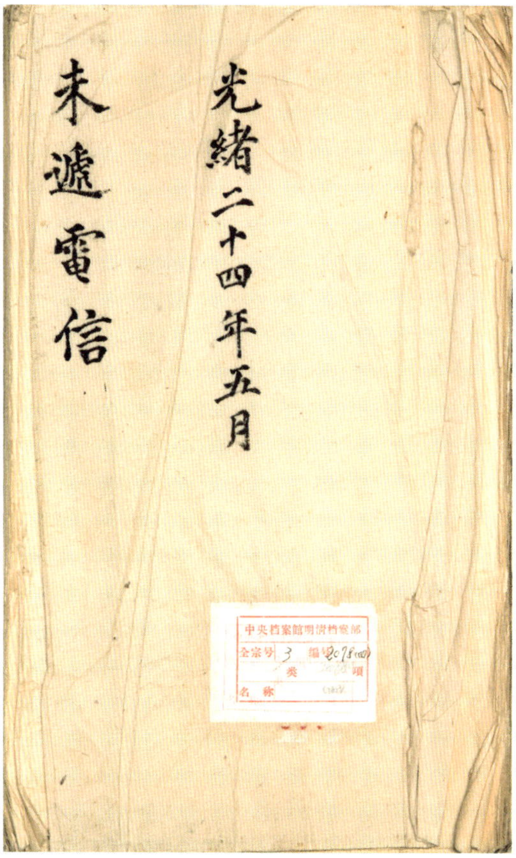

驻韩国总领事唐绍仪致军机处电报：

为韩华定约及韩开通商口岸事

光绪二十四年五月十七日（1898 年 7 月 5 日）

《马关条约》签定后，朝鲜“自主”，中朝间传统的宗藩关系遂告终结。但是当时清政府仍保持“上国”意识，未马上与朝鲜建立近代外交关系，而是不立条约、不遣使臣、不递国书，只派遣商务总董，后改派总领事。

1897 年，朝鲜改国号为“大韩帝国”，积极谋求与清政府建立近代新型外交关系。清政府对此持保守态度。唐绍仪认为，俄国、日本、英国先后代替韩国请求与中国订立条约，并非是为保护中韩交涉商务起见，而是有各自的盘算。如果中国不与韩国订约，恐怕日后会另生枝节。因此，中国应与韩国尽快订立条约。

光绪二十四年（1898）七月，清政府决定派遣徐寿朋为驻韩钦差大臣，次年签订《中韩通商条约》，中韩两国正式建立近代外交关系。

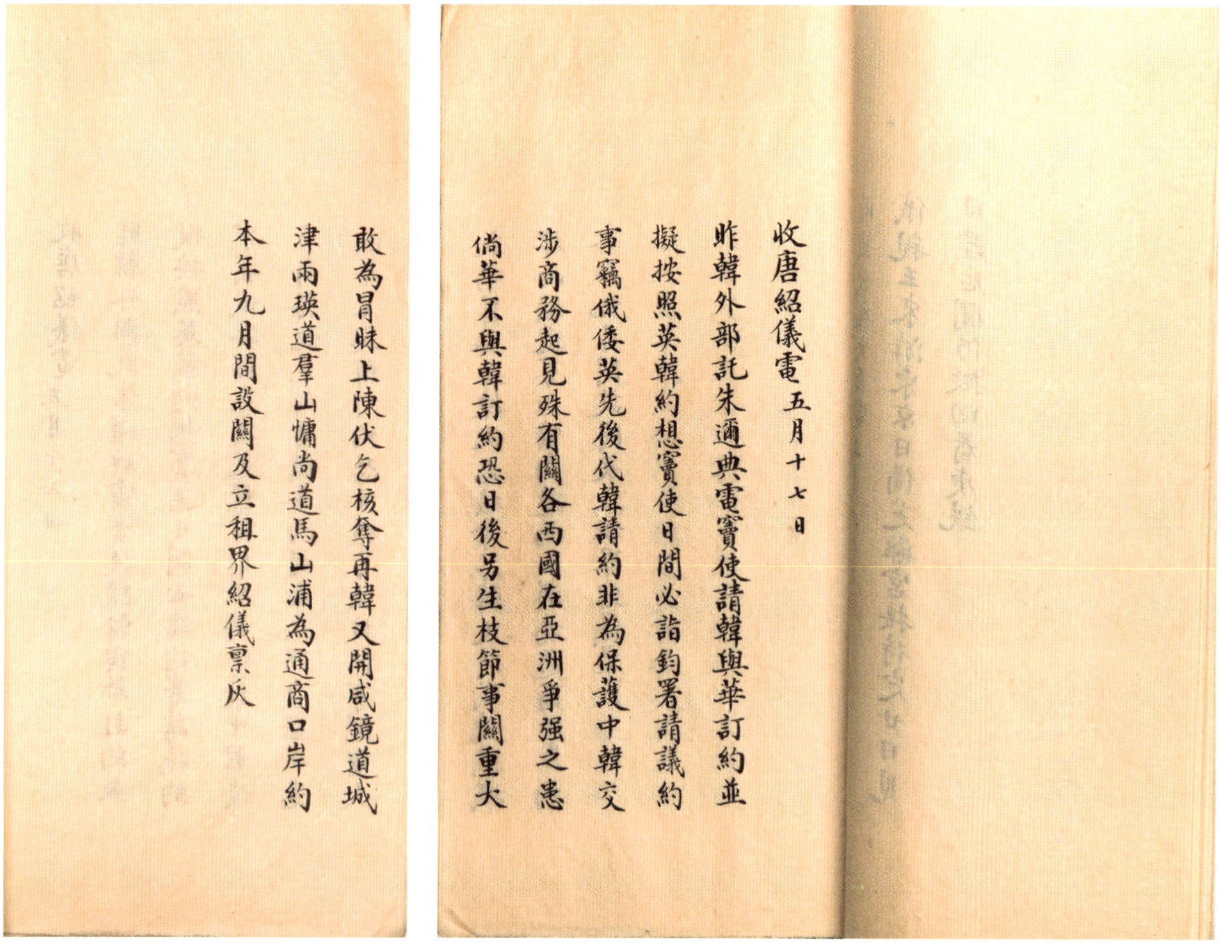
收唐紹儀電五月十七日
昨韓外部託朱通典電寶使請韓與華訂約並
擬按照英韓約想寶使日間必詣鈞署請議約
事竊俄倭英先後代韓請約非為保護中韓交
涉商務起見殊有關各西國在亞洲爭強之患
倘華不與韓訂約恐日後另生枝節事關重大
敢為冒昧上陳伏乞核奪再韓又開咸鏡道城
津兩瑛道羣山慵尚道馬山浦為通商口岸約
本年九月間設關及立租界紹儀稟灰

驻韩国总领事唐绍仪致军机处电报（光绪二十四年五月十七日）

闽浙总督许应骙致外务部咨呈：

为抄送福建官脑局试办章程并延聘日本技师合同请妥速酌核电复事

光绪二十七年十一月二十七日（1902年1月6日）

福建地方盛产樟脑，但民间不谙熬脑技术，因而樟脑产业不够发达，此前成立华商裕本公司试办也不成功。日本驻厦门领事上野专一乘机提议福建地方政府设立官脑局，聘请日本技师集资兴办，所拟条款颇有包揽垄断之嫌。章程经福建洋务总局再三删改，由闽浙总督咨请外务部核复。但即使是更改后的条款，名义是聘请日本技师，实际上是将全福建樟脑业全部委托日本人垄断经营，筹款、制造、销售等事全部由日本技师办理，官府虽委员督办，有名无实，福建的提议起初未获得外务部的核准。然而，日本驻华公使亲自与外务部商订福建创设官脑局一事，最终仍是聘请日本技师。

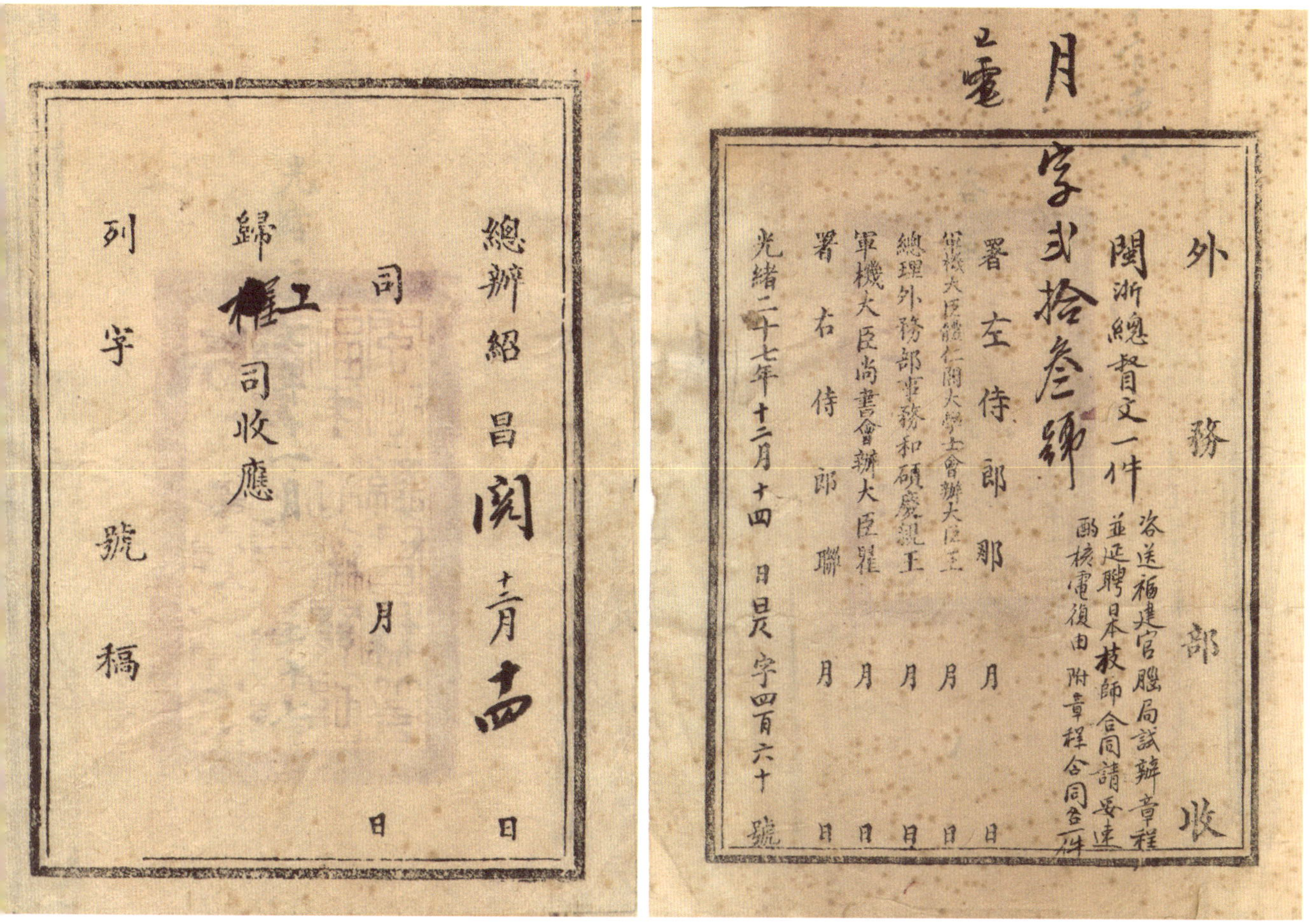

月 電

外務部收

閩浙總督文一件

咨送福建官膠局試辦章程並延聘日本技師合同請妥速酌核電復由 附章程合同各件

字弍拾叁號

署左侍郎那 月 日

軍機大臣體仁閣大學士會辦大臣王 月 日

總理外務部事務和碩慶親王 月 日

軍機大臣尚書會辦大臣瞿 月 日

署右侍郎聯 月 日

光緒二十七年十二月十四日 昃字四百六十號

總辦紹昌 閱 十二月十四 日

司 月 日

歸工榷司收應

列字號稿

闽浙总督许应骙致外务部咨呈之一（光绪二十七年十一月二十七日）

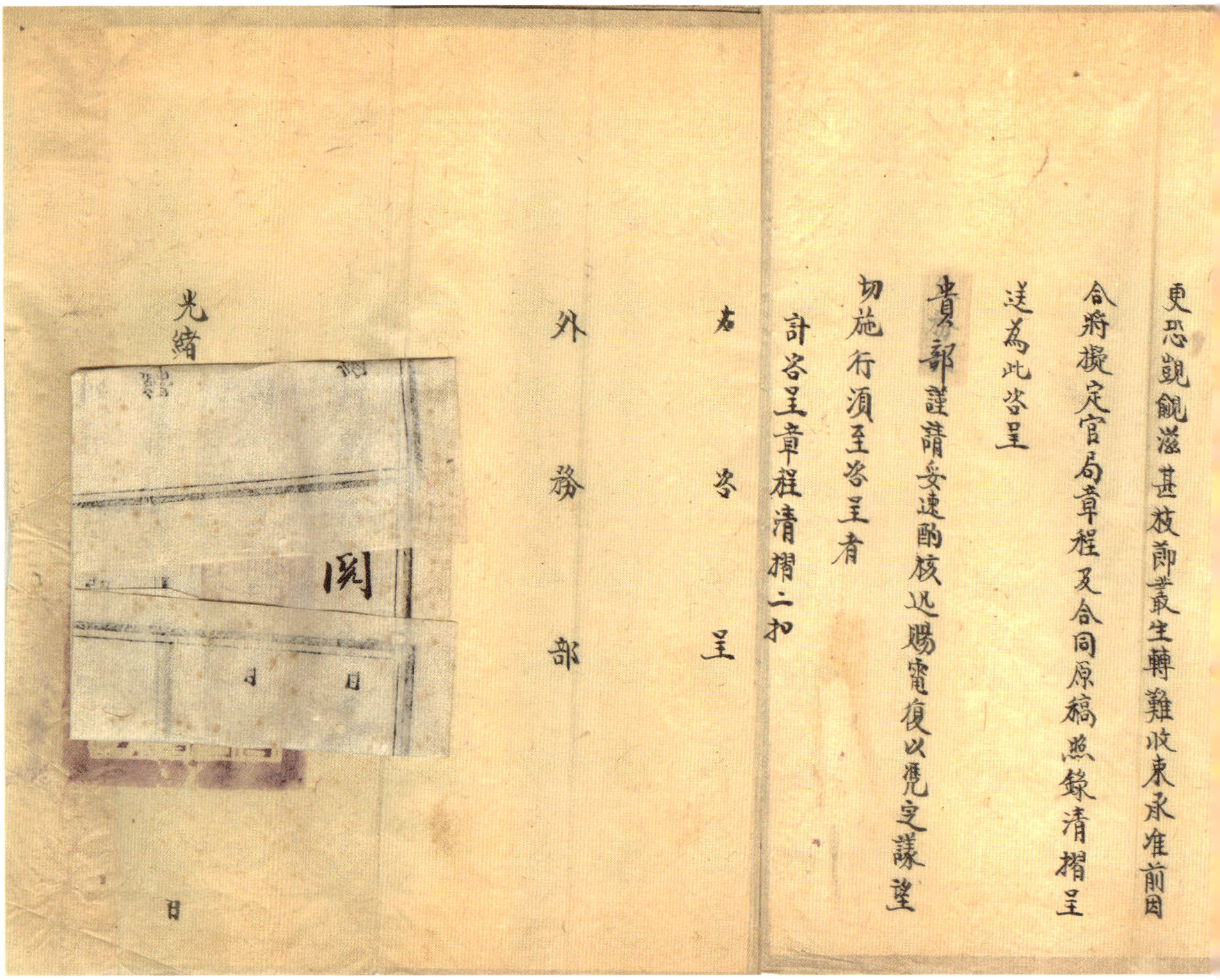

更恐覬覦滋甚枝節叢生轉難收束承准前因
合將擬定官局章程及合同原稿照錄清摺呈
送為此咨呈
貴部謹請妥速酌核迅賜電復以憑定議望
切施行須至咨呈者
計咨呈章程清摺二扣

右咨呈
外務部
光緒
日

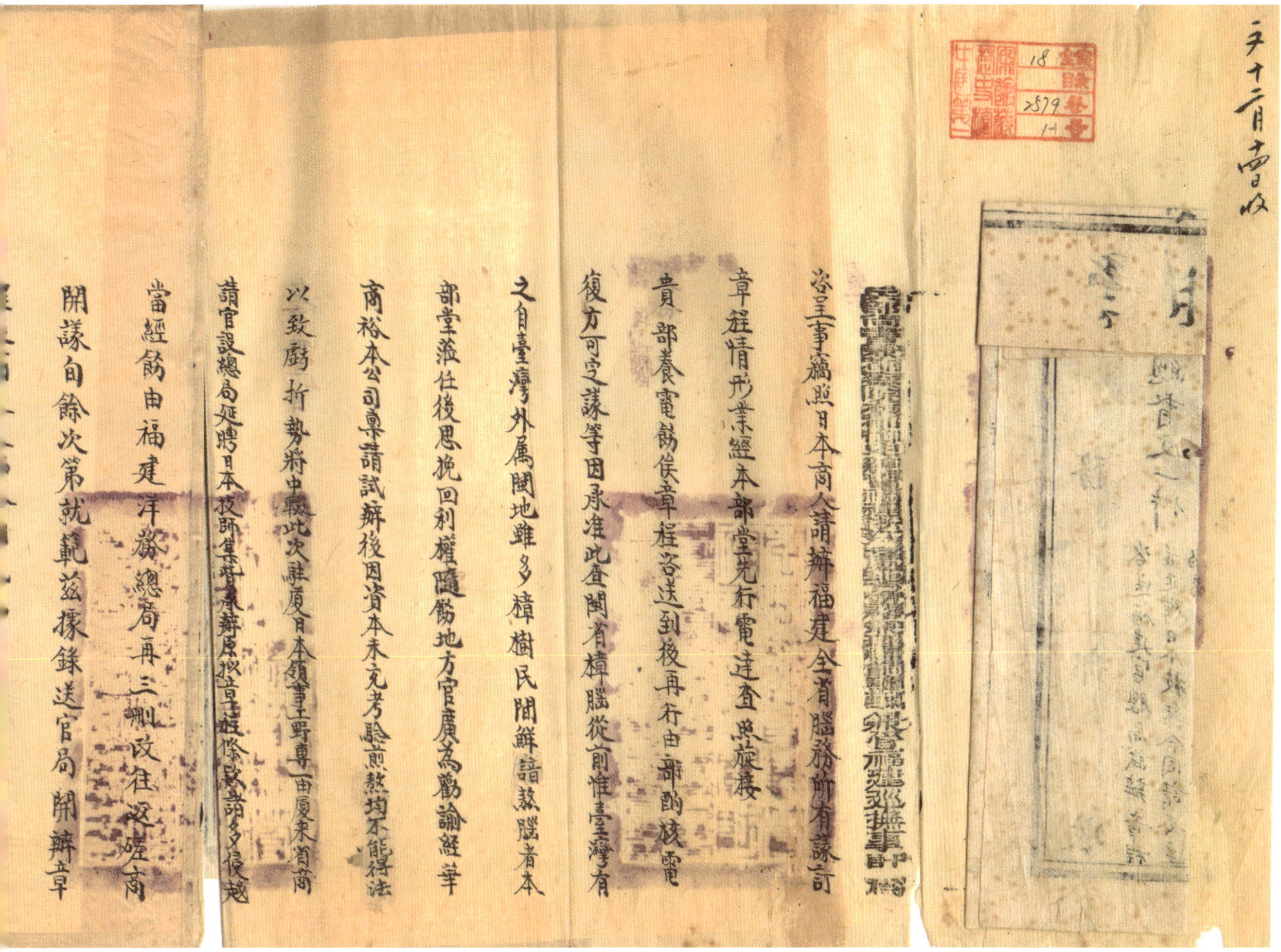
咨呈事竊照日本商人請辦福建全省腦務所有該訂
章程情形業經本部堂先行電達查照旋接
貴部養電飭俟章程咨送到後再行由部酌核電
復方可定議等因承准此查閩省樟腦從前惟臺灣有
之自臺灣外屬閩地雖多樟樹民間鮮諳熬腦者本
部堂蒞任後思挽回利權隨飭地方官廣為勸諭經華
商裕本公司禀請試辦後因資本未充考驗煎熬均不能得法
以致虧折勢將中輟此次駐廈日本領事上野專一由廈來省商
請官設總局延聘日本技師集貲承辦原擬章程條款諸多侵越
當經飭由福建洋務總局再三刪改往返磋商
開議旬餘次第就範茲據錄送官局開辦章

闽浙总督许应骙致外务部咨呈之二（光绪二十七年十一月二十七日）

四產樟熬腦地方係屬內地各國洋商如有需用官腦應准向局照
價購運不得自入內地設灶製造致違條約
五各國洋商有在通商口岸設廠自行買樟熬腦者與條約相符毫
無禁阻
六華洋商人在內地購運官腦只准指赴通商口岸出口其有私就
沿海一帶偷漏出口者照章罰辦
七熬腦所以裕　國利民一切經辦腦務之人均不得違犯國禁或
有礙民情風水以及顯悖地方官所定章程應由官局隨時嚴加
督察禁止以保相安
八官腦局收買民人樟樹之法交價民人之法督察民人熬腦之法俟
開辦後由官腦局與技師另定妥善章程
九將來民人得官局之准許熬腦者官局不得新加課稅厘雜派

福建官腦局試辦章程

一福建現設官局試辦漳州永春龍巖三屬以及本省產腦地方腦務由
閩浙總督部堂委員駐局督辦以及查察腦務一切事宜

二官腦局辦事規條暨應定熬腦售腦細則以及干涉腦務一切章程
應由官局督辦隨時酌核擬定稟請
督憲批准施行

三本章程宣布施行之後不准內地民人私自設灶熬腦倘有自備
資本熬腦者應向官局報候核准給照按照局定熬腦細則遵辦

闽浙总督许应骙致外务部咨呈之三（光绪二十七年十一月二十七日）

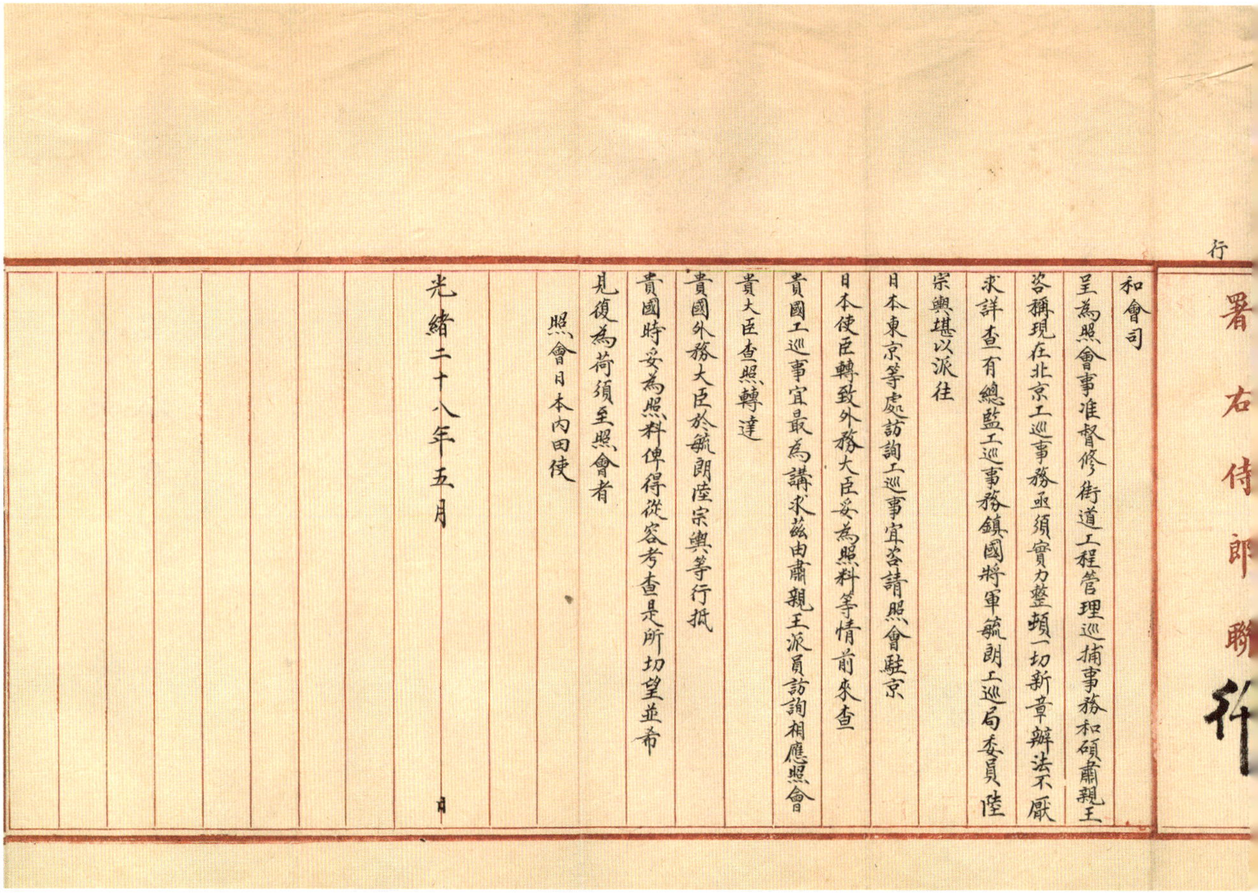

行

署右侍郎聯

行

和會司

呈為照會事准督修街道工程管理巡捕事務和碩肅親王

咨稱現在北京工巡事務亟須實力整頓一切新章辦法不厭

求詳查有總監工巡事務鎮國將軍毓朗工巡局委員陸

宗輿堪以派往

日本東京等處訪詢工巡事宜咨請照會駐京

日本使臣轉致外務大臣妥為照料等情前來查

貴國工巡事宜最為講求茲由肅親王派員訪詢相應照會

貴大臣查照轉達

貴國外務大臣於毓朗陸宗輿等行抵

貴國時妥為照料俾得從容考查是所切望並希

見復為荷須至照會者

照會日本内田使

光緒二十八年五月　日

外务部致日本驻华公使照会稿：

为肃亲王派员赴日本访询工巡事宜希转外务省照料事

光绪二十八年五月初四日（1902 年 6 月 9 日）

日本驻华公使内田康哉致外务部照会：

为工巡局派员赴日本考究一节已速咨外务大臣极力襄助事

光绪二十八年五月初七日（1902 年 6 月 12 日）

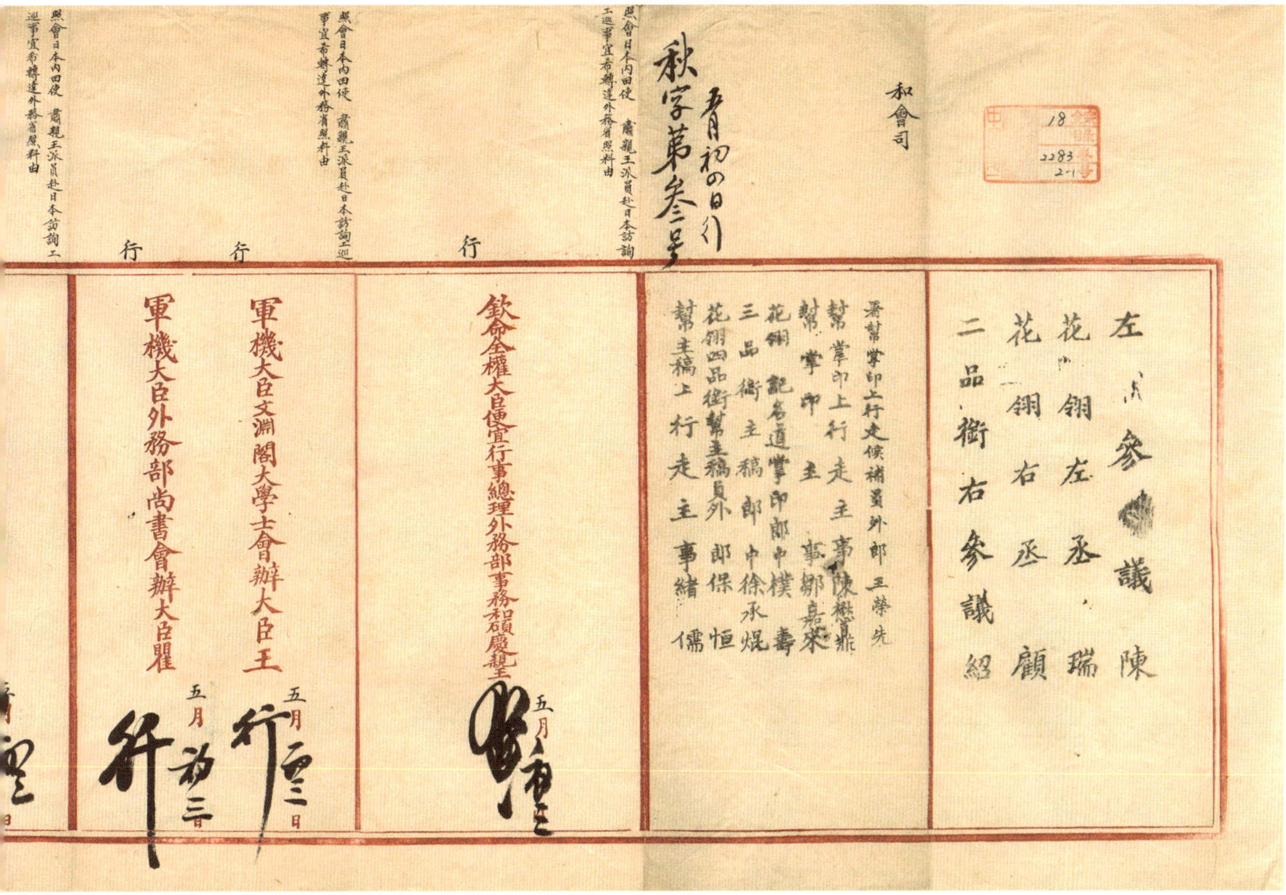

和會司

秋字第叁号
五月初四日行

照會日本內田使 肅親王派員赴日本訪詢工巡事宜希轉達外務省照料由

左參議陳
花翎左丞瑞
花翎右丞顧
二品銜右參議紹

署幫掌印上行走候補員外郎王榮先
幫掌印上行走主事陳懋鼎
幫掌印主事鄒嘉來
花翎記名道掌印郎中樸壽
三品銜主稿郎中徐承焜
花翎四品銜幫主稿員外郎保恒
幫主稿上行走主事緒儒

欽命全權大臣便宜行事總理外務部事務和碩慶親王 五月
軍機大臣文淵閣大學士會辦大臣王 五月初三日
軍機大臣外務部尚書會辦大臣瞿 五月初三日

外务部致日本驻华公使照会稿（光绪二十八年五月初四日）

肃亲王善耆督修京城街道工程管理巡捕事务（巡警部前身），意欲派工巡局总监镇国将军毓朗、委员陆宗舆前往日本考察，汲取经验。因此，咨行外务部照会日本驻京使臣转致国内妥为照料。于是，外务部和会司拟制了此照会稿，呈交庆亲王等各堂官于五月初三日画行，五月初四日正式行文日本驻华公使内田康哉。日本驻华公使内田康哉接到外务部照会后，很快就回复称已咨请外务大臣“极力襄助，代为斡旋一切”。内田康哉的照会原为日文，外务部收到该文后，翻译成中文一纸。

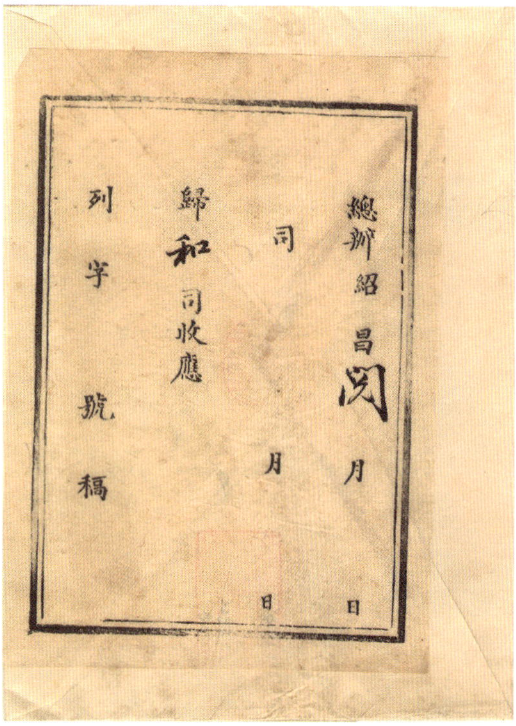
總辦紹昌 閱 月 日
司 月 日
歸和司收應
列 字 號 稿

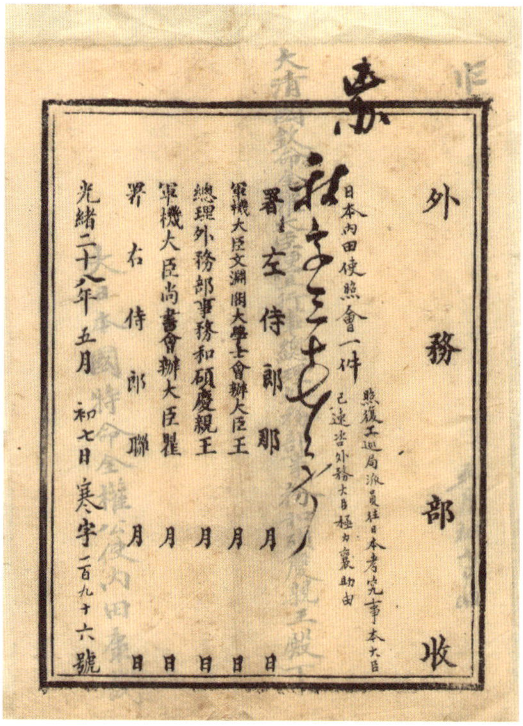
外務部收
照複工巡局派員赴日本考究事求大臣已速咨外務大臣極力襄助由
日本內田使照會一件
署左侍郎 那 月 日
軍機大臣文淵閣大學士會辦大臣王 月 日
總理外務部事務和碩慶親王 月 日
軍機大臣尚書會辦大臣瞿 月 日
署右侍郎 聯 月 日
光緒二十八年五月初七日 寒字一百九十六號

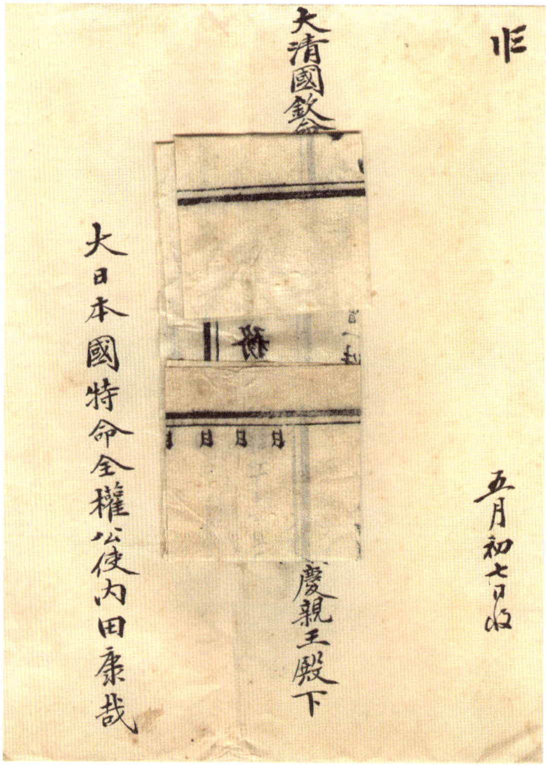
大清國欽命
慶親王殿下
大日本國特命全權公使內田康哉
五月初七日收

為照復事昨接五月初四日
貴部文稱據督修街道工程管理巡捕事務和碩肅親王
文稱現因北京修理街道及舉辦巡捕事務派遣總監工
巡事務鎮國將軍毓朗並工巡局委員陸宗輿前往日本
考究一切辦理新章請煩貴部知照駐京日本使臣轉
懇外務大臣於該員等應行考察事件妥為照料一切
等因前來到部是以備文照會貴公使俟該員行抵
貴國後舉凡修理街道以及巡捕等事務令該員等
細為考核不厭精詳等語本大臣敬悉一是除由本大
臣述為咨請外務大臣極力襄助代為斡旋外相應
先行照覆
貴親王查照可也須至照會者

日本驻华公使内田康哉致外务部照会之一（光绪二十八年五月初七日）

尚出来得ル限リ斡旋輔助ヲ與ヘラレ候樣本大臣ヨリ
モ及具申置候間右樣御承知相度度此段回答得
貴意候敬具

明治三十五年六月十二日

大日本國特命全權公使内田康哉

大清國欽命全權大臣便宜行事總理外務部事務和碩慶親王殿下

第貳拾參號

以書翰致啓復候陳者北京ニ於ケル道路修築及ヒ巡捕制度擧行ニ關シ一切ノ新章辦法調査ノ為メ總監工巡事務鎮國將軍毓朗及工巡局委員陸宗輿ヲ本邦ヘ派遣可相成ニ付右調査事項ニ關シ可然照料方駐在公使ヲ經テ外務大臣ヘ依賴有之度旨督修街道工程管理巡捕事務和碩肅親王ヨリノ照會ニ接セラレタルニ付同人等到着ノ上ハ充分調査ノ目的ヲ達シ得ラルヽ樣致度云々光緒二十八年五月四日附公文ヲ以テ御申越ノ趣致領承候右ハ早速本邦外務大臣ヘ詳細報告ニ及ヒ

日本驻华公使内田康哉致外务部照会之二（光绪二十八年五月初七日）

总税务司赫德致外务部申呈：

为山东省运盐赴海参崴各处销售行令税司免税请核夺示复事

光绪二十九年八月十二日（1903年10月2日）

户部致外务部片：

为将山东巡抚奏东盐招商运海参崴试销一折奉批知照等事

光绪二十九年十月三十日（1903年12月18日）

山东巡抚周馥致外务部咨呈：

为将东盐运销海参崴等处招商试办一折抄稿查照施行事

光绪二十九年十一月初四日（1903年12月22日）

光绪二十八年（1902），驻海参崴商务委员向国内报告称，海参崴附近不产食盐，此前流通之盐质劣价昂，如果由山东运盐前往，俄国官员允诺一概免税，销路既畅，有利可图。于是，光绪二十九年，山东省设立东阜公司，由官商筹股收买山东沿海滩盐，运往海参崴等处销售，申请暂免出口税厘。第一次装载了4000包，约84万斤，出口海参崴。"适值他处来盐甚多，跌价争售，以致东盐获利甚薄"。山东巡抚周馥奏请接续试运，仍免出口税课，以期推广利源，奉朱批"该部议奏"。

轮船运盐出口，实属创举，总税务司赫德同意暂免税课。户部则对续运颇怀疑虑，既担心盐斤出口后如何缉私，怕山东盐侵灌长芦、两淮引地，又担心外盐以此为据趁机进口，因"事关交涉"，户部就请外务部先行察核回复。

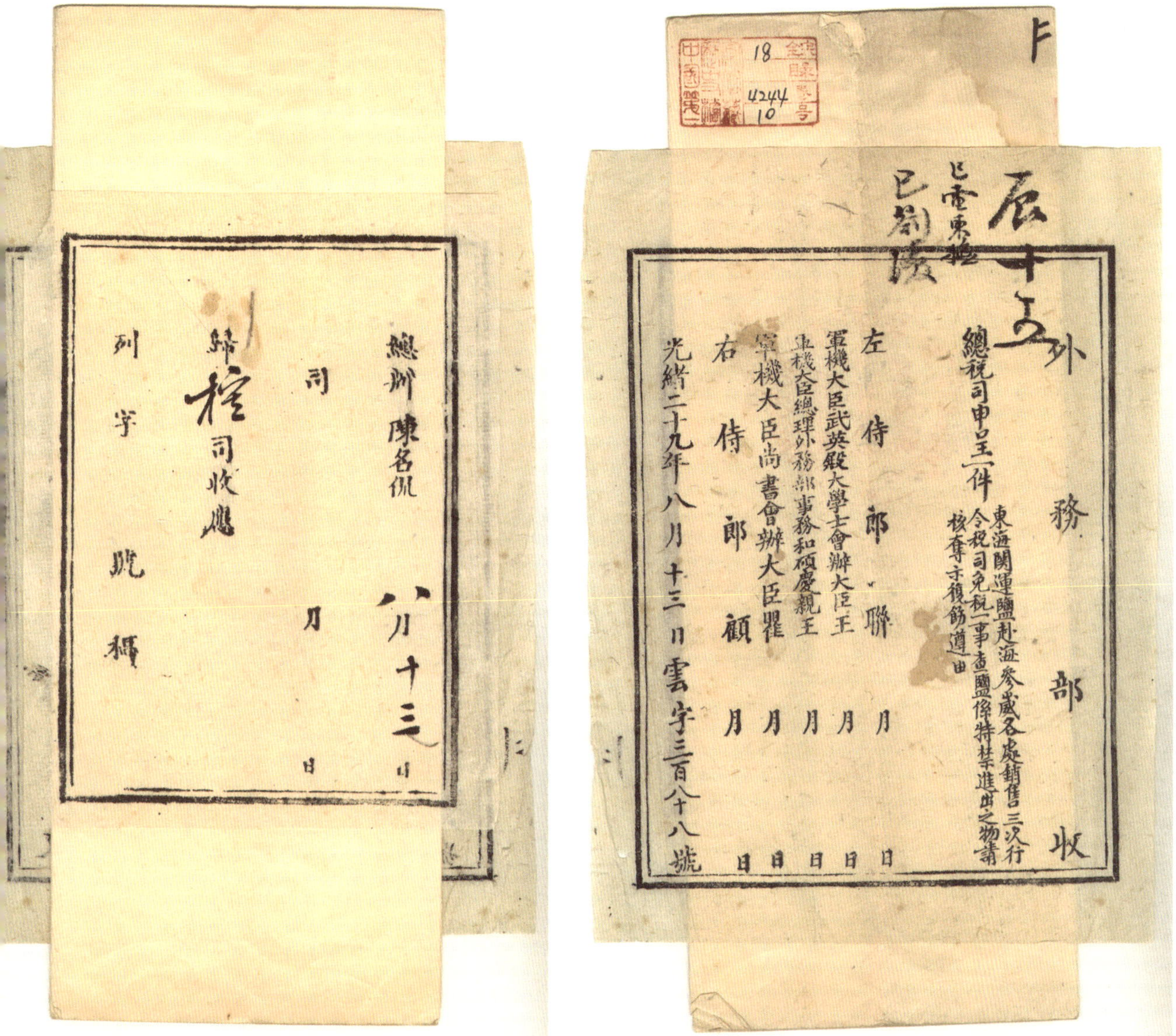

總辦陳名侃 八月十三日
司 月 日
歸榷司收應
列字號稿
外務部收
總稅司申呈一件
東海關運鹽赴海參崴各處銷售三次行令稅司免稅一事查鹽係特禁進出之物請核奪示復飭遵由
左侍郎聯 月 日
軍機大臣武英殿大學士會辦大臣王 月 日
軍機大臣總理外務部事務和碩慶親王 月 日
軍機大臣尚書會辦大臣瞿 月 日
右侍郎顧 月 日
光緒二十九年八月十三日雲字三百八十八號

总税务司赫德致外务部申呈之一（光绪二十九年八月十二日）

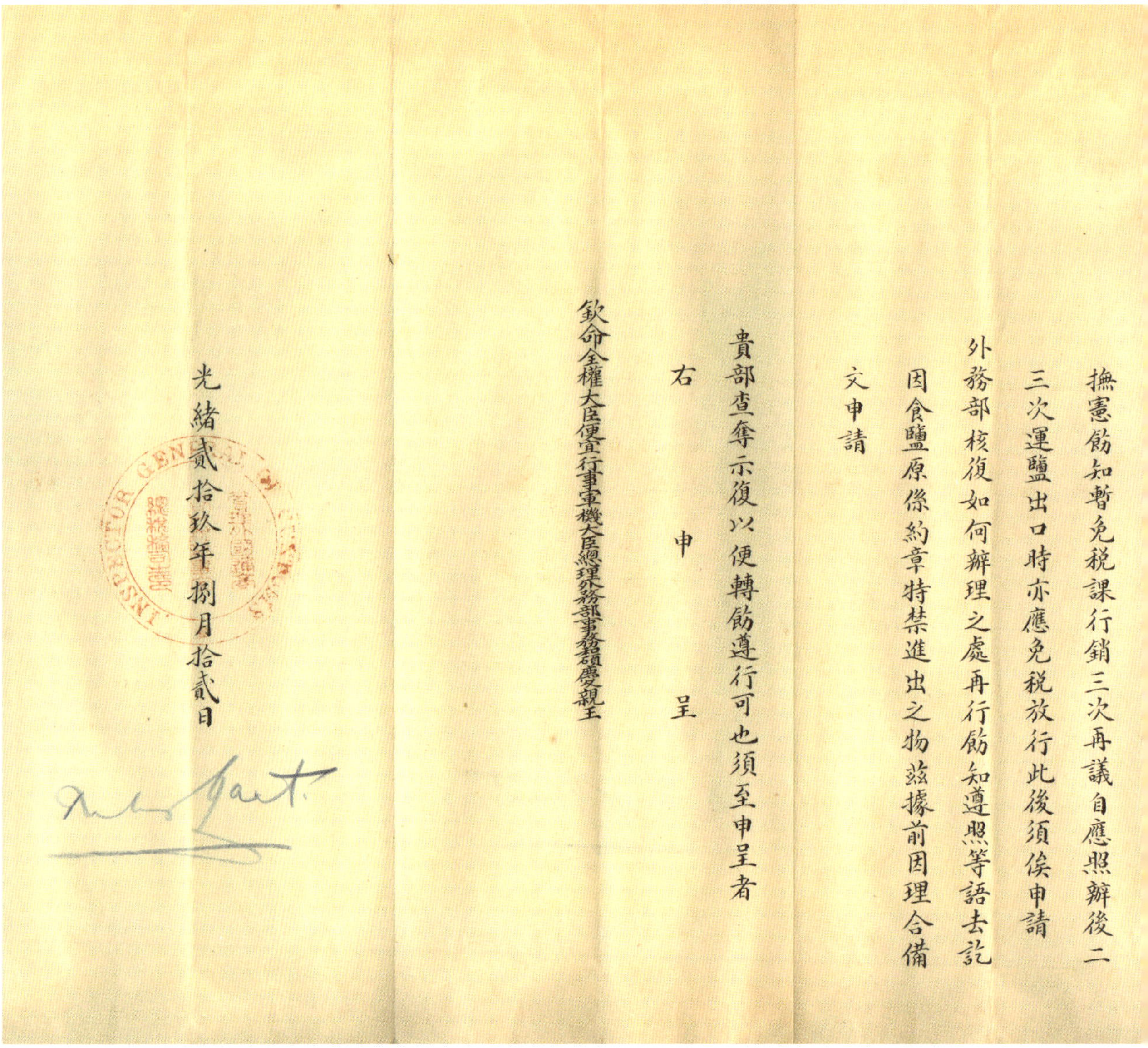

撫憲飭知暫免稅課行銷三次再議自應照辦後二
三次運鹽出口時亦應免稅放行此後須候申請
外務部核復如何辦理之處再行飭知遵照等語去訖
因食鹽原係約章特禁進出之物茲據前因理合備
文申請
貴部查奪示復以便轉飭遵行可也須至申呈者
右 申 呈
欽命全權大臣便宜行事軍機大臣總理外務部事務慶親王
光緒貳拾玖年捌月拾貳日

欽加太子少保銜花翎頭品頂戴二等第一寶星總稅務司赫德為
申呈事竊據東海關稅務司甘博詳稱准關道閏五
月十九日照稱奉撫憲劄以據商務局詳東省設立
東阜公司由官商籌股收買海鹽運赴海參崴哈爾
濱等處銷售暫免稅厘俟行銷三次再議等因茲據
該公司委員候選知州李祖范稟現已購齊食鹽一
萬包每包二百餘斤由烟台裝立山丸輪船運赴海
參崴銷售請照會稅務司免稅放行除發給該公司
第一次運鹽執照外相應照會請煩查照放行又奉
閏五月二十八日函開第一次運東鹽赴海參崴業
經發給護照茲因船期迫促所租之立山丸船僅可
裝鹽四千包約八十四萬斤其餘六千包俟下次再
運相應函致查照放行各等因前來本稅務司查是
日所運之鹽實係四千包重八十四萬斤裝立山丸
輪船運赴海參崴下餘六千包暨照稱之二三兩次
均未報運伏思輪船運鹽向係未有之事惟既由監
督發給護照此次不得不免稅放行然二三兩次究

总税务司赫德致外务部申呈之二（光绪二十九年八月十二日）

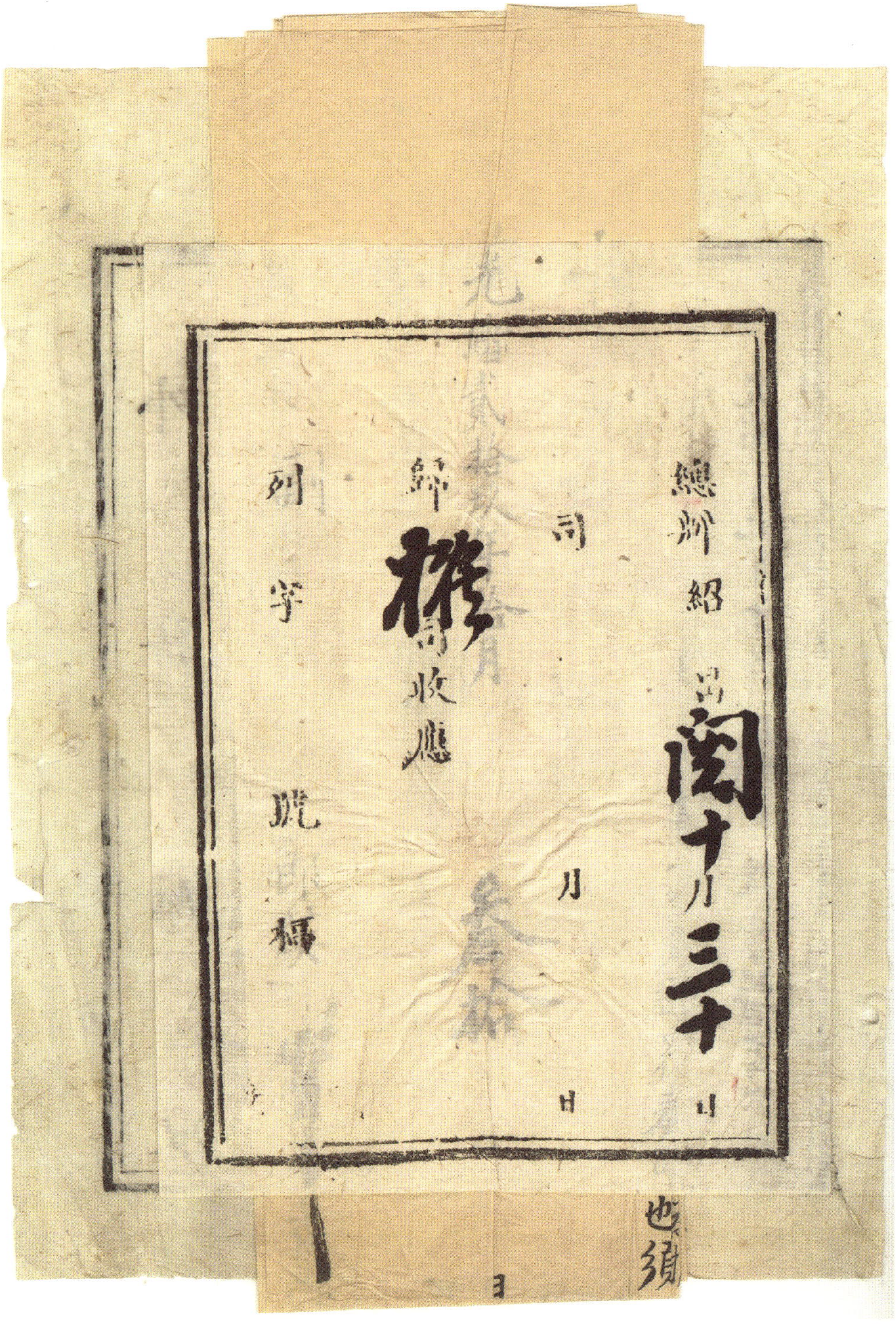
總州紹 閏十月三十 日
司 月 日
歸 [illegible] 收應
列字 號 標

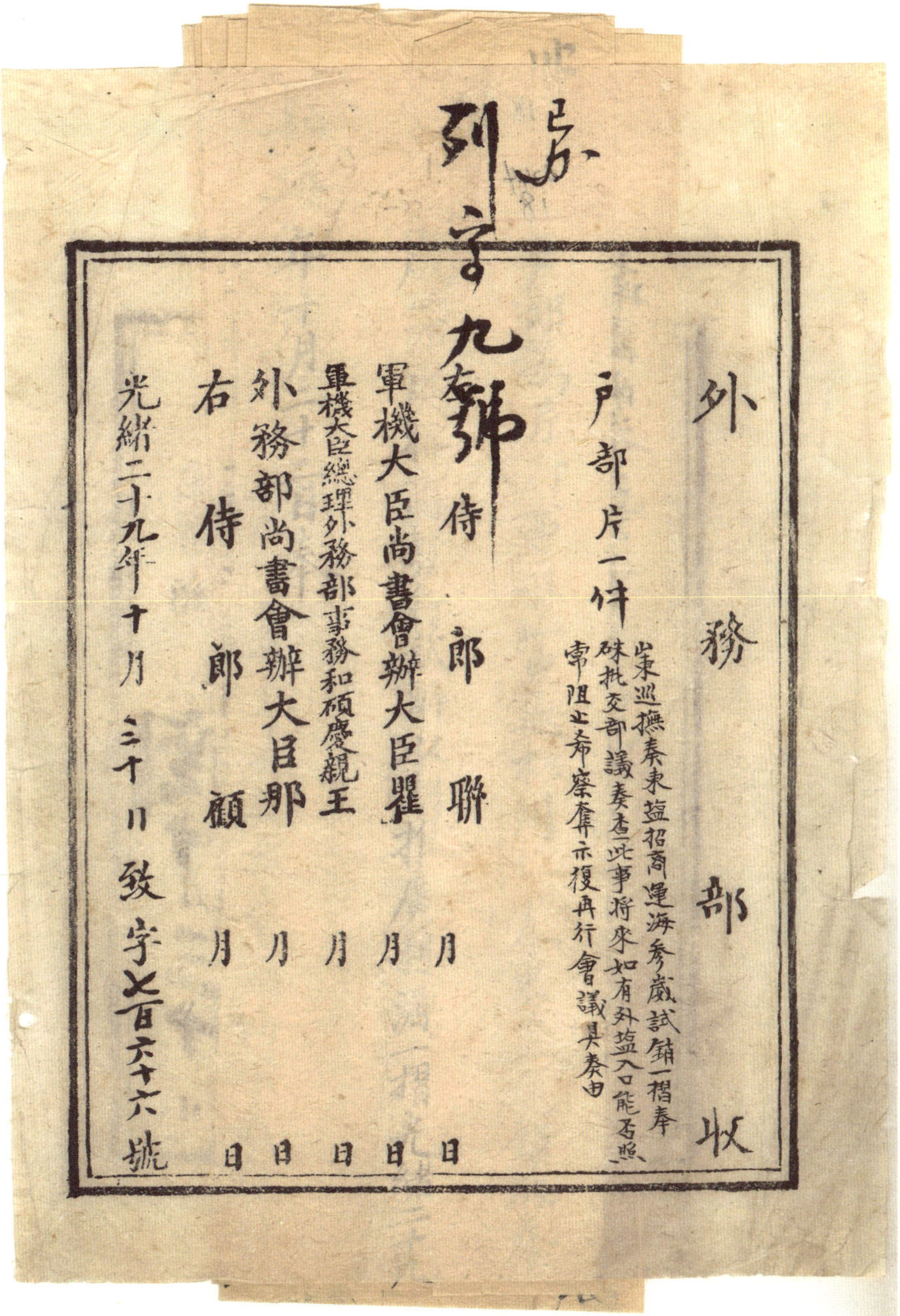

外務部收

戶部片一件

山東巡撫奏東鹽招商運海參崴試銷一摺奉
硃批交部議奏查此事將來如有外鹽入口能否照
常阻止希察奪示復再行會議具奏由

軍機大臣尚書會辦大臣瞿　月　日

侍郎聯　月　日

軍機大臣總理外務部事務和碩慶親王　月　日

外務部尚書會辦大臣那　月　日

右侍郎顧　月　日

光緒二十九年十月三十日致字七百六十六號

東　列字九十號

户部致外务部片之一（光绪二十九年十月三十日）

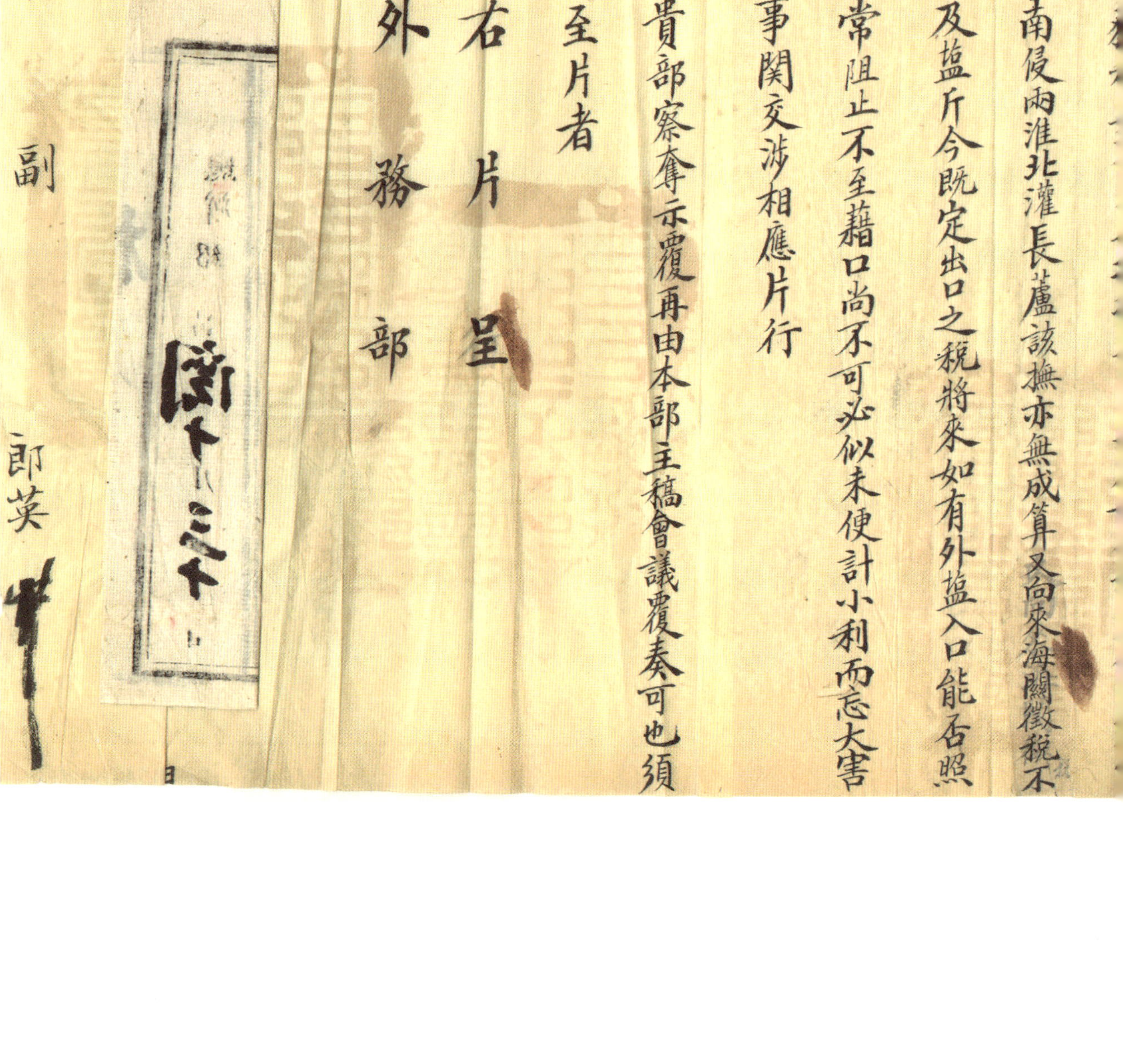

南侵兩淮北灌長蘆該撫亦無成算又向來海關徵稅不

及鹽斤今既定出口之稅將來如有外鹽入口能否照

常阻止不至藉口尚不可必似未便計小利而忘大害

事関交涉相應片行

貴部察奪示覆再由本部主稿會議覆奏可也須

至片者

右片呈

外務部

副

郎英

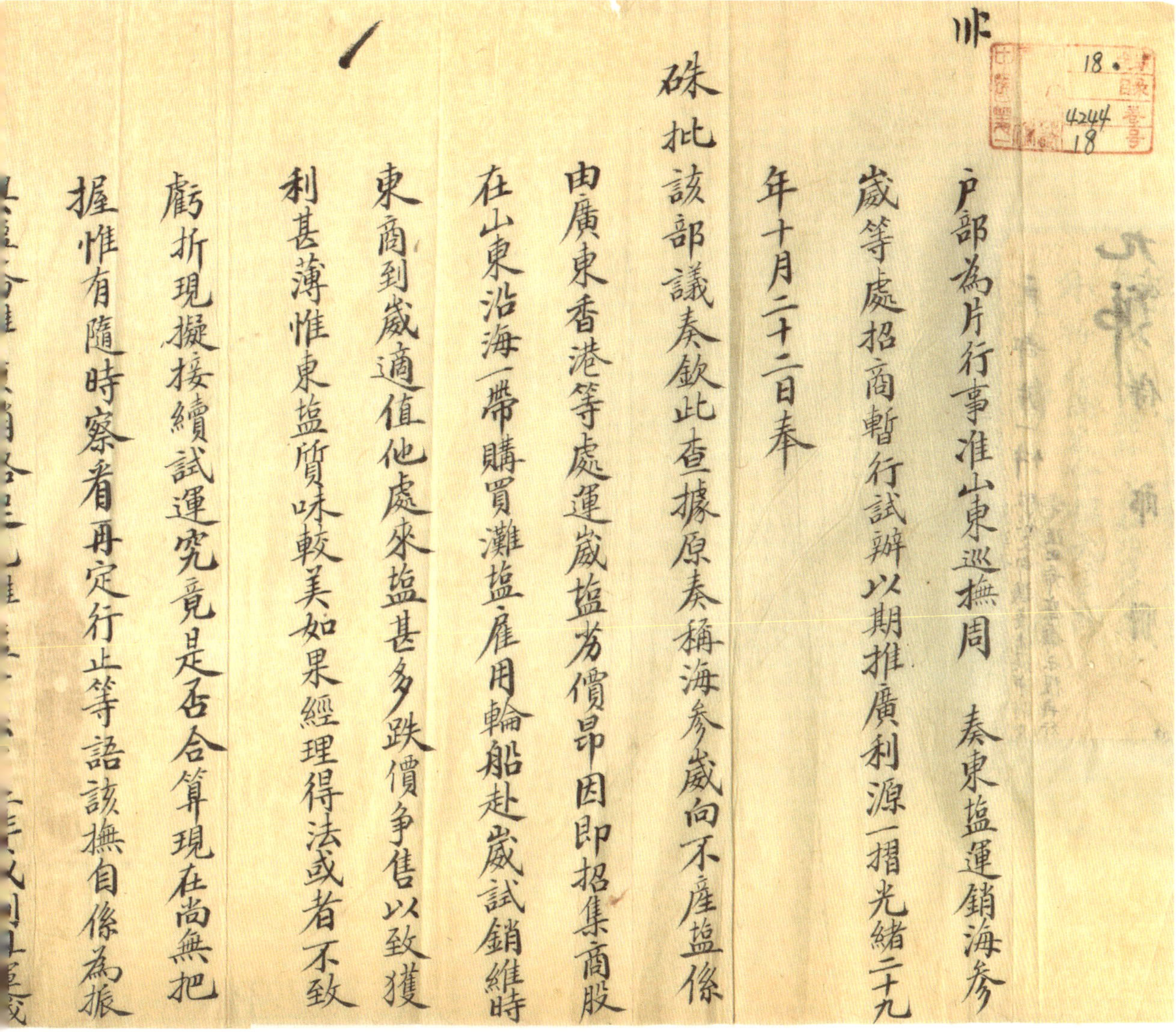

户部為片行事准山東巡撫周　奏東鹽運銷海參
崴等處招商暫行試辦以期推廣利源一摺光緒二十九
年十月二十二日奉
硃批該部議奏欽此查據原奏稱海參崴向不產鹽係
由廣東香港等處運崴鹽劣價昂因即招集商股
在山東沿海一帶購買灘鹽雇用輪船赴崴試銷維時
東商到崴適值他處來鹽甚多跌價爭售以致獲
利甚薄惟東鹽質味較美如果經理得法或者不致
虧折現擬接續試運究竟是否合算現在尚無把
握惟有隨時察看再定行止等語該撫自係為振

户部致外务部片之二（光绪二十九年十月三十日）

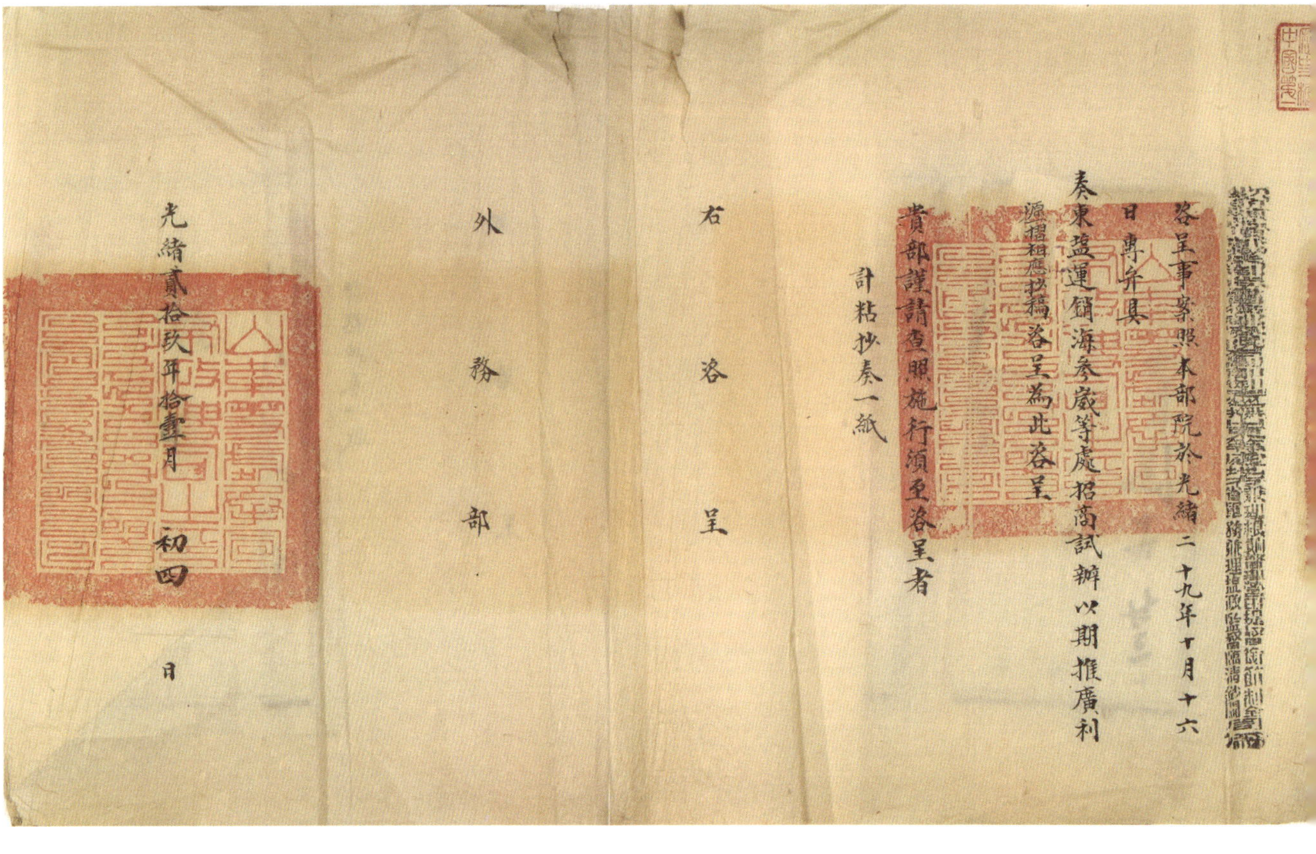

咨呈事案照本部院於光緒二十九年十月十六
日專弁具
奏東鹽運銷海參崴等處招商試辦以期推廣利
源摺相應抄稿咨呈為此咨呈
貴部謹請查照施行須至咨呈者
計粘抄奏一紙
右咨呈
外務部
光緒貳拾玖年拾壹月初四日

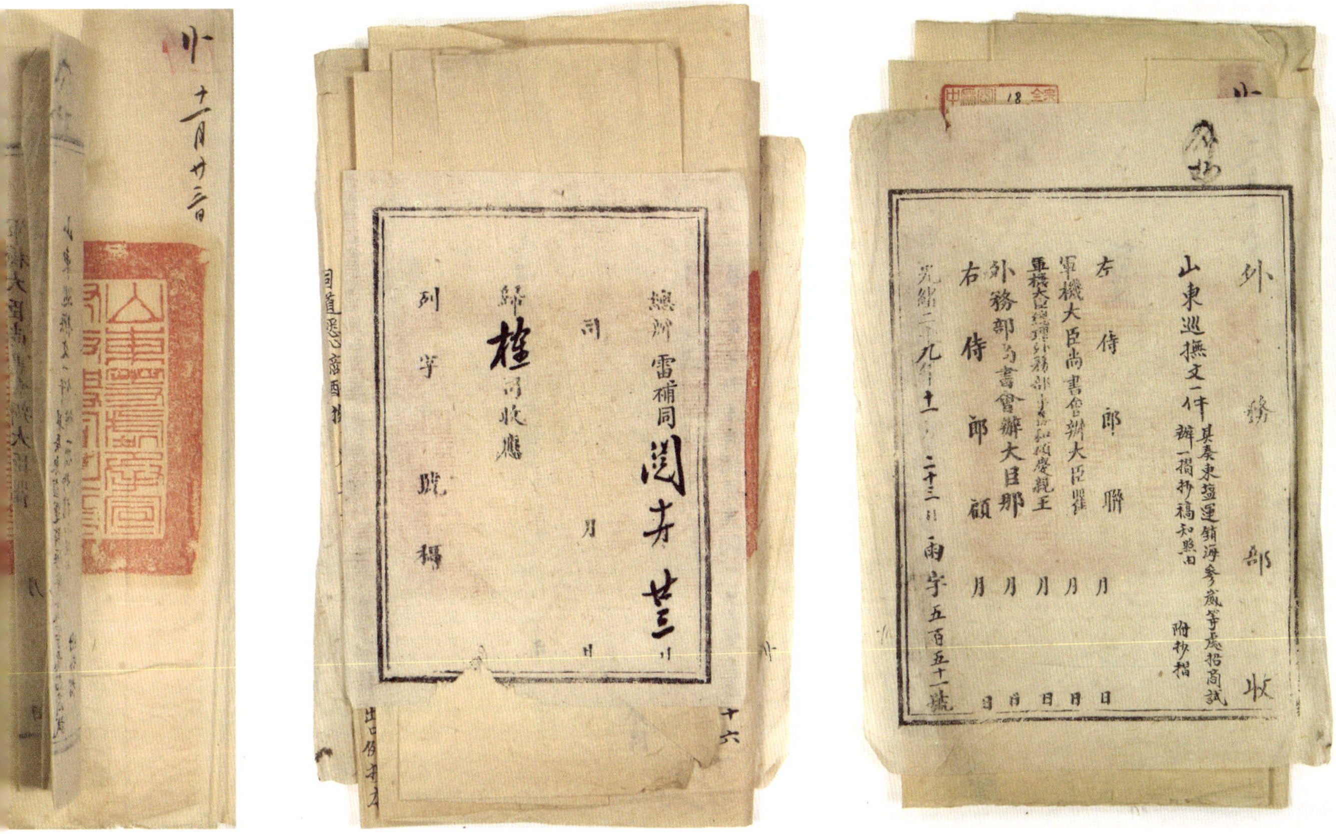

山东巡抚周馥致外务部咨呈之一（光绪二十九年十一月初四日）

居民歲往海參崴做工者不少東民慣食東鹽銷路尚不甚滯
如果經理得法或者不致虧折現擬接續試運並酌帶山東土
貨察看試銷其哈爾賓一埠近來戶口日繁擬商人集議亦擬酌
量運售以期逐漸推廣究竟能否常川運銷是否合算現在尚
無把握惟有隨時察看再定行止臣維鹽觔出口事屬創舉
應納稅課並無成例可循海關例應稽查不便一概免稅臣與
司道悉心商酌擬自東鹽第二次出口起酌照土貨出口例按本
地灘價值百抽五繳稅以裕於
國課其內地課稅暫免三次後再行酌辦此舉重在推
廣商務兼杜海口私販並為接濟該埠民食起見倘日
後該埠毋須此項鹽觔進口或別有窒礙之處即行
停止現在甫經試辦運銷無多稅收無幾暫不計及
課稅其哈爾賓一埠能否仿照運銷容臣督飭商務
局隨時察酌辦理據商務局司道會同鹽運使英瑞詳請具
奏前來除咨呈外務部商部並咨戶部查照外理合恭
摺具
奏伏乞
皇太后
皇上聖鑒敕部核議施行謹
奏

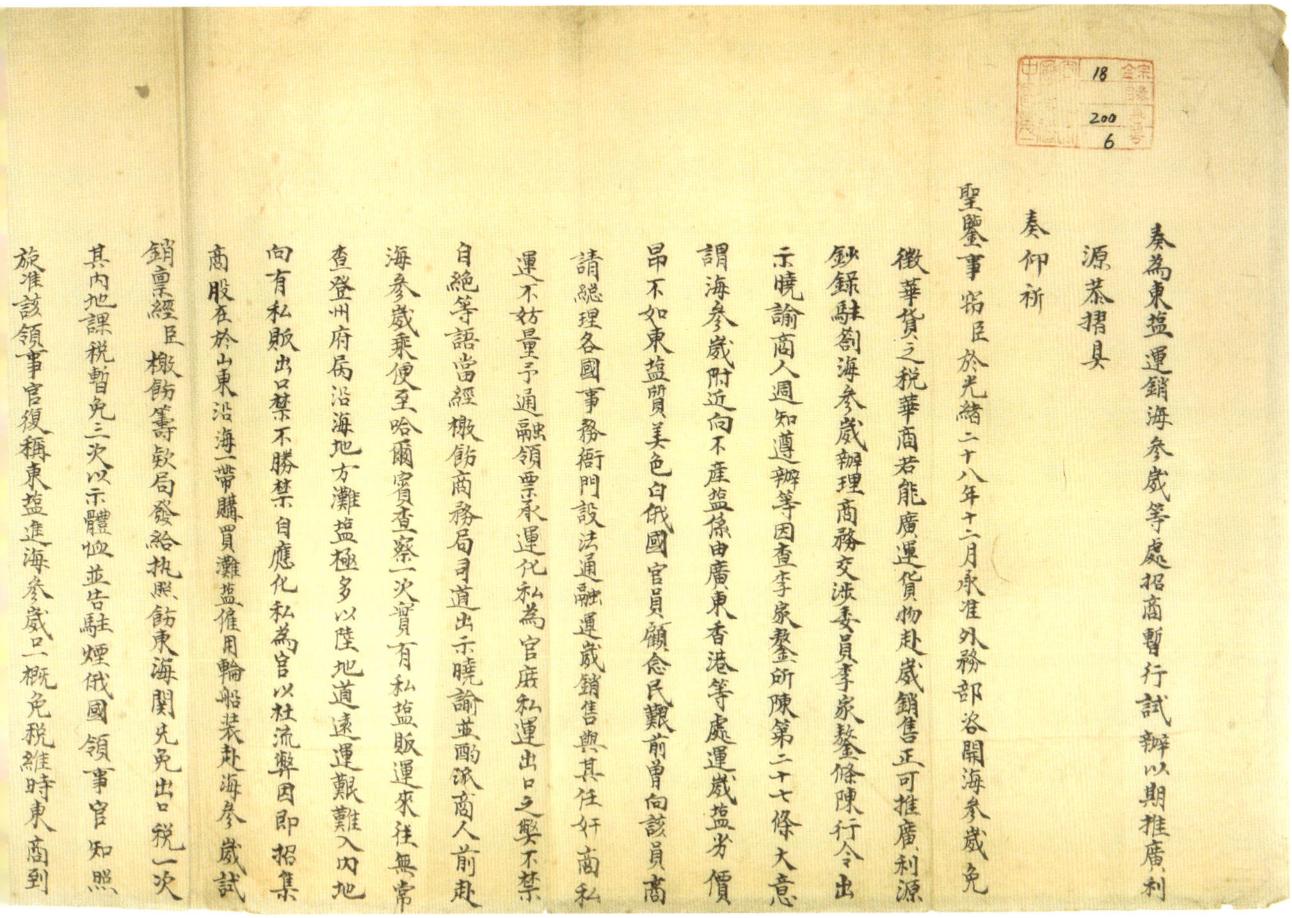

18
200
6

奏為東鹽運銷海參崴等處招商暫行試辦以期推廣利
源恭摺具
奏仰祈
聖鑒事竊臣於光緒二十八年十二月承准外務部咨開海參崴免
徵華貨之稅華商若能廣運貨物赴崴銷售正可推廣利源
鈔錄駐劄海參崴辦理商務交涉委員李家鏊條陳行令出
示曉諭商人週知遵辦等因查李家鏊所陳第二十七條大意
謂海參崴附近向不產鹽係由廣東香港等處運崴鹽劣價
昂不如東鹽質美色白俄國官員顧念民艱前曾向該員商
請總理各國事務衙門設法通融運崴銷售與其任奸商私
運不妨量予通融領票承運化私為官庶私運出口之弊不禁
自絕等語當經檄飭商務局司道出示曉諭並酌派商人前赴
海參崴乘便至哈爾賓查察一次實有私鹽販運來往無常
查登州府屬沿海地方灘鹽極多以陸地道遠運艱難入內地
向有私販出口禁不勝禁自應化私為官以杜流弊因即招集
商股在於山東沿海一帶購買灘鹽僱用輪船裝赴海參崴試
銷禀經臣檄飭籌欵局發給執照飭東海關先免出口稅一次
其內地課稅暫免三次以示體恤並告駐煙俄國領事官知照
旋准該領事官復稱東鹽進海參崴口一概免稅維時東商到

山东巡抚周馥致外务部咨呈之二（光绪二十九年十一月初四日）

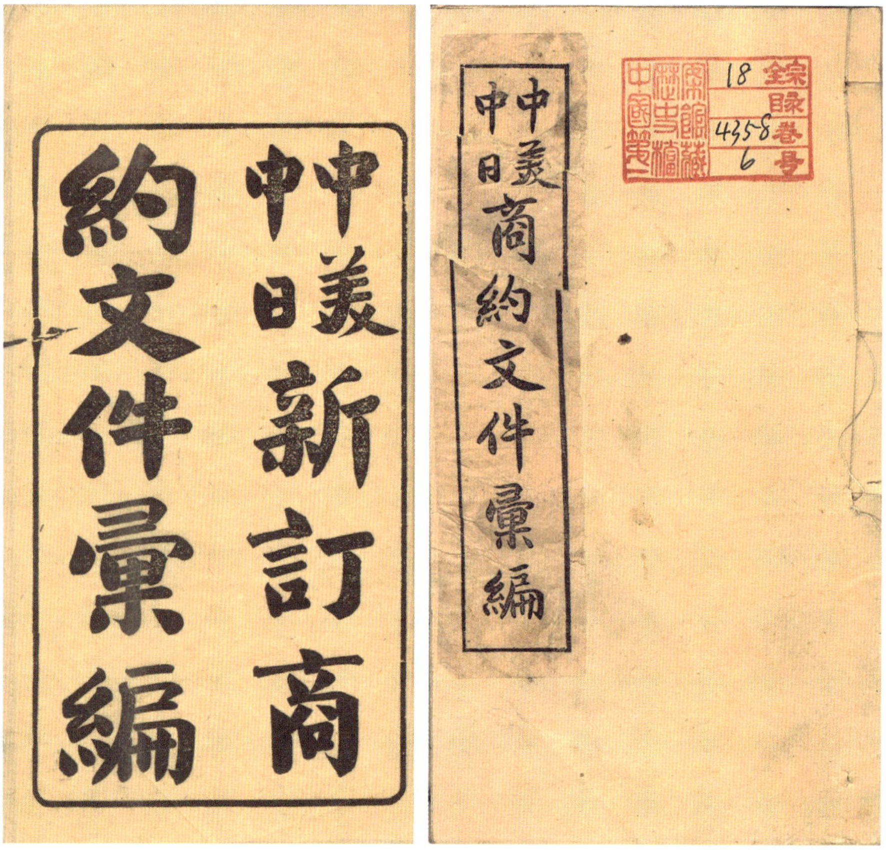

《中日商约文件汇编》之一（光绪二十九年）

《中日商约文件汇编》

光绪二十九年（1903）

《汇编》主要是光绪二十九年（1903）八月十八日签订的《中日通商行船条约续约》及附件。《辛丑条约》第 11 款规定，“大清国国家允定，将通商行船各条约内，诸国视为应行商改之处，及有关通商各他事宜，均行商议，以期妥善简易”。光绪二十七年年底开始，清朝先后与英国、美国、日本等围绕加税免厘等问题进行商约谈判。清朝的谈判代表是商约大臣盛宣怀、吕海寰等。该《续约》就是中日商约谈判的结果。

中日商約正文

大清國
大皇帝陛下
大日本國
大皇帝陛下爲將光緒二十七年七月二十五日即明治三十四年九月初
七日在北京簽定議定條欵第十一條所定之事實辦見效起見商定
通商行船條約續約以期中日兩國通商事宜緣此簡易振興是以
大清國
大皇帝陛下
特派欽差辦理商約大臣　工部尚書呂海寰
太子少保前工部左侍郎盛宣懷

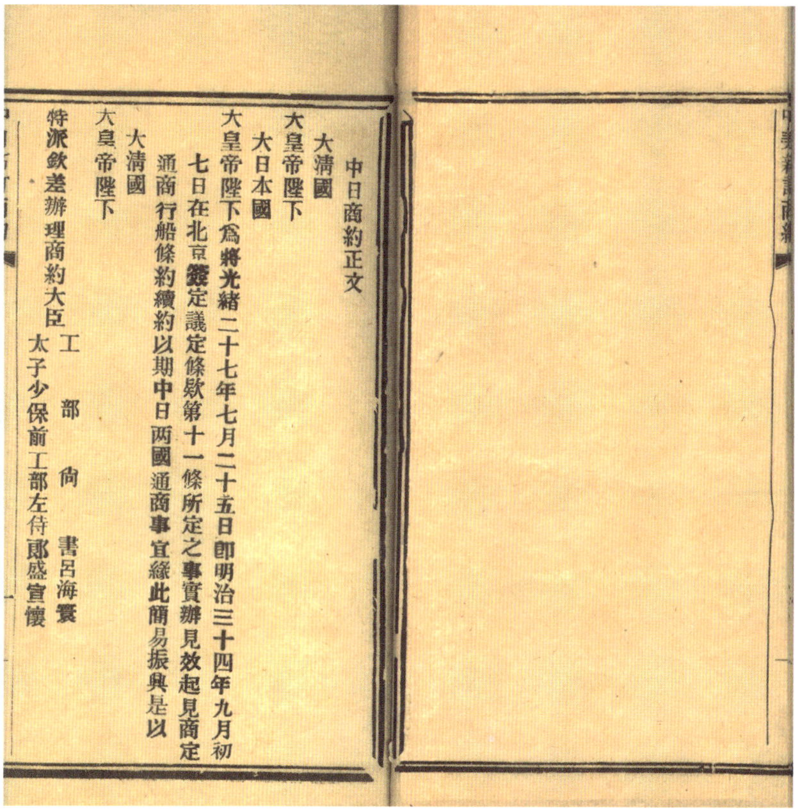

中日商約正文
大清國
大皇帝陛下
大日本國
大皇帝陛下為將光緒二十七年七月二十五日即明治三十四年九月初
七日在北京簽定議定條款第十一條所定之事實辦見效起見商定
通商行船條約續約以期中日兩國通商事宜緣此簡易振興是以
大清國
大皇帝陛下
特派欽差辦理商約大臣 工部尚書呂海寰
太子少保前工部左侍郎盛宣懷

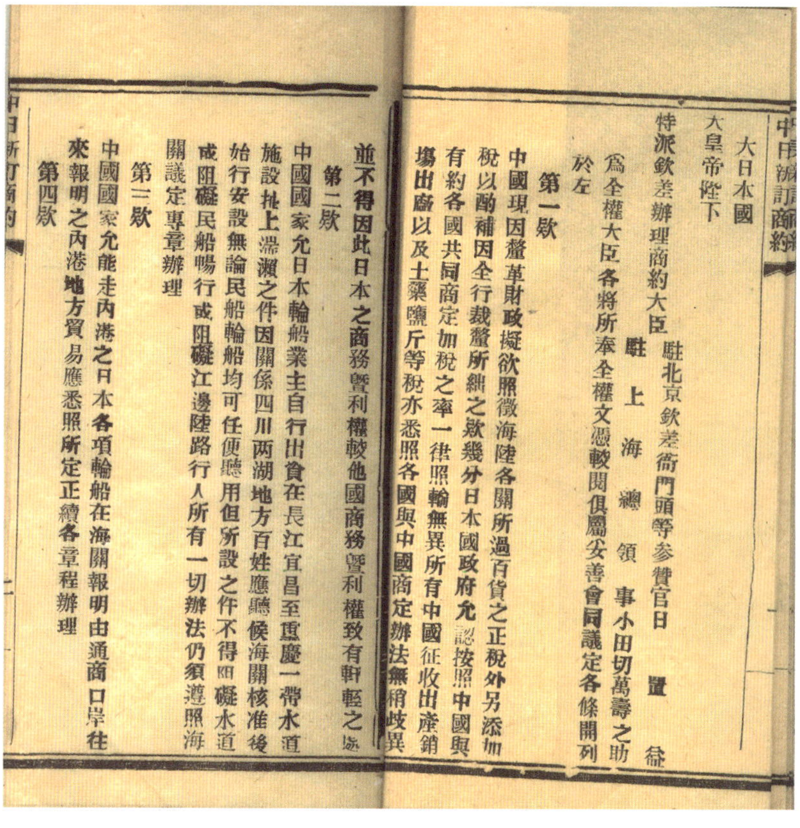

大日本國
大皇帝陛下
特派欽差辦理商約大臣 駐北京欽差衙門頭等參贊官日置益
駐上海總領事小田切萬壽之助
為全權大臣各將所奉全權文憑較閱俱屬妥善會同議定各條開列
於左
第一款
中國現因釐革財政擬欲照徵海陸各關所過百貨之正稅外另添加
稅以酌補因全行裁釐所絀之款幾分日本國政府允認按照中國與
有約各國共同商定加稅之率一律照輸無異所有中國征收出產銷
場出廠以及土藥鹽斤等稅亦悉照各國與中國商定辦法無稍歧異
並不得因此日本之商務暨利權較他國商務暨利權致有軒輊之處
第二款
中國國家允日本輪船業主自行出貲在長江宜昌至重慶一帶水道
施設拖上灘瀨之件因關係四川兩湖地方百姓應聽候海關核准後
始行安設無論民船輪船均可任便聽用但所設之件不得阻礙水道
或阻礙民船暢行或阻礙江邊陸路行人所有一切辦法仍須遵照海
關議定專章辦理
第三款
中國國家允能走內港之日本各項輪船在海關報明由通商口岸往
來報明之內港地方貿易應悉照所定正續各章程辦理
第四款

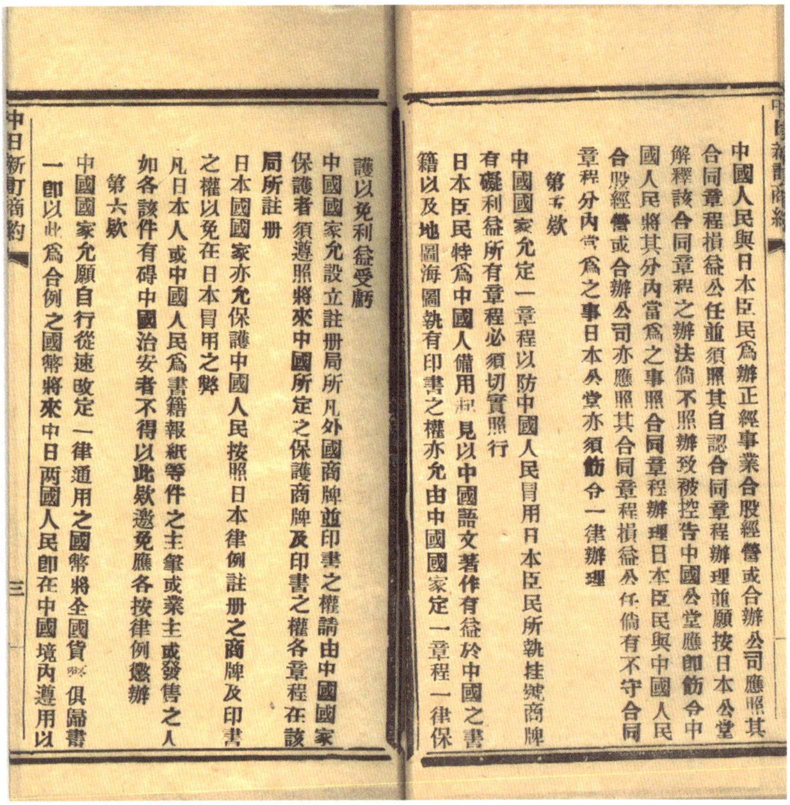
中日新訂商約

中國人民與日本臣民爲辦正經事業合股經營或合辦公司應照其合同章程損益公任並須照其自認合同章程辦理並願按日本公堂解釋該合同章程之辦法倘不照辦致被控告中國公堂應卽飭令中國人民將其分內當爲之事照合同章程辦理日本臣民與中國人民合股經營或合辦公司亦應照其合同章程損益公任倘有不守合同章程分內當爲之事日本公堂亦須飭令一律辦理

第五欵

中國國家允定一章程以防中國人民冒用日本臣民所執挂號商牌有礙利益所有章程必須切實照行

日本臣民特爲中國人備用起見以中國語文著作有益於中國之書籍以及地圖海圖執有印書之權亦允由中國國家定一章程一律保護以免利益受虧

中國國家允設立註册局所凡外國商牌並印書之權請由中國國家保護者須遵照將來中國所定之保護商牌及印書之權各章程在該局所註册

日本國國家亦允保護中國人民按照日本律例註册之商牌及印書之權以免在日本冒用之弊

凡日本人或中國人民爲書籍報紙等件之主筆或業主或發售之人如各該件有碍中國治安者不得以此欵邀免應各按律例懲辦

第六欵

中國國家允願自行從速改定一律通用之國幣將全國貨幣俱歸畫一卽以此爲合例之國幣將來中日兩國人民卽在中國境內遵用以

中日新訂商約 三

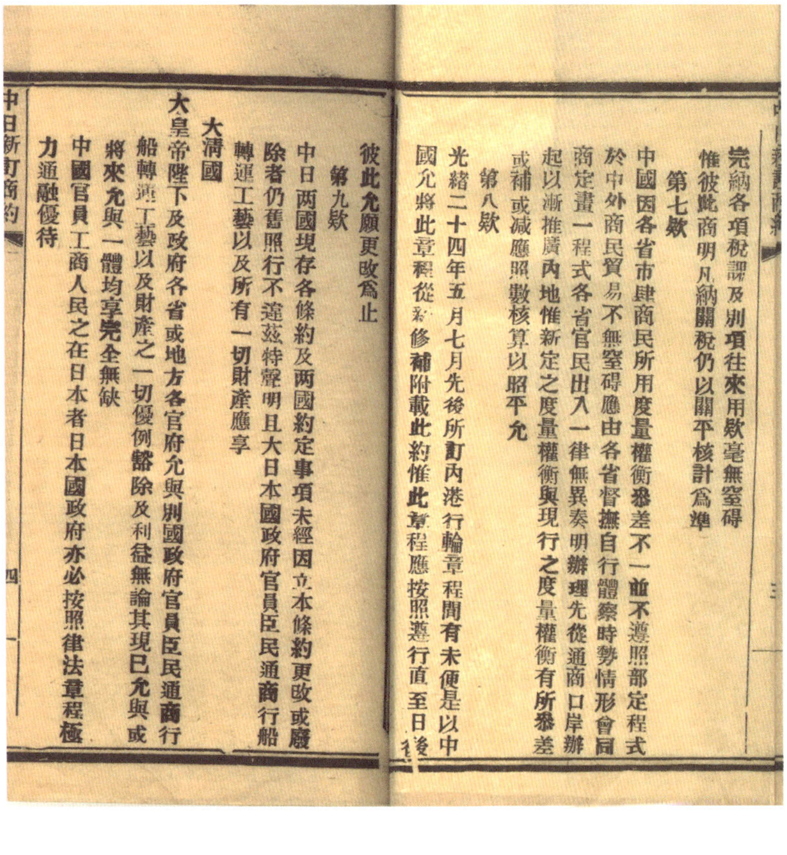
中日新訂商約

完納各項稅課及別項往來用欵毫無窒碍

惟彼此商明凡納關稅仍以關平核計爲準

第七欵

中國因各省市肆商民所用度量權衡參差不一並不遵照部定程式於中外商民貿易不無窒碍應由各省督撫自行體察時勢情形會同商定畫一程式各省官民出入一律無異奏明辦理先從通商口岸辦起以漸推廣內地惟新定之度量權衡與現行之度量權衡有所參差或補或減應照數核算以昭平允

第八欵

光緒二十四年五月七月先後所訂內港行輪章程間有未便是以中國允將此章程從新修補附載此約惟此章程應按照遵行直至日後彼此允願更改爲止

第九欵

中日兩國現存各條約及兩國約定事項未經因立本條約更改或廢除者仍舊照行不違茲特聲明且大日本國政府官員臣民通商行船轉運工藝以及所有一切財產應享

大清國

大皇帝陛下及政府各省或地方各官府允與別國政府官員臣民通商行船轉運工藝以及財產之一切優例豁除及利益無論其現已允與或將來允與一體均享完全無缺

中國官員工商人民之在日本者日本國政府亦必按照律法章程極力通融優待

中日新訂商約 四

《中日商约文件汇编》之二
（光绪二十九年）

第十款

現在兩國議定如駐紮直隸省之各國兵隊暨各國護館兵隊一律撤退後中國即當在北京自開通商場其詳細章程臨時商酌訂定

中國允願俟本日所訂畫押之中日通商行船條約續約批准互換後六個月以內將湖南省之長沙府開作通商口岸與已開各通商口岸無異各國人民在該通商口岸居住者須遵守該處工部局及巡捕章程與居住各該處之華民無異非得華官允准不能在該處通商口岸之界內自設工部局及巡捕

此約已經批准互換後中國政府應允將盛京省之奉天府又盛京省之大東溝兩處地方由中國自行開埠通商此兩處通商場訂定外國人公共居住合宜地界並一切章程將來會同商定

第十一款

中國深欲整頓本國律例以期與東西各國律例改同一律日本國允願盡力協助以成此舉一俟查悉中國律例情形及其審斷辦法及一切相關事宜皆臻妥善日本國即允棄其治外法權

第十二款

本條約繕就漢文日本文英文署名為定惟為防以後有所辯論起見兩國全權大臣訂明如將來漢文與日本文有參差不符均以英文為準

第十三款

本條約應奉

大清國

大皇帝陛下

大日本國

大皇帝陛下批准既經批准後在北京迅速互換其互換日期由本日署名起至遲不逾六個月為此兩國全權大臣署名蓋印以昭信守

大清國欽差大臣

大日本國欽差大臣

光緒二十九年八月十八日

明治三十六年十月八日

中日商約附件

續議內港行輪修補章程

一日本輪船東可向中國人民在河道兩岸租棧房及碼頭不逾二十五年租期如彼此兩願續租亦可從新再議倘日商不能向華民妥租棧房及碼頭須由地方官與商務大臣商妥後照公道時值須備棧房碼頭租給租滿之後亦可接租

二靠船碼頭不得有碍水道亦不碍船只通行並須由最近海關先行查明允准但海關亦不得無故駁阻

三日本商人所租棧房及小碼頭須納稅捐如同中國人民左近相類之房產一樣日本商人只能用中國代理人及辦事等人在該內河行輪處所租棧房之內居住貿易惟日商亦可隨時前往察視其生意情

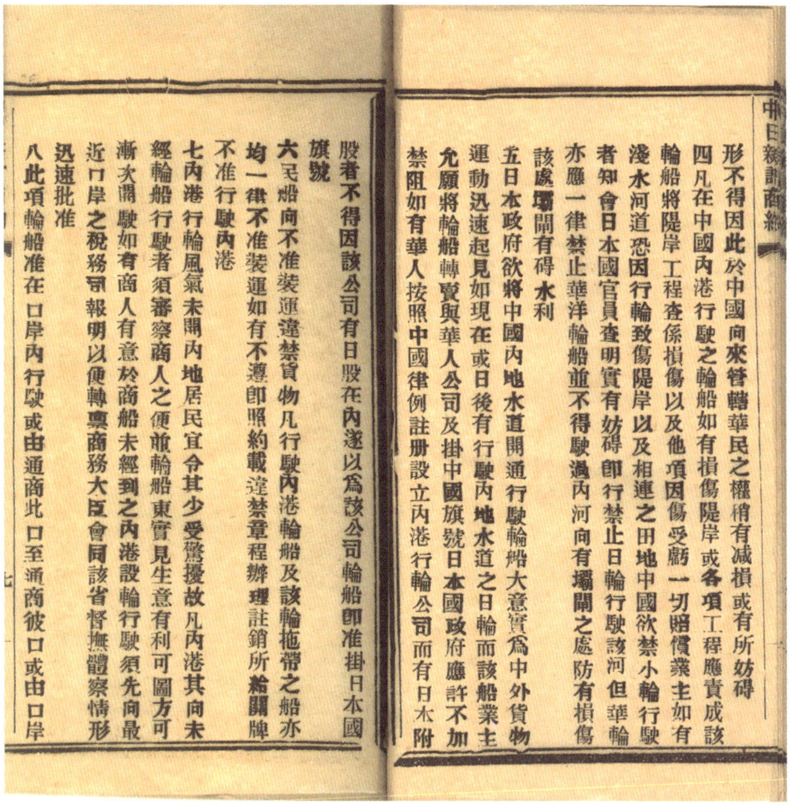
中日新訂商約

形不得因此於中國向來管轄華民之權稍有減損或有所妨碍
四凡在中國內港行駛之輪船如有損傷隄岸或各項工程應責成該輪船將隄岸工程查係損傷以及他項因傷受虧一切賠償業主如有淺水河道恐因行輪致傷隄岸以及相連之田地中國欲禁小輪行駛者知會日本國官員查明實有妨碍即行禁止日輪行駛該河但華輪亦應一律禁止華洋輪船並不得駛過內河向有壩閘之處防有損傷該處壩閘有碍水利
五日本政府欲將中國內地水道開通行駛輪船大意實爲中外貨物運動迅速起見如現在或日後有行駛內地水道之日輪而該船業主允願將輪船轉賣與華人公司及掛中國旗號日本國政府應許不加禁阻如有華人按照中國律例註册設立內港行輪公司而有日本附股者不得因該公司有日股在內遂以爲該公司輪船即准掛日本國旗號
六民船向不准裝運違禁貨物凡行駛內港輪船及該輪拖帶之船亦均一律不准裝運如有不遵即照約載違禁章程辦理註銷所給關牌不准行駛內港
七內港行輪風氣未開內地居民宜令其少受驚擾故凡內港其向未經輪船行駛者須審察商人之便並輪船東實見生意有利可圖方可漸次開駛如有商人有意於商船未經到之內港設輪行駛須先向最近口岸之稅務司報明以便轉稟商務大臣會同該省督撫體察情形迅速批准
八此項輪船准在口岸內行駛或由通商此口至通商彼口或由口岸

七

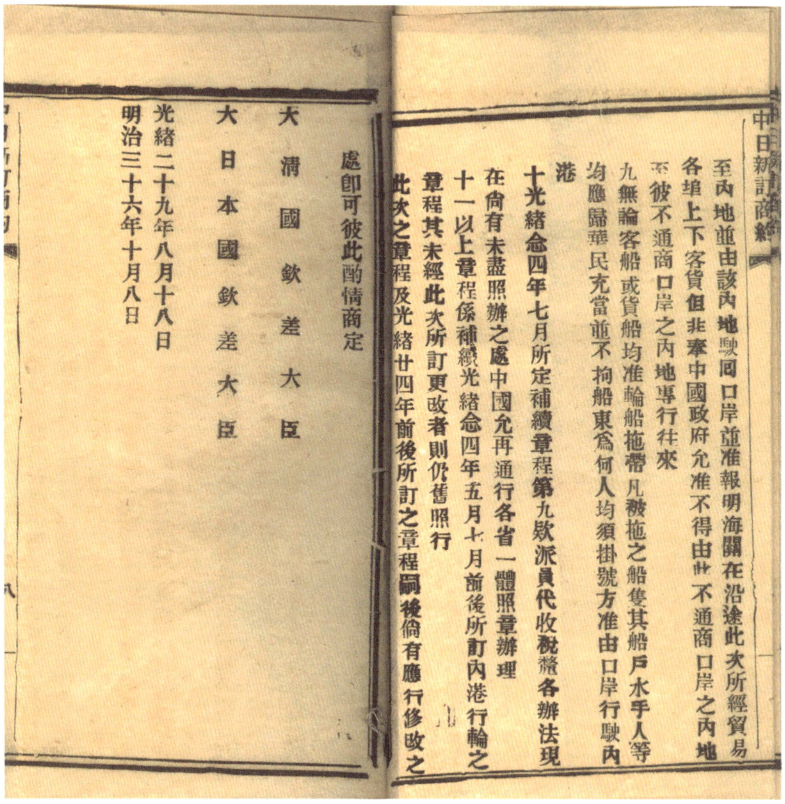
中日新訂商約

至內地並由該內地駛回口岸並准報明海關在沿途此次所經貿易各埠上下客貨但非奉中國政府允准不得由此不通商口岸之內地至彼不通商口岸之內地專行往來
九無論客船或貨船均准輪船拖帶凡被拖之船隻其船戶水手人等均應歸華民充當並不拘船東爲何人均須掛號方准由口岸行駛內港
十光緒廿四年七月所定補續章程第九款派員代收稅釐各辦法現在尚有未盡照辦之處中國允再通行各省一體照章辦理
十一以上章程係補續光緒廿四年五月七月前後所訂內港行輪之章程其未經此次所訂更改者則仍舊照行
此次之章程及光緒廿四年前後所訂之章程嗣後倘有應行修改之處即可彼此酌情商定

大清國欽差大臣
大日本國欽差大臣
光緒二十九年八月十八日
明治三十六年十月八日

八

《中日商约文件汇编》之三
（光绪二十九年）

山东巡抚周馥致外务部咨呈：

为呈送日商三井行赴山东买货报单事

光绪三十年五月二十五日（1904年7月8日）

为遏制土货贸易中滥用子口半税制度而产生的大量逃税漏税行为，海关总税务司拟定了《土货出口章程》。《章程》规定，外商赴内地采买货物，由海关税务司发给三联报单，并由海关道行文当地政府告知采买货色及报单号数，外商到达当地采买完竣后，当地政府收回报单，发给运照，沿途税卡验照放行。三联单一张送海关，一张存留，一张呈报外务部。

在本件档案中，日商三井行派华伙由天津出发，前往山东乐陵县等处采买羊绒毛共80包，计重18826斤，运赴天津。山东巡抚将报单咨送外务部备案。

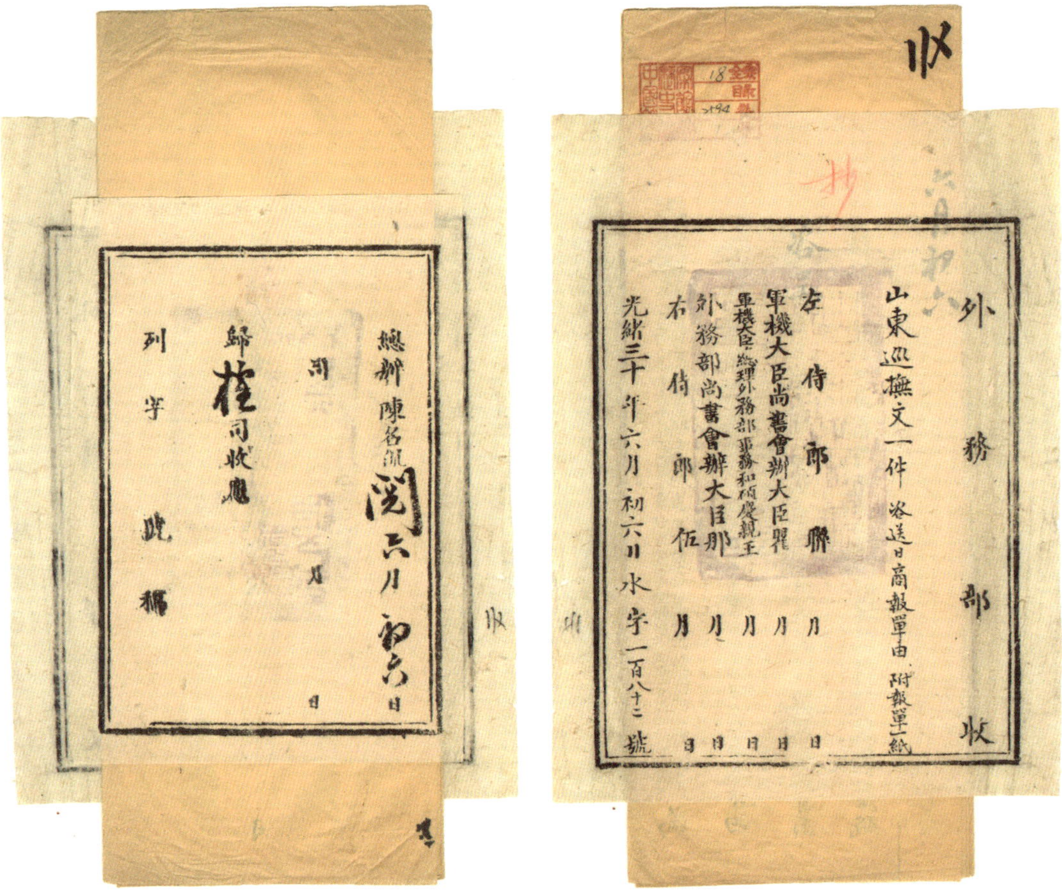

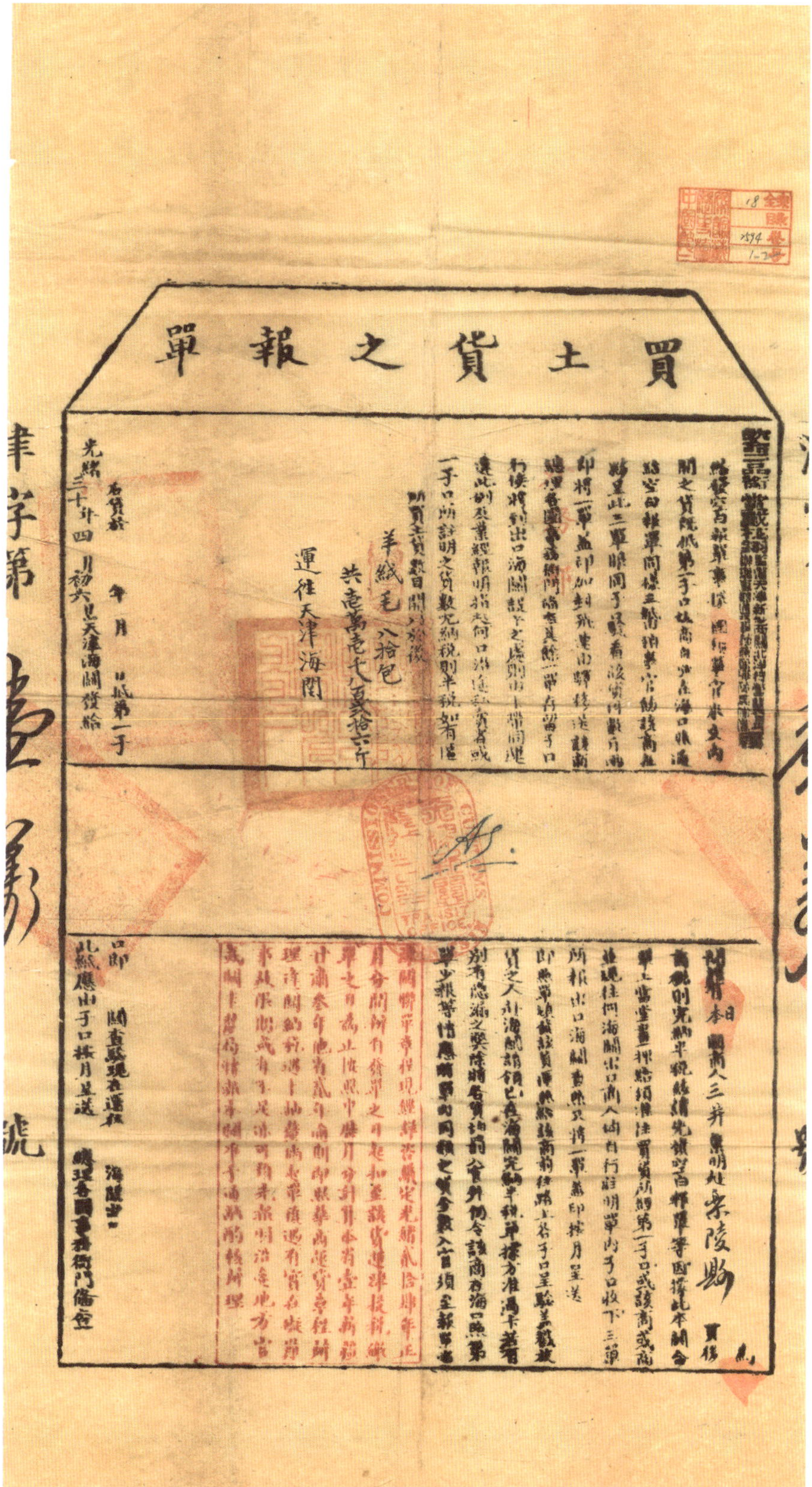

買土貨之報單

光緒三十年四月初六日天津海關發給

羊絨毛 八拾包

共壹萬壹千八百拾六斤

運往天津海關

山东巡抚周馥致外务部咨呈之一（光绪三十年五月二十五日）

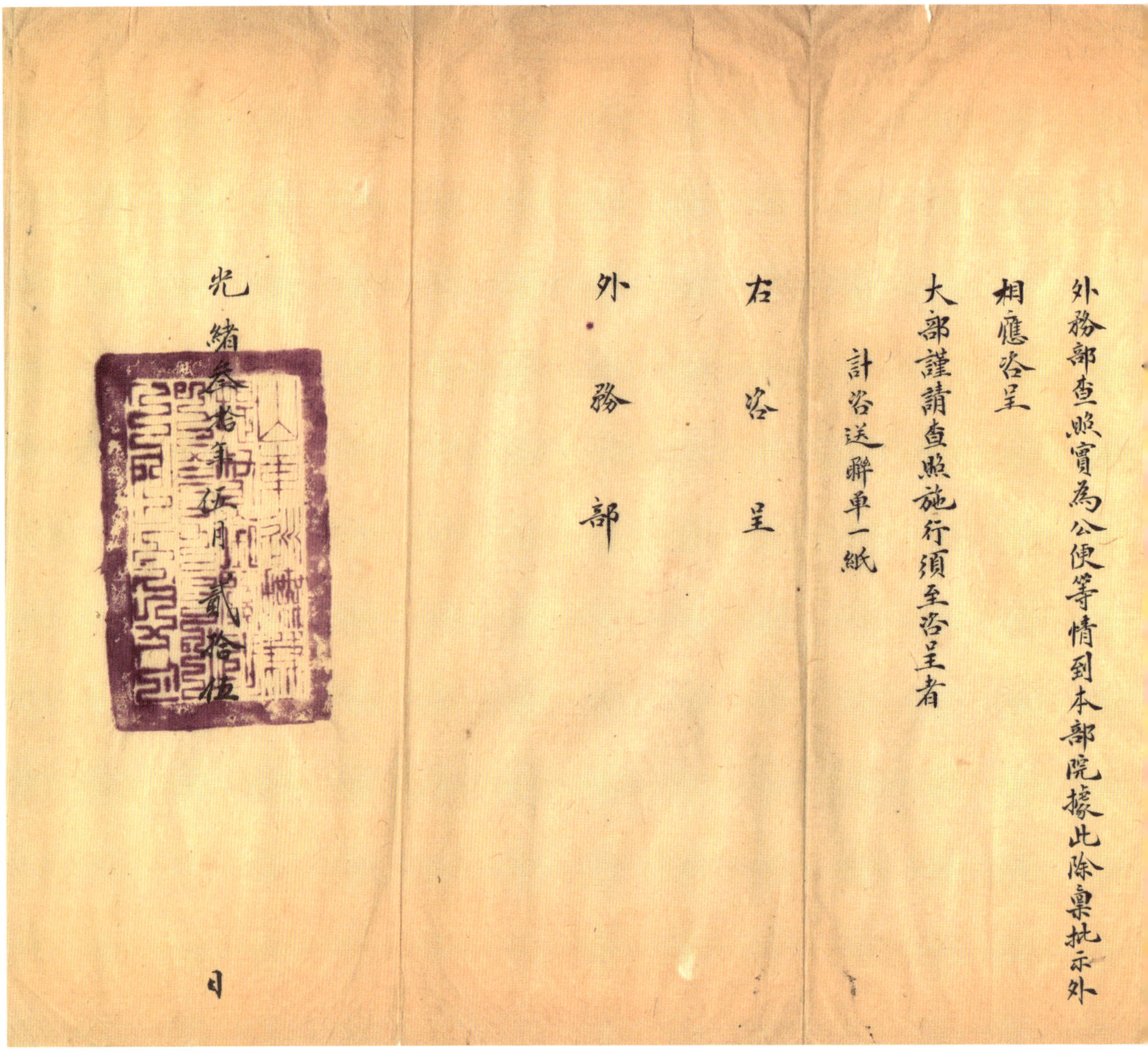

外務部查照實爲公便等情到本部院據此除稟批示外
相應咨呈
大部謹請查照施行須至咨呈者
計咨送辦單一紙
右咨呈
外務部
光緒叁拾年伍月貳拾伍日

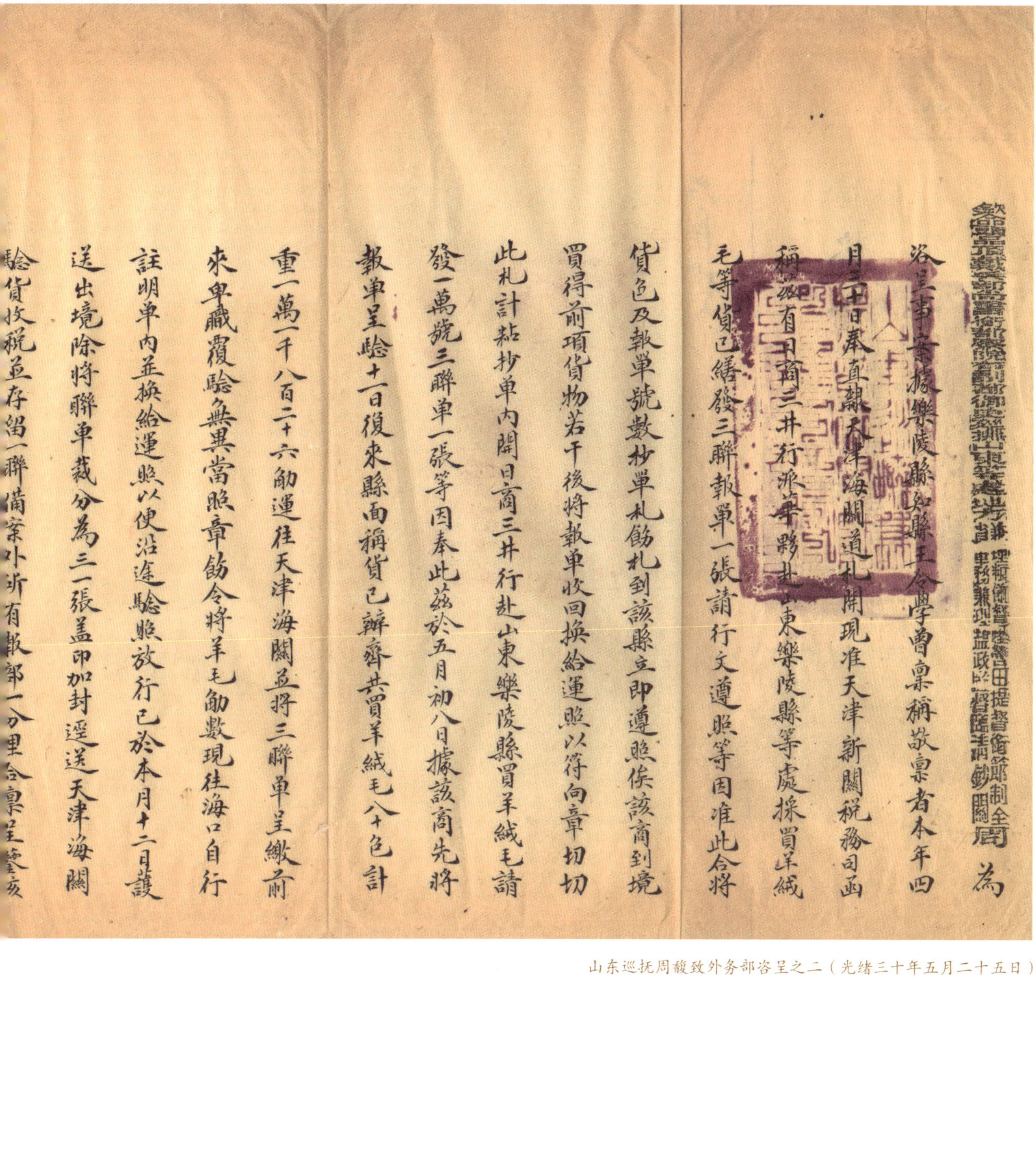
欽命頭品頂戴兵部尚書銜都察院右副都御史巡撫山東等處地方提督軍務兼理營田提督銜節制全省兵馬兼理鹽政加三級周 為
咨呈事案據樂陵縣知縣王合學曾稟稱敬稟者本年四
月二十日奉直隸天津海關道札開現准天津新關稅務司函
稱茲有日商三井行派華夥赴山東樂陵縣等處採買羊絨
毛等貨已繕發三聯報單一張請行文遵照等因准此合將
貨色及報單號數抄單札飭札到該縣立即遵照俟該商到境
買得前項貨物若干後將報單收回換給運照以符向章切切
此札計粘抄單內開日商三井行赴山東樂陵縣買羊絨毛請
發一萬號三聯單一張等因奉此茲於五月初八日據該商先將
報單呈驗十一日復來縣面稱貨已辦齊共買羊絨毛八十包計
重一萬一千八百二十六觔運往天津海關並將三聯單呈繳前
來卑職覆驗無異當照章飭令將羊毛觔數現往海口自行
註明單內並換給運照以便沿途驗照放行已於本月十二日護
送出境除將聯單裁分為三一張蓋印加封遞送天津海關
驗貨收稅並存留一聯備案外所有報部一分理合稟呈鑒核

山东巡抚周馥致外务部咨呈之二（光绪三十年五月二十五日）

韩国国书：

贺皇太后七十寿辰

光绪三十年（1904）

韩国国书：

命闵泳喆为全权公使

光绪三十一年（1905）

1897 年，朝鲜改国号为“大韩帝国”。1899 年，清朝与韩国签订《中韩通商条约》，建立了公使级外交关系。第一件国书是韩国高宗致贺慈禧皇太后七十寿辰。第二件是韩国派元帅府军务局总长陆军副将闵泳喆为特命全权公使。国书中韩皇自称为“朕”，行文中“大韩国大皇帝”与“大清国大皇帝”并称。第二件国书为原件，上有韩国高宗签名和“大韩国玺”印。

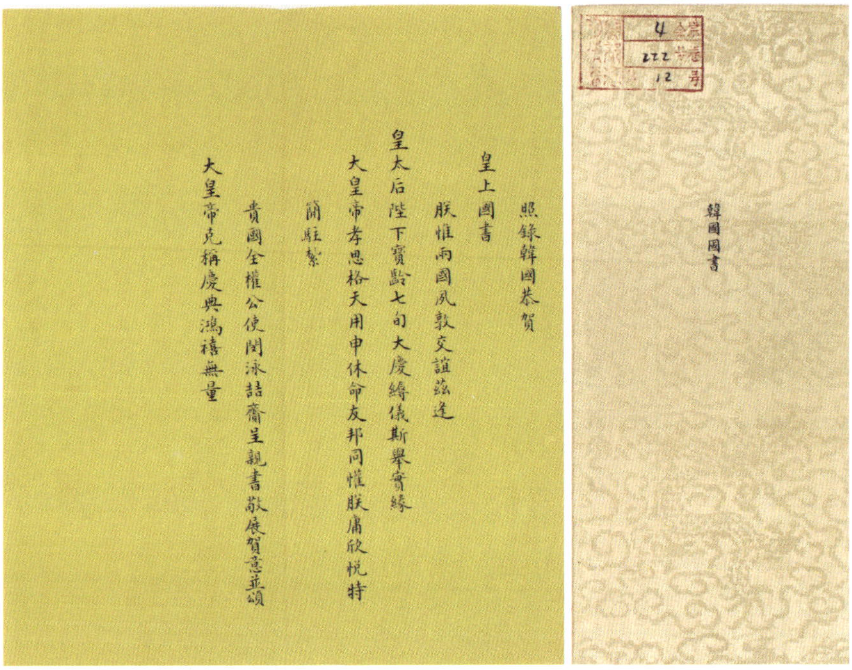
韓國國書

照錄韓國恭賀
皇上國書
朕惟兩國夙敦交誼茲逢
皇太后陛下寶齡七旬大慶綺儀斯舉膺綏
大皇帝孝思格天用申休命友邦同懽朕庸欣悅特
簡駐紮
貴國全權公使閔泳喆齎呈親書敬展賀意並頌
大皇帝克稱慶典鴻禧無量

韩国国书（光绪三十年）

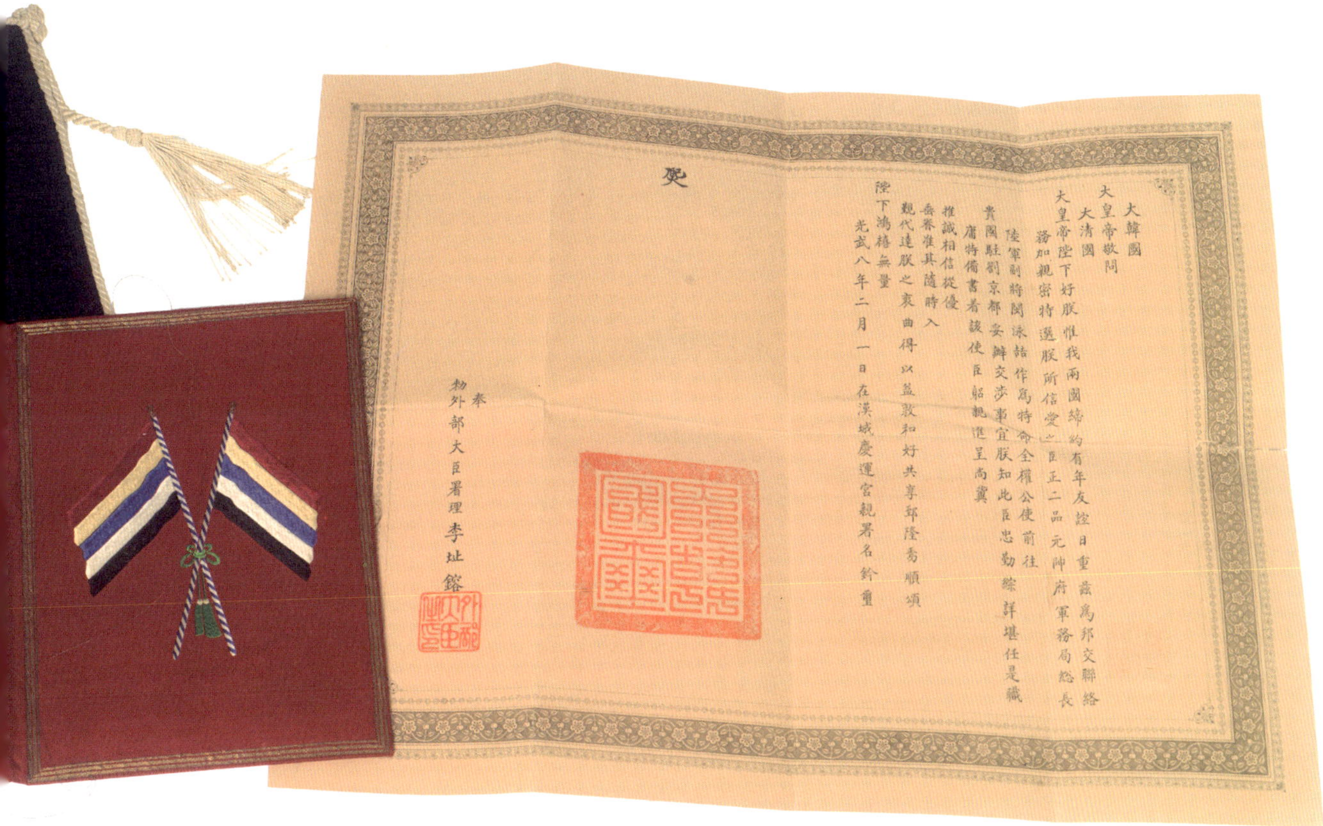

大韓國
大皇帝敬問
大清國
大皇帝陛下好朕惟我兩國締約有年友誼日重爰爲邦交聯絡
務加親密特選朕所信愛之臣正二品元帥府軍務局総長
陸軍副將閔泳喆作爲特命全權公使前往
貴國駐劄京都妥辦交涉事宜朕知此臣忠勤縝詳堪任是職
庸特備書着該使臣躬親進呈尚冀
推誠相信從優
垂眷准其隨時入
覲代達朕之衷曲得以益敦和好共享郅隆焉順頌
陛下鴻禧無量
光武八年二月一日在漢城慶運宮親署名鈐璽
奉
勅外部大臣署理李址鎔

韩国国书（光绪三十一年）

奐

奉
勅外部大臣署理李址鎔

韩国国书（光绪三十一年）

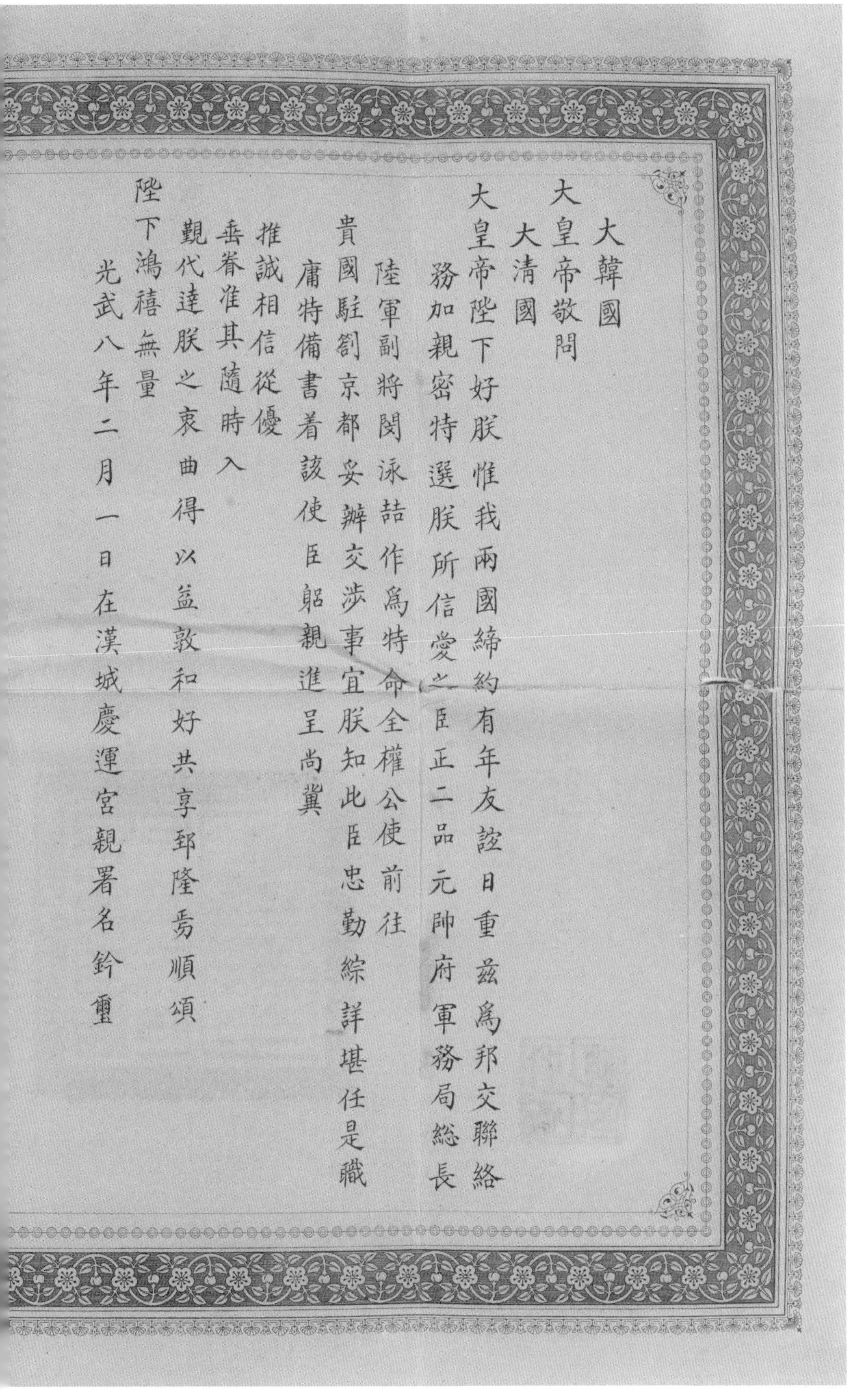

大韓國
大皇帝敬問
大清國
大皇帝陛下好朕惟我兩國締約有年友誼日重茲爲邦交聯絡
務加親密特選朕所信愛之臣正二品元帥府軍務局総長
陸軍副將閔泳喆作爲特命全權公使前往
貴國駐劄京都妥辦交涉事宜朕知此臣忠勤綜詳堪任是職
庸特備書着該使臣躬親進呈尚冀
推誠相信從優
垂眷准其隨時入
覲代達朕之衷曲得以益敦和好共享郅隆旁順頌
陛下鴻禧無量
光武八年二月一日在漢城慶運宮親署名鈐璽

军机处交片：

为日本长崎华商创设商务总会准予立案事

光绪三十二年十一月二十八日（1907年1月12日）

光绪二十九年（1903），商部成立（三十二年改组为农工商部），致力于振兴商务。在地方各省府、海外各华商聚居处成立商会，保护商人，是其中重要举措。

长崎为日本商务繁盛之区，在长崎贸易的华商人数众多，其中又以闽粤两帮为多，三江次之。为响应清廷号召，长崎华商拟创设商务总会，公举总理一员、协理二员。致力于扩充本国商务，学习日本展拓农业、讲求工艺、振兴商务的办法，“采彼所长，补我所短”。长崎华商的禀请，得到农工商部的支持，并经皇帝允准，以军机处交片的形式下发。

交農工商部本日
貴部奏議覆前廣西巡撫林紹年奏提款收運
官錫並招商試運煤鑛摺又奏日本長崎華商
創設商務總會請予立案摺均奉
旨依議欽此相應傳知
貴部欽遵可也此交
十一月二十八日

军机处交片（光绪三十二年十一月二十八日）

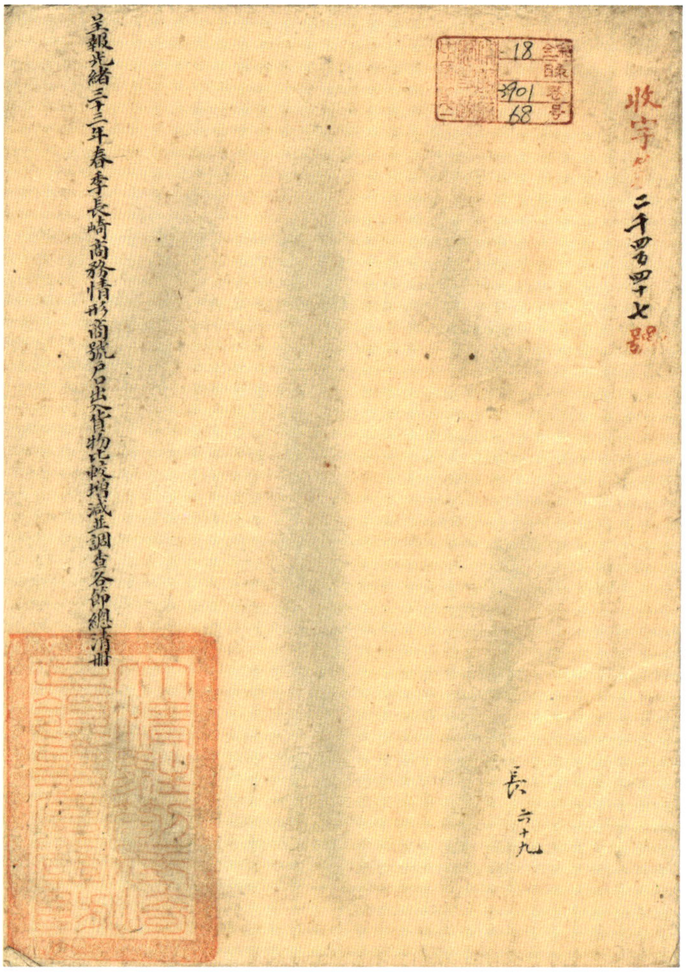

驻长崎领事卞綍昌致外务部清册：

呈报光绪三十三年春季长崎商务情形

光绪三十三年五月十八日（1907年6月28日）

卞綍昌是原广东试用知府，曾任驻日本二等参赞，光绪二十九年（1903）起任驻长崎领事。按规定，驻外领事须定期向外务部呈递所驻地商务报告。

从报告中可知，光绪三十三年时，中国出口长崎的主要货物是“豆饼、菜子饼、棉子饼、牛骨、诸肥料、棉花、芝麻、诸豆、鸡卵、蚕茧等类”，主要是一些初级农产品。

据报告透露，当时在长崎常住的中国人约1000余人，以来自浙江、福建、广东三省的居多，所开大小商号达100家。报告还考察了日本的生丝产销、茶叶制造与贸易情形，建议“倘能研究养蚕之法，改缫丝机器，多设工厂，力图制造，则中国之丝市当可兴盛矣”。

謹將光緒三十三年春季長崎商務情形商號戶口貿易贏虧出入貨物比較去年增減分別列表恭呈

鈞鑒

計開

一總論

竊查本季長崎貿易出口內國產價額一百零三萬一千二百三十六圓外國產價額九萬一千六百六十一圓共計一百十二萬二千八百九十七圓入口有稅品價額三百五十六萬零三百九十九圓免稅品價額一百零八萬五千六百七十八圓共計四百六十四萬六千零七十七圓以入口較出口之數當超過三百五十二萬三千一百八十圓別其貨物運往各國者有若煤炭之於新嘉坡鮑鮫之於倫敦番薯之於非律賓磚茶精米煤炭雜貨之於海參崴米之於元山海產雜貨之於香港茶布紙瓷陶器煤炭木炭木板海產雜貨山芋之於中國各口岸是也由各國運來者有若英之鐵板電鍍板筒及管鐵塊鐵條竿鋼塊海底電線黃銅螺旋釘旋盤唧筒木料木板建築支柱材料船底油漆料及其他諸機械美之小麥麥粉煤油唧筒瀛罐電氣機械縫衣機器鐵道客車貨車及同部分品德之鐵條竿鐵釘鋼絲比之鐵條竿唧筒英領印度之骨粉蘭領印度之米及煤油暹羅之米及木料諾威之瀛船朝鮮之黃豆牛骨中國之豆餅菜子餅棉子餅牛骨諸肥料棉花芝麻諸豆雞卵蠶繭等類是也就來往中國各貨而論海產為本埠出口一大宗銷場僅屬諸中國故權

亦操於華人即運往香港者亦係轉銷廣東腹地均獲厚利自去年江皖湘鄂洪水為害香港又遭風災米價飛騰食用大難市面為之減色宴會少則銷場頓絀內地時價低落而華商操此為業者日多爭相買賣致此間時價轉高販運者不免有虧本之患山芋乾為江北辦賑之用由上海鎮江來託購者不少始而交易公平繼則廣為搜羅日人知為我所急需挾以居奇遂至截留中止豆餅出產以牛莊為第一當夫日俄戰時戎馬倉皇居者行者不得安其業日本培田肥料無所取資已精研究人造肥料之法現在時局大定通商如常相需者甚殷斯販運者益衆因該地貨殖價昂轉有不惜運費假道於海參崴由哈爾賓運來者雖其斤兩輕重略有不同功用則無甚差異是業也在昔為華商所獨昇昌裕源昌兩家每年販賣價額頗鉅近則多由三井洋行包辦華商雖與角勝顧亦視其資本及營謀如何耳資本厚營謀善則得其贏餘資本薄營謀拙則受其虧折此通例也日本各口岸素稱長崎為完全之港惜乎港灣縱長橫狹不能建設棧橋船泊港口貨之裝卸必需駁船其不便一無移送貨物鐵道又乏起重機器輸送提取惟人工是賴貨到必先存置然後可以分運其不便二支港太多裝煤卸貨不限定必至長崎其不便三且少工場其船無多貨可載其不便四有此四者雖港深可容三四萬噸之船恐猶難振興其商務於是該政府一變其方針專致力於神戶今正決議築港約費數千萬圓由政府籌助其半市債擔任其半已派員監督興

驻长崎领事卞綍昌致外务部清册之一（光绪三十三年五月十八日）

廣東	同記	蕭玨[illegible]	新地[illegible]番	六三八五[illegible]		香港
廣東	東合泰休業	劉慶宣	新地五番			
廣東	同發源	吕汝仁	大浦一番	萬 一、七八一七、四三		香港
廣東	永生隆	葉堯階	廣馬場一番	一、四一七三、		香港
廣東	年豐新設	潘瑞年	新地五番	三、四八八五、五五		香港上海

第二類雜糧棉花肥料海產雜貨茶瓷布紙

省分	牌號	營業人	住址	出口價額	入口價額	貨物所屬口岸
江蘇	昇昌裕	周馥葆	梅香崎五番	圓 八一〇、	萬圓 七九九九八、九〇	營口煙台上海
江蘇	源昌	蘇本立	新地八番	萬 四、〇五〇二、五〇	二三、五三三五	營口上海香港
江蘇	合盛	施夢屺	新地十八番	一、〇〇一九、五五	二、〇四〇八、四四	上海
江蘇	長和	陸菊生	梅香崎九番	一、七七〇七、七〇	五五〇〇、一八	上海
浙江	三餘	沈明久	新地二十番	五二三八、九八	二、二〇三七、二三	膠州上海海參崴

工期以明治四十六年竣事有棧橋可使輪船數艘同時繫留有鐵道貨車接續可以隨意周轉此後神戶之氣象勃興必更甚於今日意料橫濱長崎之實業家將盡趨集於中央矣言商務者可不察地利以盡人事哉

二商號

第一類米海產雜貨

省分	牌號	營業人	住址	出口價額	入口價額	貨物所屬口岸
廣東	萬昌和	潘達初	新地三番	六(萬)二〇一八(圓)、八七	六(萬)七一七(圓)、五三	香港上海
廣東	晉恒	李偉抜	新地六番	三、〇九五二、三〇	四三五四三、	香港
廣東	恒豐	姚玉山	新地十番	二五〇四〇、	二六〇〇、	香港
廣東	廣豐	黃守庸	新地十八番	二六四二四、九〇	四〇〇三、三〇	香港
廣東	永昌	簡悳閏	新地二番	二〇六九五、五〇	七五六四、二七	香港

驻长崎领事卞绋昌致外务部清册之二（光绪三十三年五月十八日）

於關東矣中國漁業向為自由貿易且視若小本經紀從未聞有資本家偶一議及者自江浙漁業公司設立奏
旨派有漁業監督仰體
朝廷提倡漁業保護海權之至意咸知奮興今乃更有廣東續請設立之公司摩厲以須則漁業之前途造就正自無量惟事屬創始一切規程悉宜取則於人期其盡善今冬長崎開設水產共進會東洋路途甚近擬請
飭漁業監督選派公司人員來東考察藉擴見聞庶幾胸有把持辦理尤易得手也

十二結論

竊維商戰之世首在注重航路次在擴張瀛船路有遠近而經濟之費省見焉船有多寡而貿易之盛衰隨之是固不可不察地利以盡人事者也歐美各國道阻且長一舟之往還動需匝月故必將船之噸數擴充令其多載貨物然後於經濟上可操勝算日本鄰封密邇剋期可至故一面增加船之噸數營歐美之航業一面添設公司尤屬目於我國各口岸之貿易也中國通商各埠首推上海通商以來華洋雜處百貨皆麕集於茲為分運南北之大市場自日俄戰役後由神戶直達北路之船日有所增如川流之不息大連灣為日本所占當時未設稅關進口無稅各貨紛紛馳遞絡繹弗絕於道查洋棉紗一項由神戶運往大連復轉運至奉天錦州等處者其價額非常之鉅且所去各貨運往內地火車之運費尚有折扣可得若由營口輸入如棉紗每包徵稅百分之五加消費稅百分之二大

四十五

車費又無折扣以此較之每包相懸約十圓之譜所以由上海去營口之棉紗不能與之相抗不特棉紗如是推至各貨亦莫不皆然近觀報紙傳載大連稅關協約已定各貨由海運進大連者不得徵收進口稅列有專條斯北路之航業權操於日本舉凡向所藉上海為轉輸者今將盡行直接而上海之商業較減矣日本之郵船公司商船公司大東公司湖南瀛船公司原係分行上海及長江等處者本年四公司聯合為一名曰日清瀛船公司資本金二千四百萬圓政府每年補助費八十萬圓該公司船由神戶直達長江往返運費竭力從廉萬一虧累仍可由政府酌加補助之費察其意殆欲吸取長江之水南北兩途均歸其掌握耳若鐵及牛皮牛骨棉麻黃豆為漢口出口貨之大宗向所藉上海為轉輸者今亦將盡行直接而上海之商業愈減矣默體情形漢口據南北要津現在蘆漢鐵路已通將來粵漢川漢之鐵路再次第告成漢口之興盛必超越乎上海但上海為數十年通商之良港亦未可聽其衰退查上海港灣淤淺吃水二十二尺之船不能進口貨物悉由吳淞轉駁駁費固屬虛糜偷漏亦在所不免浚掘黃浦之策誠為急務惟是滄桑變幻殊不可測世界商船愈製愈大果否能容既難預必且江流濁則泥沙易積淘汰實不勝其煩海水清則潮汐隨時長落均適合其用故論築商港設船塢莫不以海岸為宜蓋船塢貴乎淨潔譬如江流漲時為用與海水同退時則須先刷泥沙方可從事於工作則費時較多不及海水之事半功倍為振興

四十六

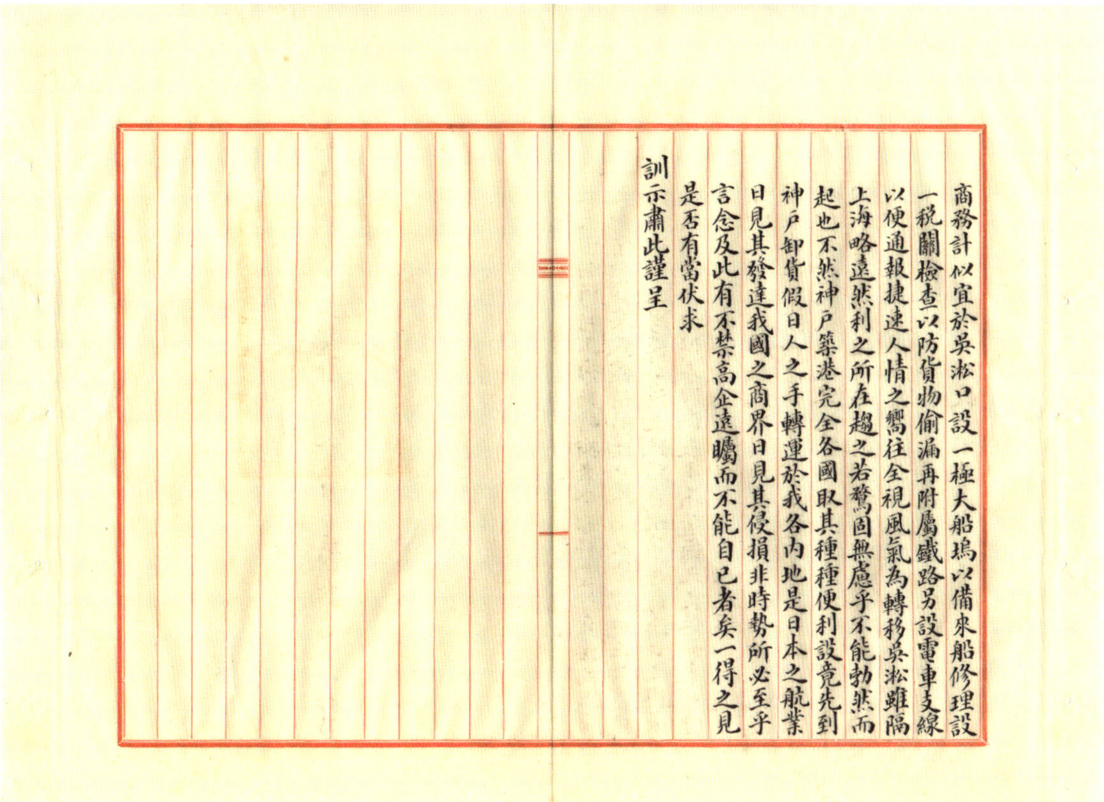

商務計似宜於吳淞口設一極大船塢以備來船修理設
一稅關檢查以防貨物偷漏再附屬鐵路另設電車支線
以便通報捷速人情之嚮往全視風氣為轉移吳淞雖隔
上海略遠然利之所在趨之若鶩固無慮乎不能勃然而
起也不然神戶築港完全各國取其種種便利設竟先到
神戶卸貨假日人之手轉運於我各內地是日本之航業
日見其發達我國之商界日見其侵損非時勢所必至乎
言念及此有不禁高企遠矚而不能自已者矣一得之見
是否有當伏求
訓示肅此謹呈

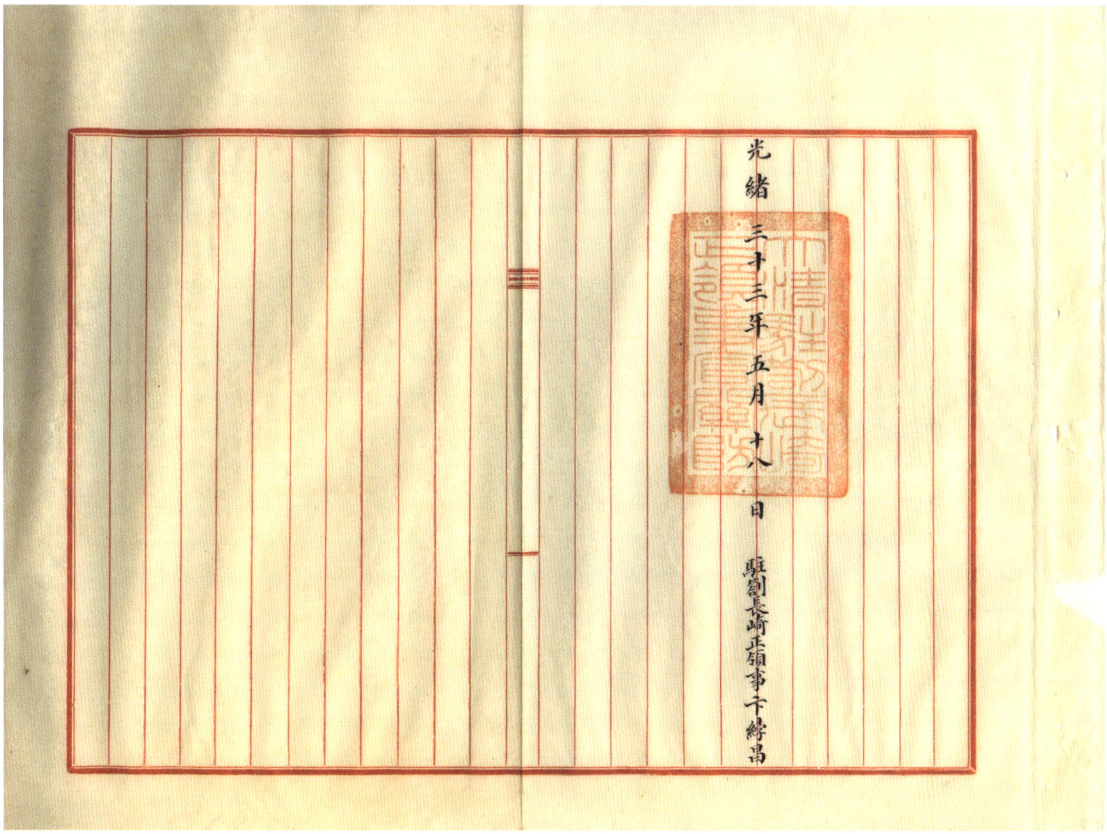

光緒　三十三年五月十八日
駐劄長崎正領事卞綍昌

驻长崎领事卞绛昌致外务部清册之三（光绪三十三年五月十八日）

南洋大臣端方致外务部咨呈：

为山西合盛元号商于日本神户开设银行请转咨驻日大臣保护事

光绪三十三年十月初五日（1907年11月10日）

鸦片战争以后，西方银行逐渐在中国通商口岸推广开设，而中国银行业却未能进军海外。光绪三十三年（1907），山西合盛元票号在日本设立分号，开创了中国银行在海外开拓市场的历史，是中国近代金融史上的一件大事。合盛元票号本号设立于山西祁县，分号设于京师及各行省，共有30余处。

光绪末年，前往东西洋以及南洋群岛从事工商业的中国人很多，留学欧洲、日本之学生也不下万人，"因无本国银行，其存放汇兑无不仰人鼻息，困难杂出"。因此，合盛元号在当时中日贸易的日本第一大港——神户新设分号，定名为合盛元银行神户支店所，又在日本东京、朝鲜仁川等地设立出张所（即办事处），计划察看情形，将来推广到西洋及南洋诸岛。"以期实业之进步，用便华侨之取求"。合盛元银号请求两江总督南洋大臣端方给予支持，"所有出使经费及官生留学费请求由上海本号随时汇兑"，得到端方的批准。端方还认为，合盛元号"洵足开中国资本家竞争实业之先声，亟应优予提倡，以期进步"，于是咨呈外务部备案、推介。之后，外务部为此特意行文日本请予保护。

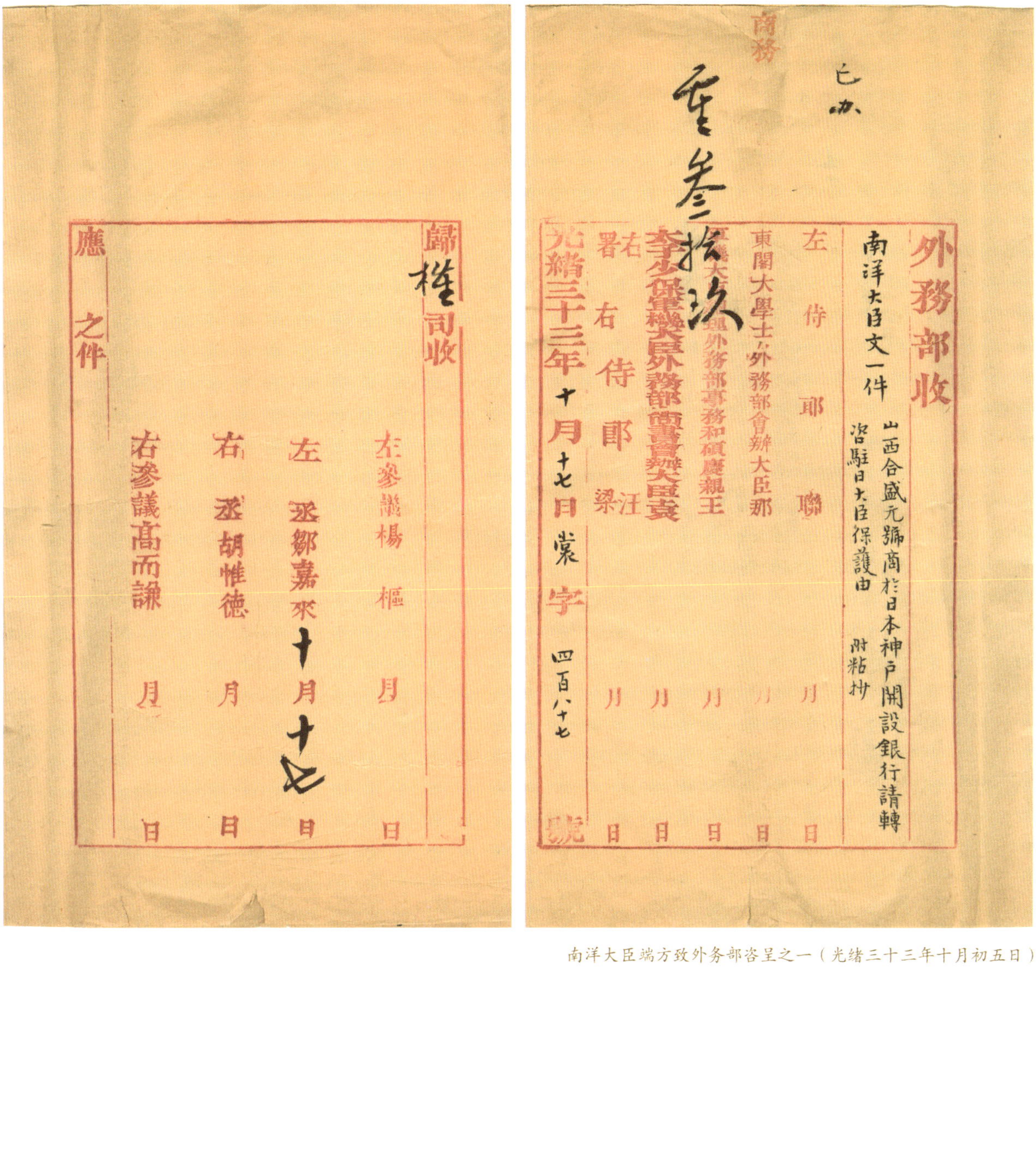

商務
已辦
呈參核辦
外務部收
南洋大臣文一件
山西合盛元號商於日本神戶開設銀行請轉
咨駐日大臣保護由 附粘抄
左侍郎聯 月 日
東閣大學士外務部會辦大臣那 月 日
總理外務部事務和碩慶親王 月 日
太子少保軍機大臣外務部尚書會辦大臣袁 月 日
右侍郎汪
署右侍郎梁 月 日
光緒三十三年十月十七日裳字四百八十七號
歸榷司收
左參議楊樞 月 日
左丞鄒嘉來 十月十七日
右丞胡惟德 月 日
右參議高而謙 月 日
應 之件

南洋大臣端方致外务部咨呈之一（光绪三十三年十月初五日）

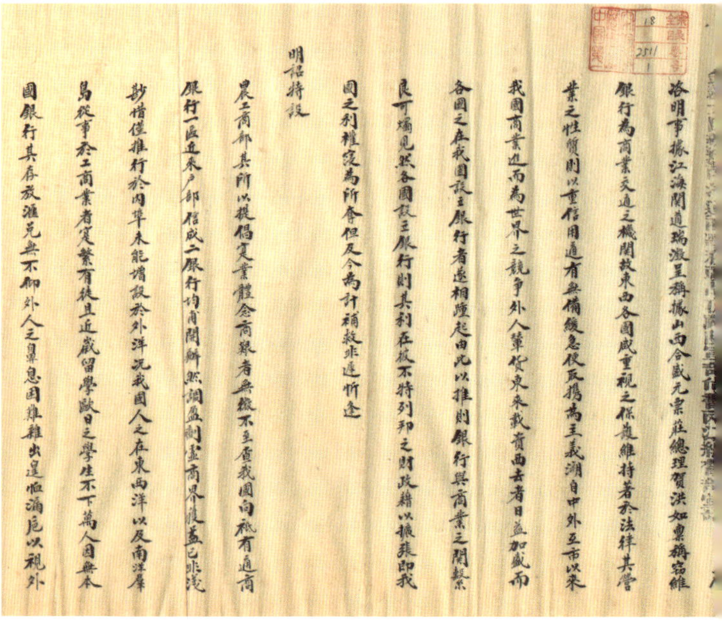
咨明事據江海關道瑞澂呈稱據山西合盛元票莊總理賀洪如稟稱竊維
銀行為商業交通之機關故東西各國咸重視之保護維持著於法律其營
業之性質則以重信用通有無備緩急便匯撥為主義溯自中外互市以來
我國商業進而為世界之競爭外人輦貨東來載貲西去者日益加盛而
各國之在我國設立銀行者遂相踵起由此以推則銀行與商業之關繫
良可矚見然各國設立銀行則其利在彼不特列邦之財政藉以擴張即我
國之利權寖為所奪但及今為計補救非遥忻途
明詔特設
農工商部其所以提倡實業體念商艱者無微不至查我國向祇有通商
銀行一區近來戶部信成二銀行均肯開辦然調盈劑虛商界獲益已非淺
尠惜僅推行於內華未能增設於外洋況我國人之在東西洋以及南洋群
島從事於工商業者寔繁有徒且近歲留學歐日之學生不下萬人因無本
國銀行其存放匯兑無不仰外人之鼻息困難雜出且恆涵卮以視外

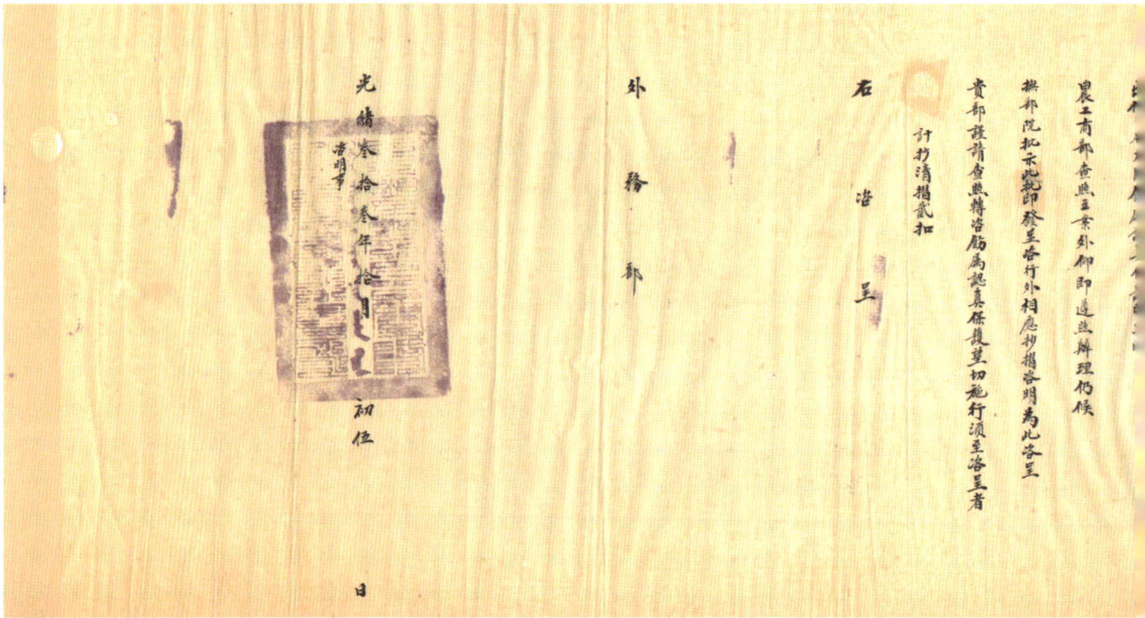
農工商部查照立案外仰即遵照辦理仍候
撫部院批示此批印發至咨行外相應抄摺咨明為此咨呈
貴部謹請查照轉咨飭屬認真保護並切飭行須至咨呈者
計抄清摺貳扣
右咨呈
外務部
咨明事
光緒叁拾叁年拾月初伍日

南洋大臣端方致外务部咨呈之二（光绪三十三年十月初五日）

清國銀行營業認可申請書

兵庫縣神戶市內海岸通二丁目三十八番屋敷

商號合盛元銀行

支配人申樁植

一名稱合盛元銀行支配人

一本店所在地清國山西省太原府

一支店所在地神戶市內海岸通二丁目三十八番屋敷

一出張所在地東京市神田區駿河臺神保町弐番屋敷

一支店資本金額金五十萬元

當商號合盛元銀行ハ前記ノ弍個所ニ於テ別紙說明書ノ通リ一般銀行事業ヲ相營ミ度候間御認可相成度右申請候也

明治三十九年　月　日

右　申樁植

大藏大臣阪谷芳藏閣下

證明書

清國山西省太原府祁縣

個人銀行　合盛元銀行

行主賀洪如

同神戶支店　支配人申樹楷 即申樁植

右例之銀行係個人組織而成本店開設以來已歷七十餘年之久並於中國各省多設支店該行主賀洪如擁有資產數百萬身家殷實現委申樹楷來神戶充當支店支配人與以全權經本

領事查明確實特予證明

大清國駐劄神戶正領事官宗室長福

光緒三十二年十二月十一日

人之經商僑寓於我國者即比一端使利與吾相去遠甚職商有見於此是以不憚艱阻遠派妥人新設本號之分號於日本神戶縣章呈由日官稟經日政府批准業於本年四月三十日開辦定名曰合盛元銀行神戶支店所以曰支店者明屬於本國舊有之商號非特設也幸蒙

欽差駐日前大臣楊及本管領事加意保護僑商亦加優待開業未久信用甚堅現又設立出張所於日本之東京朝鮮之仁川等處將來察看情形尚擬推廣於西洋及南洋諸島以期實業之進步用便華僑之取求伏念本號設立於山西祁縣分號設於京師及各行省共三十餘處資本金計五十萬兩公積金共六百五十萬兩專理存放滙兑等事創始於道光十七年迄今七十餘載所有委託往來雖遠隔川塗刻期時日無不確守誠信是其初雖無銀行之名稱而其職任實同於銀行今者遠涉東瀛開設支店則海外設立銀行職商力任其難亦可謂之嚆矢謹將本國派駐日本神戶

本管領事證明書日官證明書抄錄一通呈請鑒核批准立案並咨呈

外務部並照會日本政府駐日本大臣轉飭所屬隨時保護以重資本而維商務惟事關創始如荷官府提倡尤足以資信用所有出使經費及官生留學費求恩准予由

上海本號隨時滙兑其滙費當格外撙節用劾微忱出自鴻施逾格等情附抄銀行營業認可書證明書各一紙到道據此除批准立案並咨呈

出使日本國大臣飭屬隨時保護外理合錄摺呈祈鑒核立案並乞轉咨

外務部農工商部察核備案實為公便等情並清摺到本大臣據此除批呈摺均悉該商號合盛元現在日本開設銀行支店洵足開中國資本家競爭實業之先聲亟應優予提倡以期進步所有該關滙日出使經費及官

官生留學費應准由該號隨時妥為承滙藉示維持除飭商學司移行

驻日大臣李家驹致外务部咨呈：

为咨送商务委员黄遵楷报告日本蚕业册事

光绪三十四年五月初九日（1908 年 6 月 7 日）

按规定，驻外商务委员有考察所在国商业情形的职责。日本蚕丝业发展迅速，出口剧增，“其影响吾国丝业之前途者亦复不少”。于是，驻日本公使馆商务委员黄遵楷对日本蚕丝业“悉心调查，博访研究”，造具《日本蚕丝业报告册》一本，由驻日大臣咨呈外务部。册中详列日本蚕丝出口数据、各府县出产表等，并阐释日本蚕丝业改良办法，“以咨借鉴而保利源”。

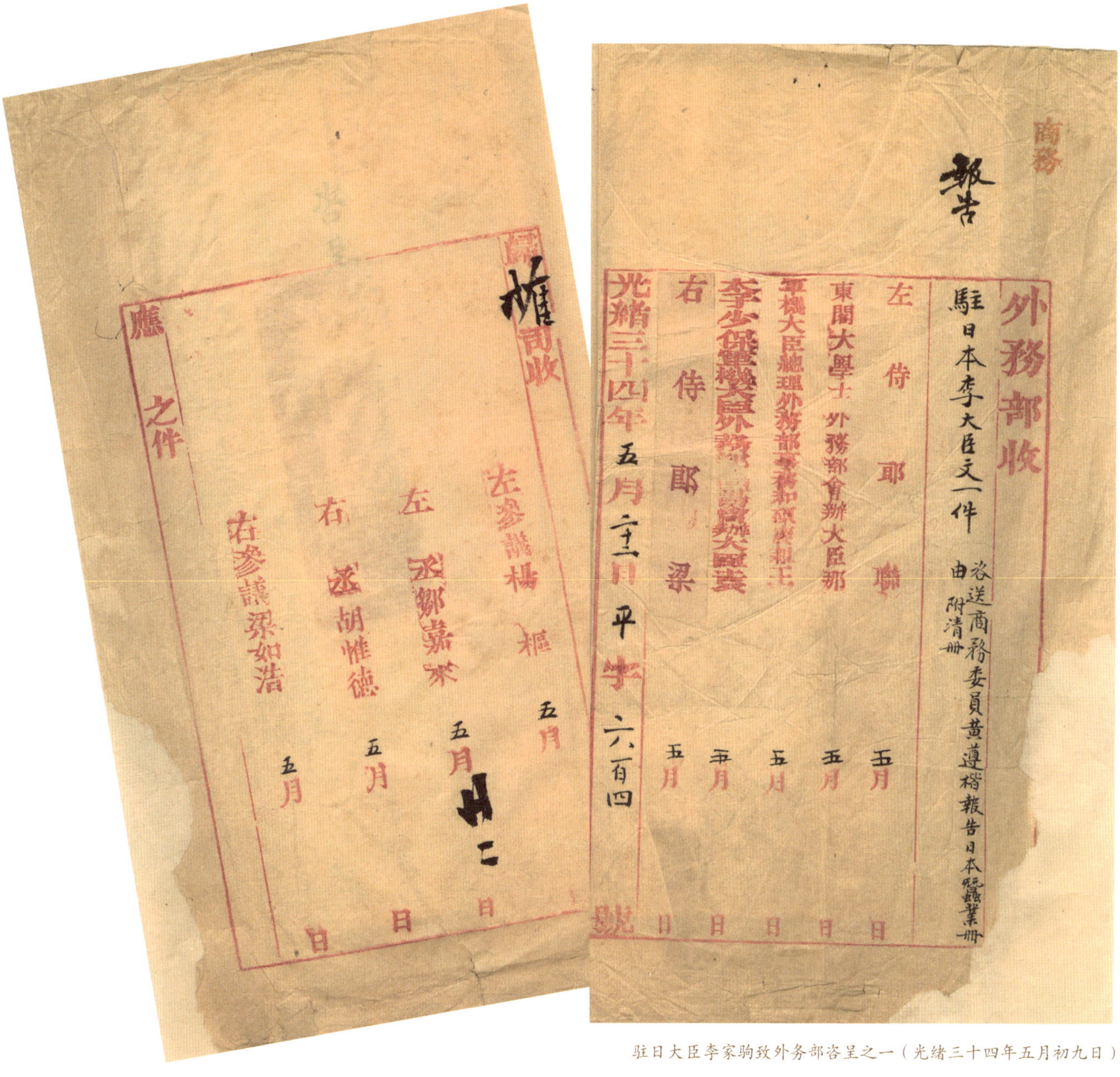

驻日大臣李家驹致外务部咨呈之一（光绪三十四年五月初九日）

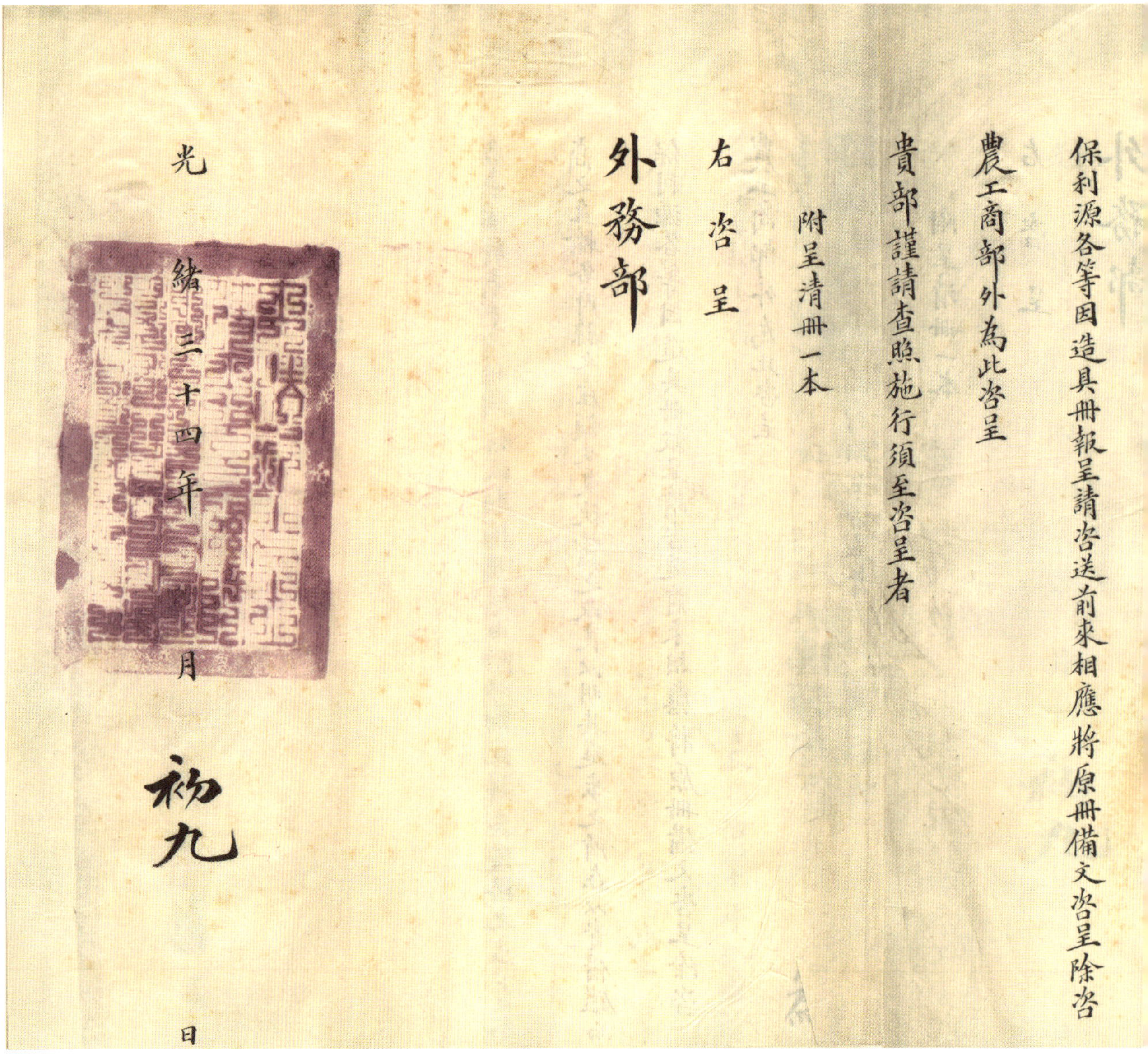

保利源各等因造具冊報呈請咨送前來相應將原冊備文咨呈除咨
農工商部外為此咨呈
貴部謹請查照施行須至咨呈者
附呈清冊一本
右咨呈
外務部
光緒三十四年月初九日

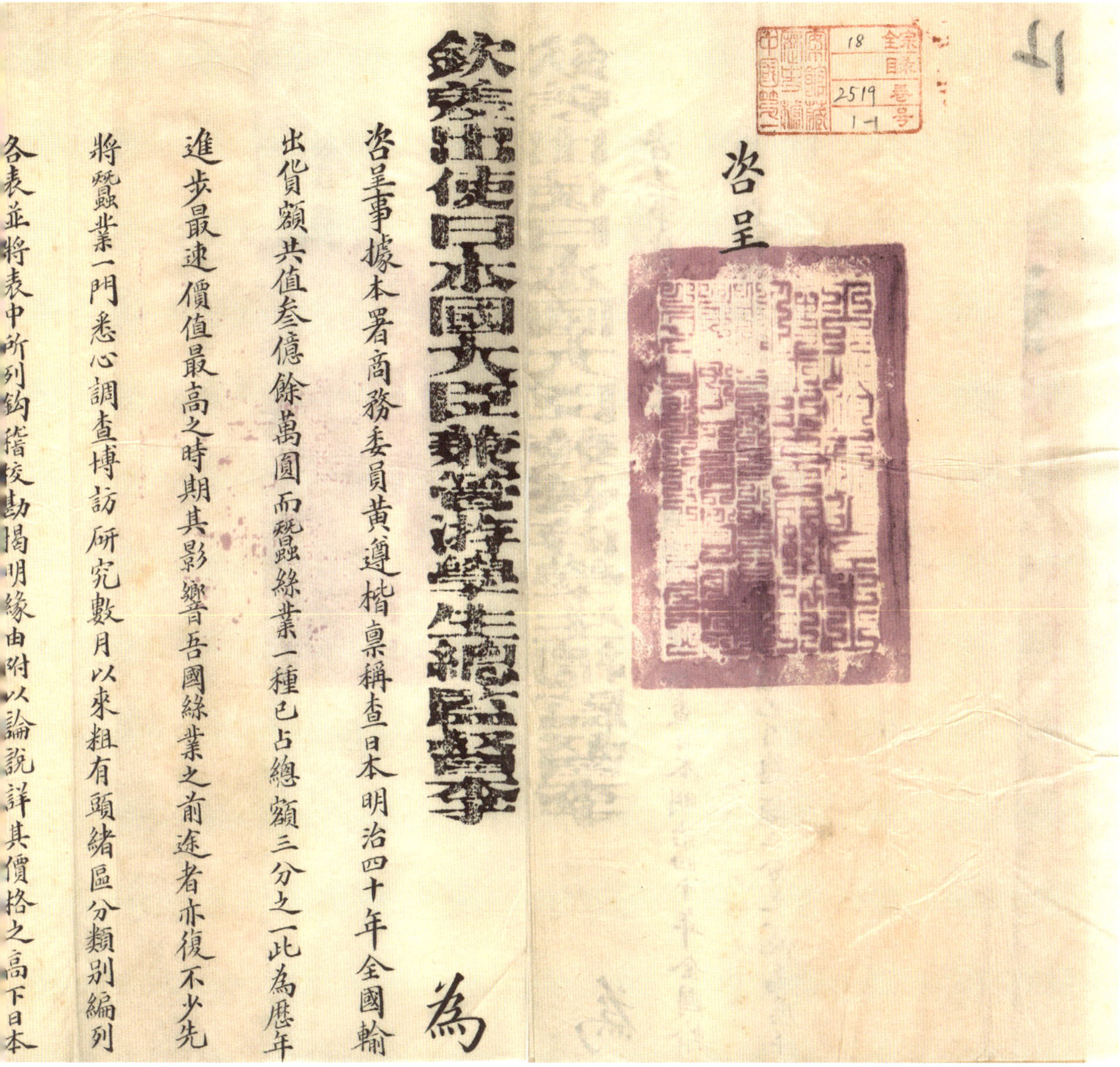
咨呈

欽差出使日本國大臣兼管游學生總監督李　為
咨呈事據本署商務委員黃遵楷稟稱查日本明治四十年全國輸
出貨額共值叁億餘萬圓而蠶絲業一種已占總額三分之一此為歷年
進步最速價值最高之時期其影響吾國絲業之前途者亦復不少先
將蠶業一門悉心調查博訪研究數月以来粗有頭緒區分類別編列
各表並將表中所列鈎稽校勘揭明緣由附以論說詳其價格之高下日本

驻日大臣李家驹致外务部咨呈之二（光绪三十四年五月初九日）

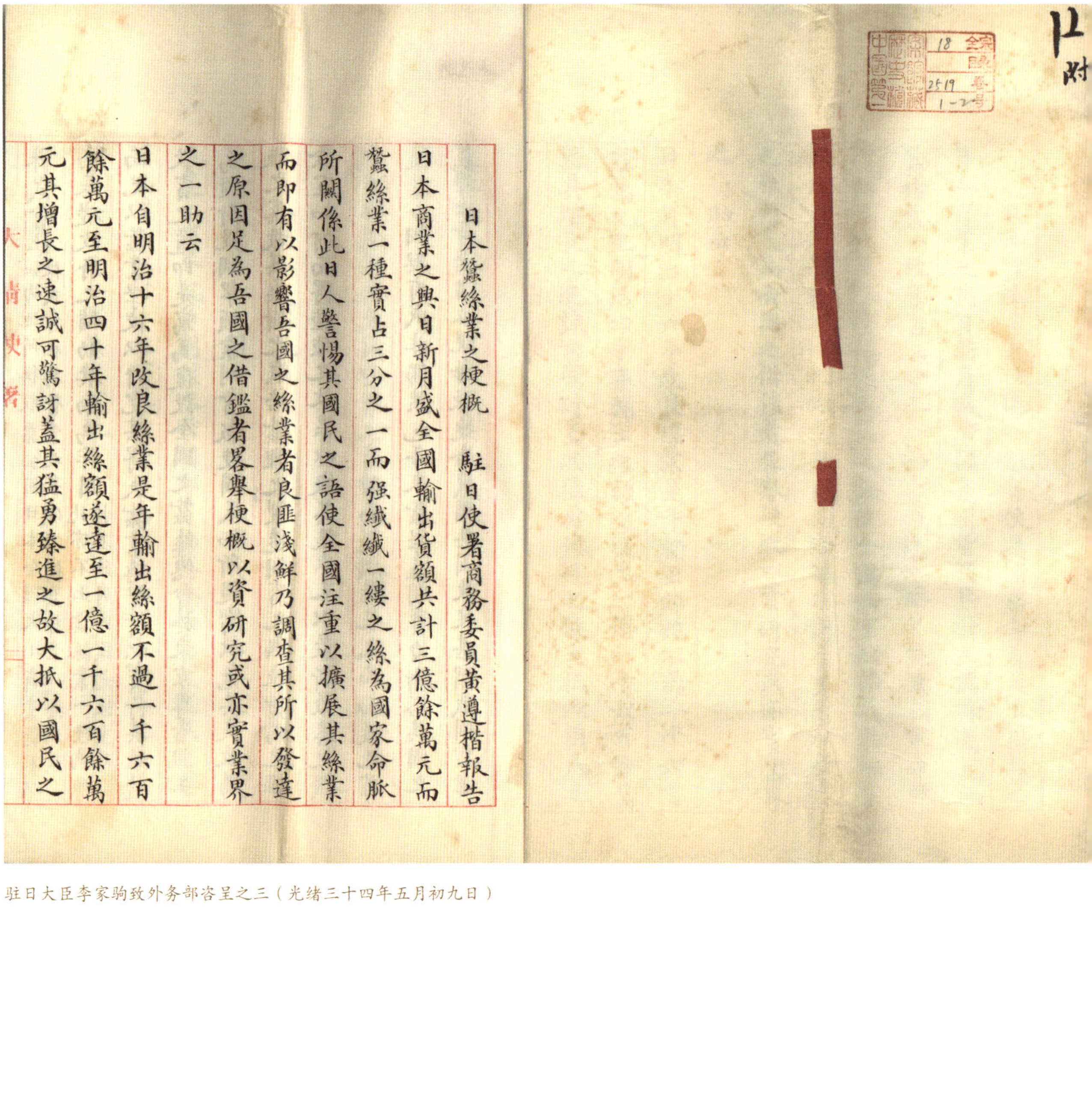

日本蠶絲業之梗概　駐日使署商務委員黃遵楷報告

日本商業之興日新月盛全國輸出貨額共計三億餘萬元而蠶絲業一種實占三分之一而強纖纖一縷之絲為國家命脈所關係此日人警惕其國民之語使全國注重以擴展其絲業而即有以影響吾國之絲業者良匪淺鮮乃調查其所以發達之原因足為吾國之借鑑者畧舉梗概以資研究或亦實業界之一助云

日本自明治十六年改良絲業是年輸出絲額不過一千六百餘萬元至明治四十年輸出絲額遂達至一億一千六百餘萬元其增長之速誠可驚訝蓋其猛勇臻進之故大抵以國民之

大清使署

驻日大臣李家驹致外务部咨呈之三（光绪三十四年五月初九日）

株式會社（如內地所稱股票公司日本全國大小商業莫不以株式會社為營業之基礎不獨蠶絲業一種為然）為基礎政府之輔助獎勵為作用（此亦不止蠶絲業一種為然特其政府國民尤注重此）而尤以蠶業學校以研究其得失蠶業講習所以實行其經驗教育之道即是寓焉復設全國之蠶絲總會於東京尊貴親王為領銜提綱挈領彙刊會報使國民知所趨嚮以免其失敗竭蹶之虞故其桑樹之栽培蠶種之製造飼育之熟練蠶病之驅除宜如何而得種種之效果以徵其進步又以最新最善之機械力以製其絲使省費省工省時而製成精良之品而後已羣策羣力相與有成非偶然也年來蠶學益明實力漸裕其國之農學士等著書立說每欲連合我國共圖改良甚謂我國蠶業富厚為地球冠一旦破覺其改良之迷夢實行教育得世界新學理之種桑養蠶製絲諸法以普及其國民即能挾其雄飛實力以蹂躪世界各國之社會其歆動若此聞其國人近合株式會社赴東三省暨朝鮮滿洲等地拓植蠶業某蠶業講習所亦派多員分投各處演說謂東三省氣候良好與日本無異誠能拓展蠶業革而新之用力少而成功並可歲增國庫鉅款等語處此農工商界競爭劇烈之時期鄰有勁敵殊堪隱憂然及時籌畫而謀所以對付之方提撕警覺為國民倡亦未必不能果操勝算除將日本蠶絲總會規章由留學生杜用選譯送呈請設立大清蠶絲總會外合將明治四十年絲業情形彙譯如左

其絲細潔而有光澤惟彈力稍弱纇節頗多且因氣候之關係而致蠶病之蔓延即撿查除病之術易流於怠不無缺憾耳雖然自二化蠶之種種進步使全國農民終歲勤動樂此不疲進而求其良法隨時增益當亦有完全美備之一日云現計二化蠶所出之絲已達總產額十分之三而強其學者研鑽攻究之功亦足多矣其如何種桑如何飼育如何而得堅韌光澤之絲仍當隨時調查另譯專書以備
採擇

东三省总督徐世昌致外务部咨文：

为呈送七八九三个月日本人游历清单

光绪三十四年十月十一日（1908 年 11 月 4 日）

按照光绪二十二年（1896）签订的《中日通商行船条约》第六款的规定，日本民人准许持照往中国内地游历，日本驻奉天总领事填给日本人护照持往东三省等处游历，由奉天交涉司加盖印章，并行文各地方官保护。游历的日本人名单由奉天地方政府汇录清单，呈报给东三省总督，再由东三省总督咨呈外务部备案。大量日本人借此游历勘查中国内地，盗取军事、社会、经济等各种情报。

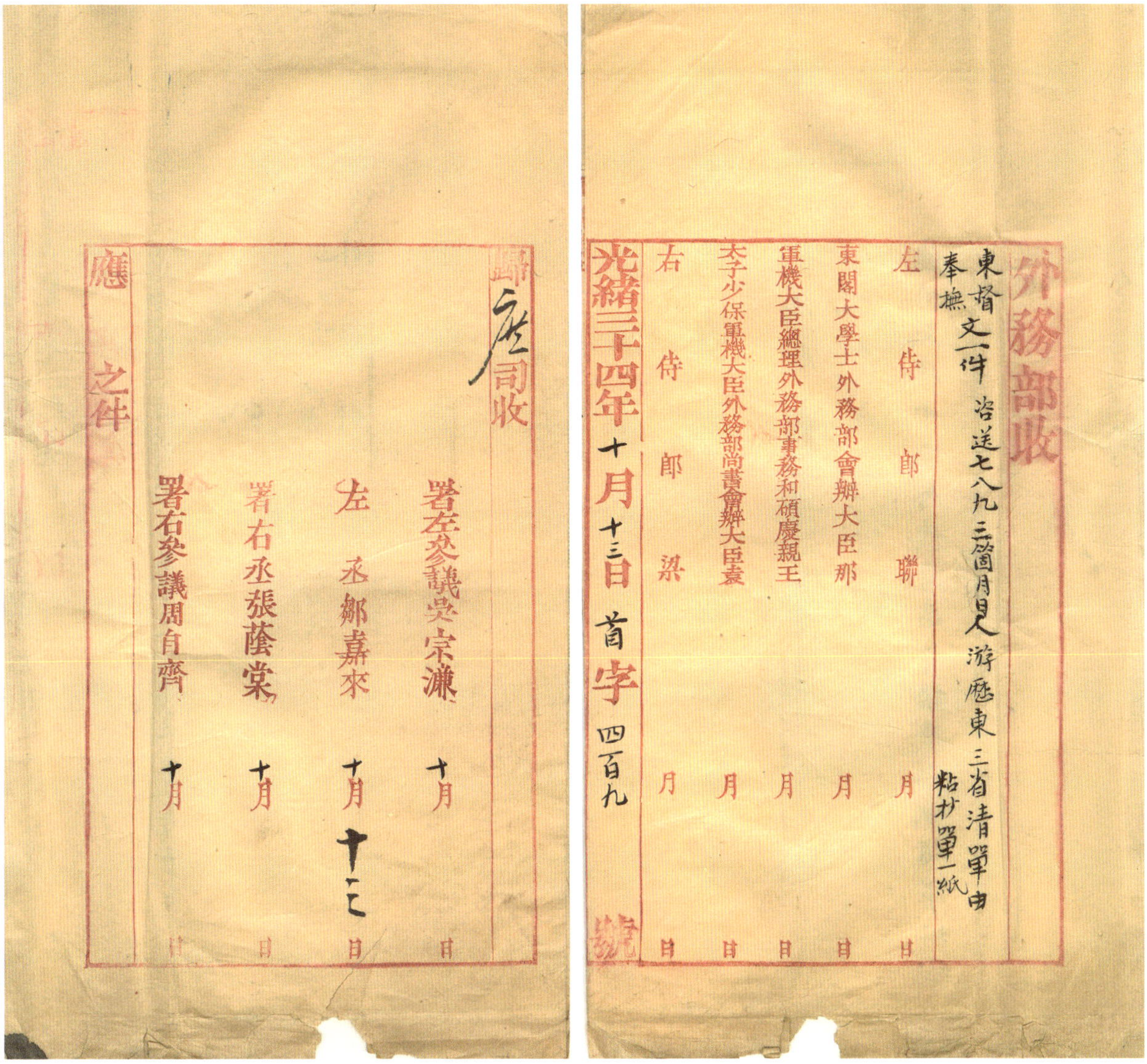
外務部收

東督
奉撫 文一件 咨送七八九三箇月日人游歷東三省清單由
粘抄單一紙

左 侍 郎 聯 月 日
東閣大學士外務部會辦大臣那 月 日
軍機大臣總理外務部事務和碩慶親王 月 日
太子少保軍機大臣外務部尚書會辦大臣袁 月 日
右 侍 郎 梁 月 日

光緒三十四年 十月 十三日 首字 四百九 號

歸 庶 司收

署左參議吳宗濂 十月 日
左 丞 鄒嘉來 十月 十二 日
署右丞張蔭棠 十月 日
署右參議周自齊 十月 日

應 之件

东三省总督徐世昌致外务部咨文之一（光绪三十四年十月十一日）

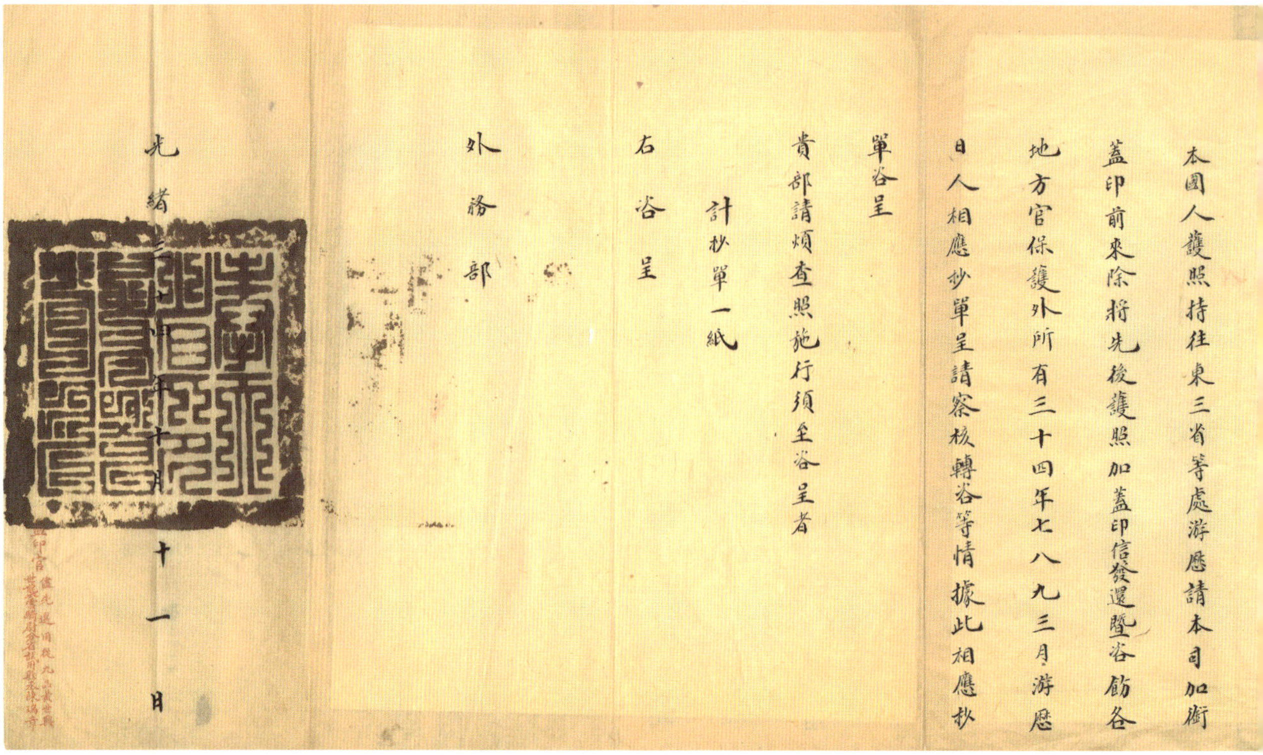
本國人護照持往東三省等處游歷請本司加銜
蓋印前來除將先後護照加蓋印信發還暨咨飭各
地方官保護外所有三十四年七八九三月游歷
日人相應抄單呈請咨核轉咨等情據此相應抄
單咨呈
貴部請煩查照施行須至咨呈者
計抄單一紙
右咨呈
外務部
光緒三十四年十月十一日

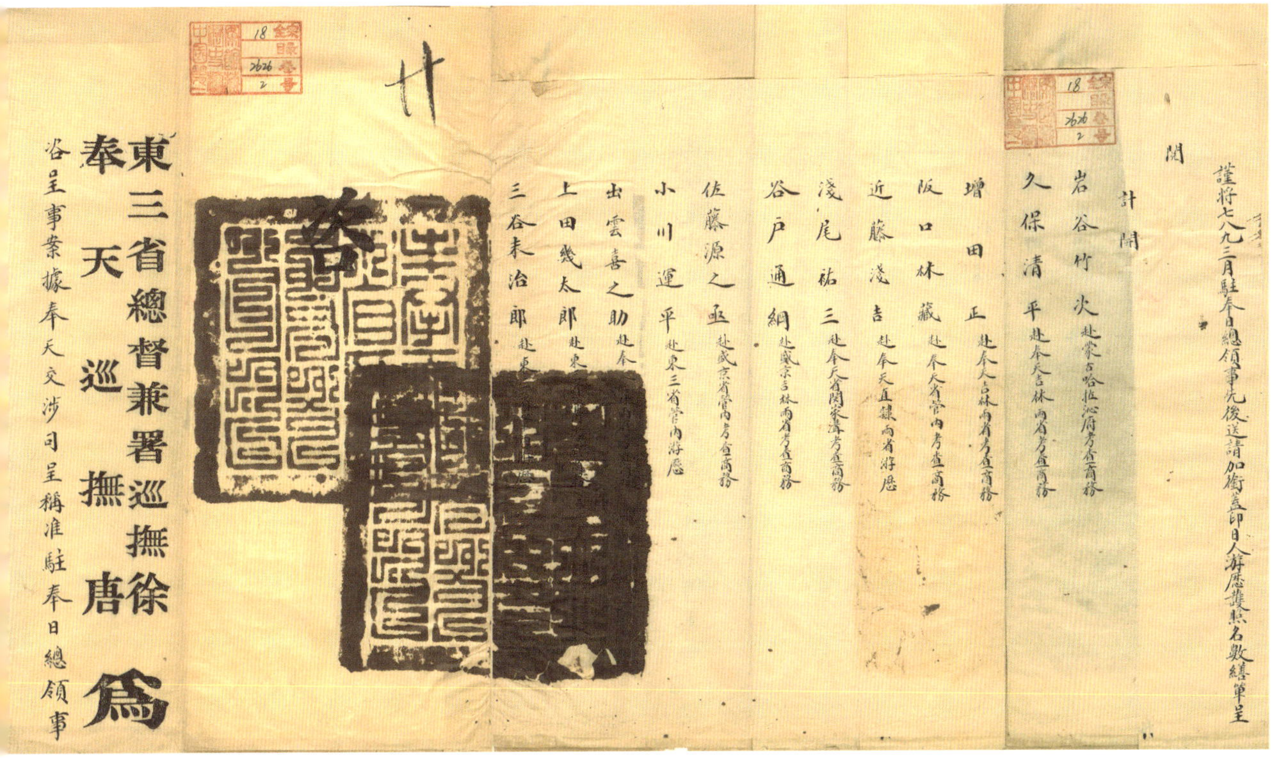

謹將七八九三月駐奉日總領事先後送請加銜蓋印日人游歷護照名數繕單呈
覽
計開
岩谷竹次 赴蒙古哈拉沁府考查商務
久保清平 赴奉天吉林兩省考查商務
增田正 赴奉天吉林兩省考查商務
阪口林藏 赴奉天省管內考查商務
近藤淺吉 赴奉天直隸兩省游歷
淺尾祐三 赴奉天省開家屯考查商務
谷戶通綱 赴盛京吉林兩省考查商務
佐藤源之丞 赴盛京省管內考查商務
小川運平 赴東三省管內游歷
出雲喜之助 赴奉
上田幾太郎 赴東
三谷末治郎 赴東

廿

東三省總督兼署巡撫徐
奉天巡撫唐 為
咨呈事案據奉天交涉司呈稱准駐奉日總領事

东三省总督徐世昌致外务部咨文之二（光绪三十四年十月十一日）

驻日大臣胡惟德致外务部咨呈：

为造送留学日本毕业生姓名册

宣统元年七月十九日（1909 年 9 月 3 日）

清末，中国兴起向东洋学习的热潮，大量留学生被派往日本，学习法政、师范、工程等。清政府在日本设立驻日游学生监督处对留学生进行管理。留学日本的中国各省官费、私费学生毕业后，由监督处查验文凭，发给证明书，回国后作为留学凭证。这是出使日本大臣胡惟德提交给外务部备案的自光绪三十四年（1908）九月至宣统元年（1909）七月十八日止发给各留学生证书表册，共计 1132 号。其中有程潜、黄绍祺、李烈钧、阎锡山、孙传芳等后来的民国风云人物。

歸和司收

應　之件

署左參議曾述棨　八月　日

署左丞周自齊　八月初六日

署右丞曹汝霖　八月　日

署右參議陳懋鼎　八月　日

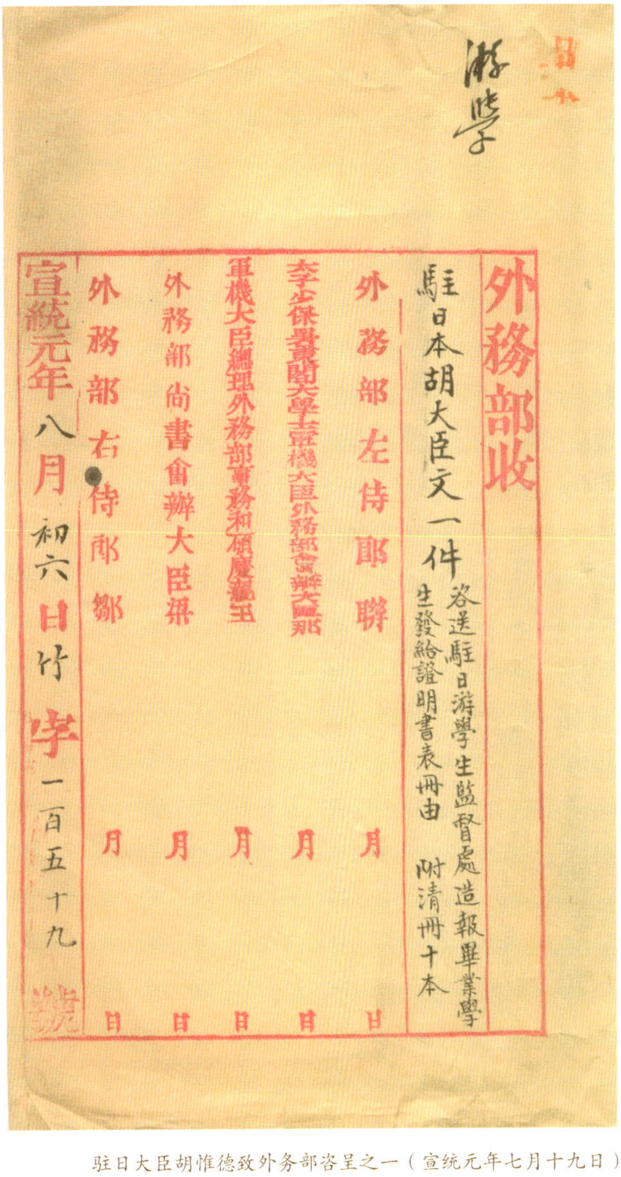

游學

外務部收

駐日本胡大臣文一件　咨送駐日游學生監督處造報畢業學生發給證明書表冊由　附清冊十本

外務部左侍郎聯　月　日

太子少保署東閣大學士軍機大臣外務部會辦大臣那　月　日

軍機大臣總理外務部事務和碩慶親王　月　日

外務部尚書會辦大臣梁　月　日

外務部右侍郎鄒　月　日

宣統元年八月初六日竹字一百五十九號

驻日大臣胡惟德致外务部咨呈之一（宣统元年七月十九日）

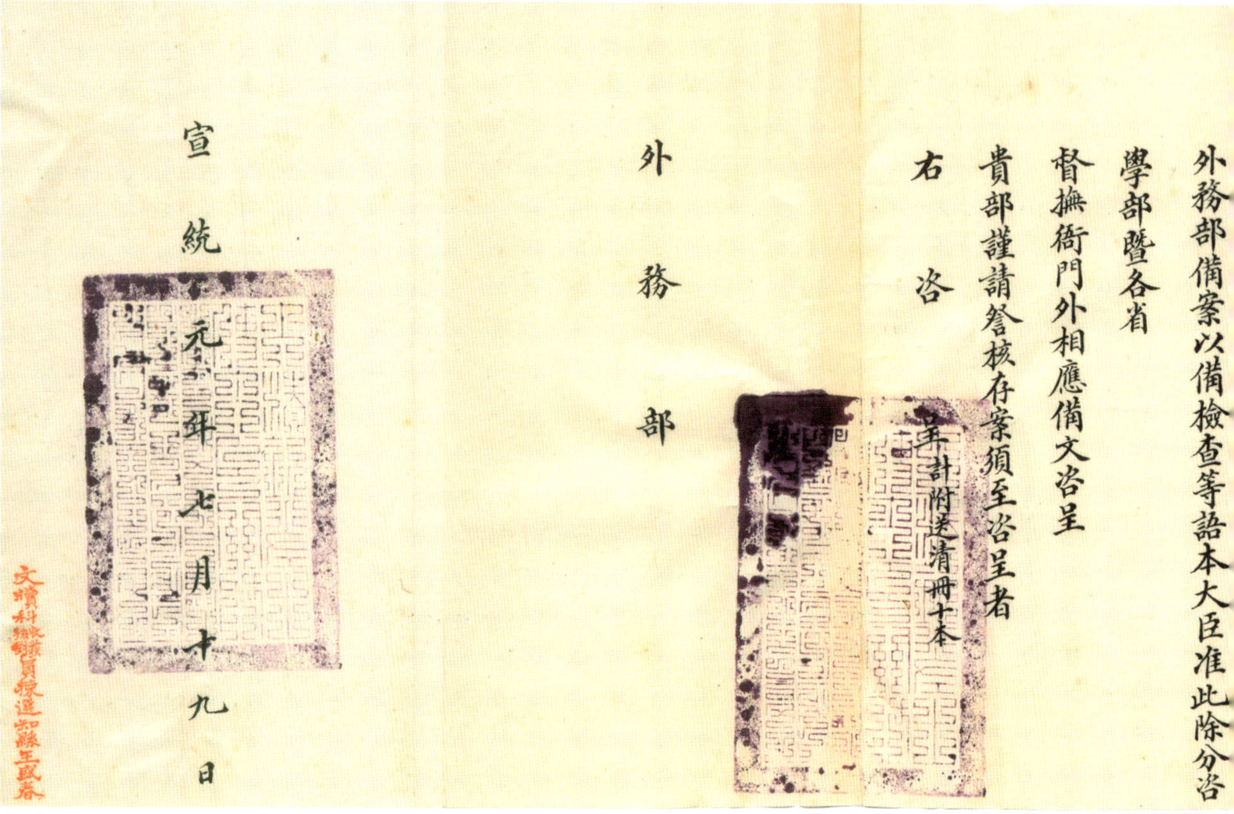

外務部備案以備檢查等語本大臣准此除分咨
學部暨各省
督撫衙門外相應備文咨呈
貴部謹請詧核存案須至咨呈者
右咨呈
計附送清冊十本
外務部
宣統元年七月十九日
文牘科收發貢生揀選知縣王鉽春

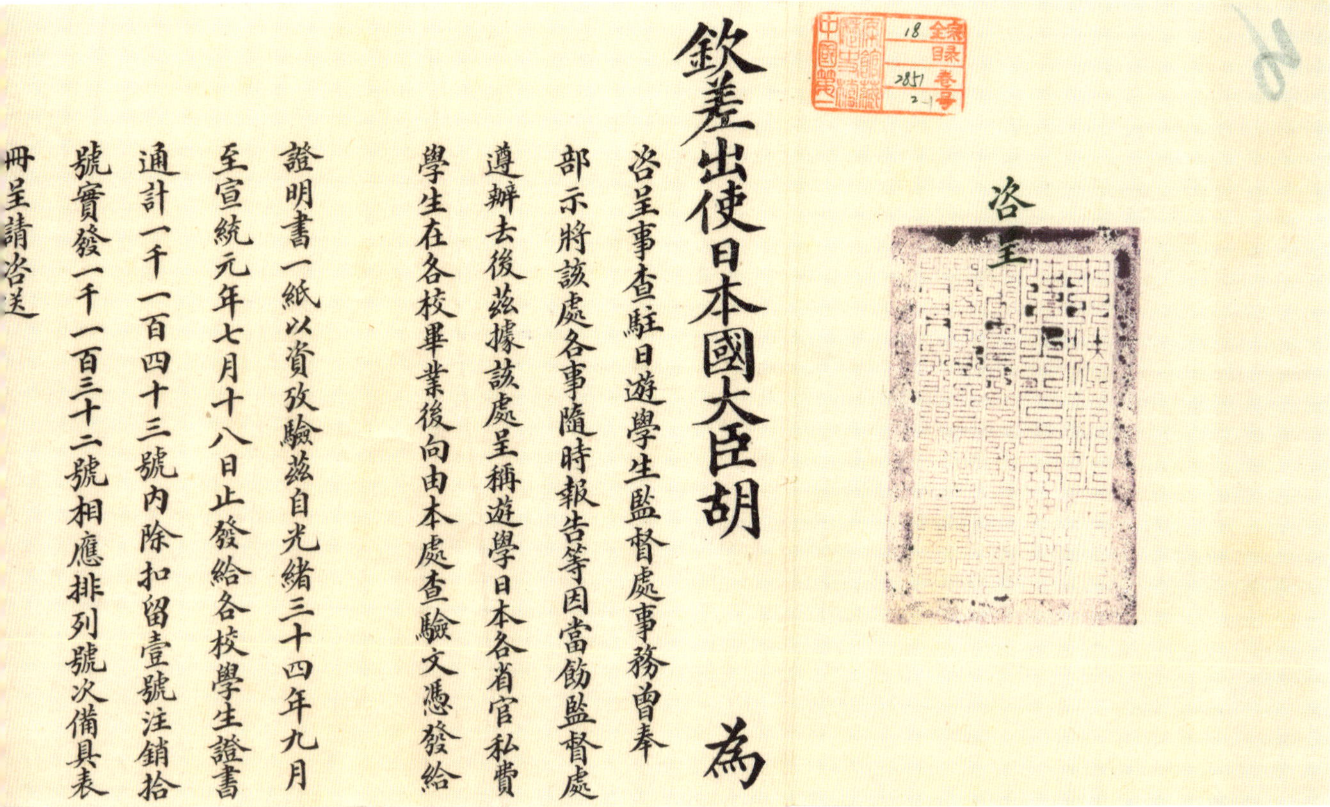

咨呈

欽差出使日本國大臣胡　為
咨呈事查駐日遊學生監督處事務曾奉
部示將該處各事隨時報告等因當飭監督處
遵辦去後茲據該處呈稱遊學日本各省官私費
學生在各校畢業後向由本處查驗文憑發給
證明書一紙以資攷驗茲自光緒三十四年九月
至宣統元年七月十八日止發給各校學生證書
通計一千一百四十三號內除扣留壹號注銷拾
號實發一千一百三十二號相應排列號次備具表
冊呈請咨送

驻日大臣胡惟德致外务部咨呈之二（宣统元年七月十九日）

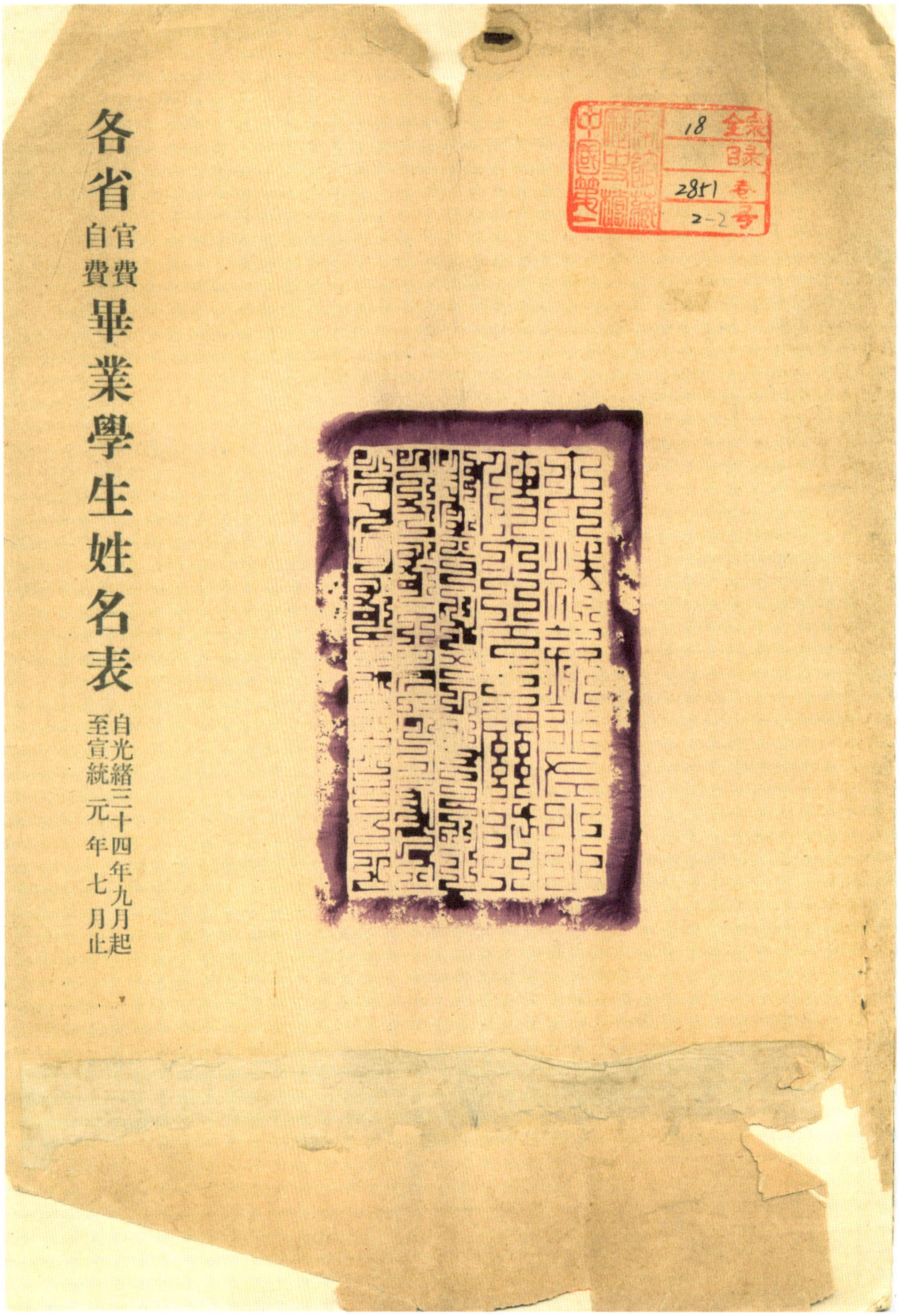
各省官費自費畢業學生姓名表

自光緒三十四年九月起至宣統元年七月止

各省官費自費畢業學生姓名表

自光緒三十四年九月起至宣統元年七月止

姓名	籍貫費別	到東年月	畢業學校	入學年月	年月號數	備考
袁復	四川自費	光緒三十二年六月	東亞蠶業學校	光緒三十二年八月	光緒三十四年九月東字第一號	
張榮菘	陝西自費	仝三十三年三月	仝	仝三十三年八月	仝東字第二號	
徐清	湖南自費	仝三十一年九月	宏文學校	仝三十一年九月	仝東字第三號	
仇鼇	湖南自費		法政大學		仝東字第四號	扣留
陳志仁	四川自費	仝三十年五月	東斌學校	仝三十三年五月	仝東字第五號	
何僅	江蘇自費	仝三十一年九月	成城學校	仝三十二年正月	仝東字第六號	
劉成志	江蘇官費	仝二十八年十一月	東京帝國大學	仝三十一年八月	仝東字第七號	考字存根冊尚未備齊故未編入
黃壽喬	江西官費	仝三十年七月	岩倉鐵道學校	仝年九月	仝東字第八號	
趙正印	山東官費	仝三十一年八月	宏文學校	仝三十二年四月	仝東字第九號	
徐茂松	江西公費	仝三十二年四月	仝	仝年四月	仝東字第一〇號	

驻日大臣胡惟德致外务部咨呈之三（宣统元年七月十九日）

陳佶	四川自費	光緒三十三年七月	信濃蠶業學校	光緒三十三年八月	宣統元年正月東字第一一五號
李蓼	湖南自費	仝三十二年四月	東斌學校	仝三十二年五月	仝東字第一一六號
劉鐵	湖北自費	仝三十一年四月	仝	仝三十一年四月	仝東字第一一七號
張翼	湖南自費	仝三十二年五月	仝	仝三十二年七月	仝東字第一一八號
晏舜卿	四川自費	仝三十三年三月	仝	仝三十三年五月	仝東字第一一九號
蔣熙宇	直隸自費	仝三十二年正月	同文書院	仝三十二年二月	仝東字第一二〇號
馮瓊光	四川自費	仝三十一年二月	信濃蠶業學校	仝上	仝東字第一二一號
溫壽泉	山西官費	仝三十年六月	士官學校	仝三十年六月	仝東字第一二二號
閻錫山	山西官費	仝二十九年六月	仝	仝二十九年六月	仝東字第一二三號
姚以价	山西官費	仝三十年八月	仝	仝三十年八月	仝東字第一二四號
楊曾蔚	河南官費	仝年九月	仝	仝年九月	仝東字第一二五號
郭封	四川自費	仝三十一年三月	東斌學校	仝三十二年正月	仝東字第一二六號
周希頤	江西官費	仝三十二年三月	仝	仝年五月	仝東字第一二七號

一〇

楊文愷	直隸官費	仝三十年八月	士官學校	仝三十年八月	仝東字第一二八號
孫傳芳	山東官費	仝上	仝	仝年八月	仝東字第一二九號
劉蕃	湖北自費	仝二十八年十二月	法政大學	仝三十一年九月	仝東字第一三〇號
洪錦聰	浙江自費	仝三十一年十月	東斌學校	仝三十一年十月	仝東字第一三一號
張紹良	湖北自費	仝年七月	仝	仝三十一年九月	仝東字第一三二號
阮慶潮	河南自費	仝年九月	宏文學校	仝三十二年二月	仝東字第一三三號
孫方瑜	安徽官費	仝三十年七月	士官學校	仝三十年七月	仝東字第一三四號
譚學夔	廣東官費	仝二十八年七月	仝	仝二十八年七月	仝東字第一三五號
唐堯佐	湖南自費	仝三十年六月	大阪高等豫備學校	仝三十一年九月	仝東字第一三六號
馮仕驥	安徽自費	仝三十二年八月	宏文學校	仝三十二年九月	仝東字第一三七號
夏屏	江蘇自費	仝三十年七月	經緯學校	仝年二月	仝東字第一三八號
馬林	安徽官費	仝年九月	士官學校	仝三十年九月	仝東字第一三九號
曾忠英	四川自費	仝三十二年六月	信濃蠶業學校	仝三十三年八月	仝東字第一四〇號

加編考字第四號

一一

黃文駿	四川自費	光緒三十三年正月	東亞鐵業學校	光緒三十三年正月	光緒卅四年十一月東字第三七號
舒和鈞	湖南官費	仝二十九年三月	士官學校	仝二十九年三月	仝東字第三八號
程潛	湖南官費	仝三十年九月	仝	仝三十年九月	仝東字第三九號
黃紹祺	浙江官費	仝二十八年十二月	仝	仝二十八年十二月	仝東字第四十號
耿文	湖北官費	仝三十年一月	仝	仝三十年五月	仝東字第四一號
張遵先	直隸官費	仝年十月	測量部	仝三十二年四月	仝東字第四二號
杜承休	湖北自費	仝三十二年八月	法政大學	仝年九月	仝東字第四三號
黃愷元	湖北官費	仝二十九年四月	士官學校	仝二十九年八月	仝東字第四四號
陳錦章	湖北官費	仝二十七年五月	測量部	仝二十七年五月	仝東字第四五號
任本昭	湖北官費	仝三十年十月	仝	仝三十一年五月	仝東字第四六號
曾昭文	河南官費	仝年八月	仝	仝年八月	仝東字第四七號
李鐘本	雲南官費	仝年十月	仝	仝年十月	仝東字第四八號
吳元鈞	湖北官費	仝二十九年正月	士官學校	仝二十九年二月	仝東字第四九號

速成班

四

仇式匡	湖南官費	光緒二十九年三月	仝	光緒二十九年七月	仝東字第六三號
夏占奎	湖北官費	仝年十二月	仝	仝年十二月	仝東字第六四號
李浚	湖北官費	仝年五月	仝	仝年五月	仝東字第六五號
李任	湖南官費	仝年七月	仝	仝年十二月	仝東字第六六號
袁華選	湖南官費	仝年十月	仝	仝年十月	仝東字第六七號
盧香亭	直隸官費	仝年八月	仝	仝三十三年十一月	仝東字第六八號
袁宗翰	湖南官費	仝年一月	仝	仝二十九年二月	仝東字第六九號
李烈鈞	江西官費	仝年八月	仝	仝三十三年十一月	仝東字第七〇號
高兆奎	湖南官費	仝二十八年十二月	仝	仝二十八年十二月	仝東字第七一號
石鐸	浙江官費	仝年八月	仝	仝年九月	仝東字第七二號
王滇	福建官費	仝二十九年九月	仝	仝二十九年十二月	仝東字第七三號
熊孝弼	湖北官費	仝三十年正月	仝	仝三十年正月	仝東字第七四號
李一蕃	湖南官費	仝年五月	測量部	仝年五月	仝東字第七五號

六

驻日大臣胡惟德致外务部咨呈之四（宣统元年七月十九日）

驻日大臣胡惟德致外务部咨呈：

为送本年夏季出使报告事

宣统元年十月二十七日（1909年12月9日）

宣统元年（1909）闰二月，外务部奏定《出使报告章程》，要求各驻外使馆按期编订出使报告，共分为外交、政治、军务、商务、学务五门。宣统元年十月，出使日本大臣胡惟德造具本年夏季出使报告一册，包括政治、军务、学务三门，咨呈外务部。

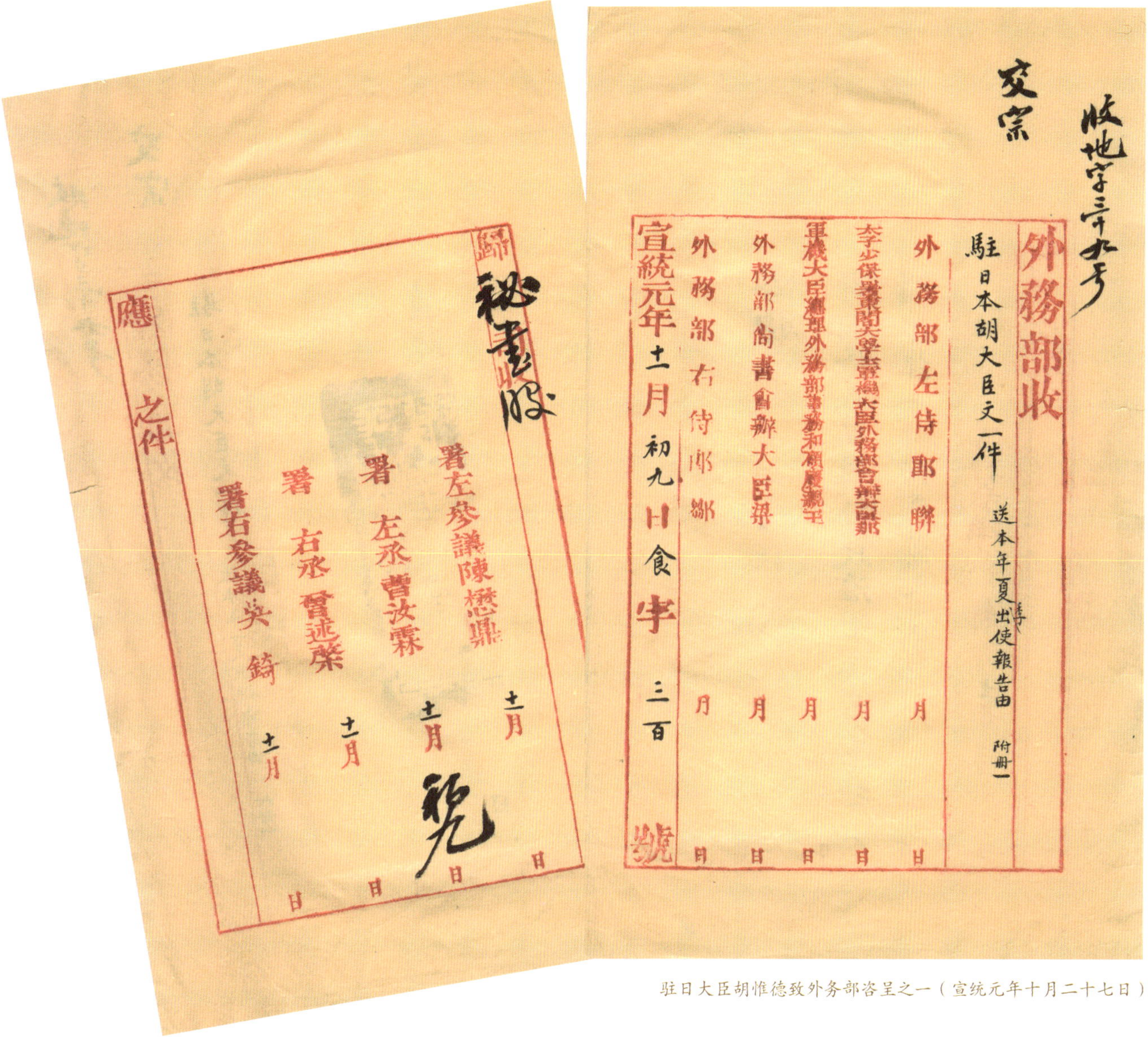

驻日大臣胡惟德致外务部咨呈之一（宣统元年十月二十七日）

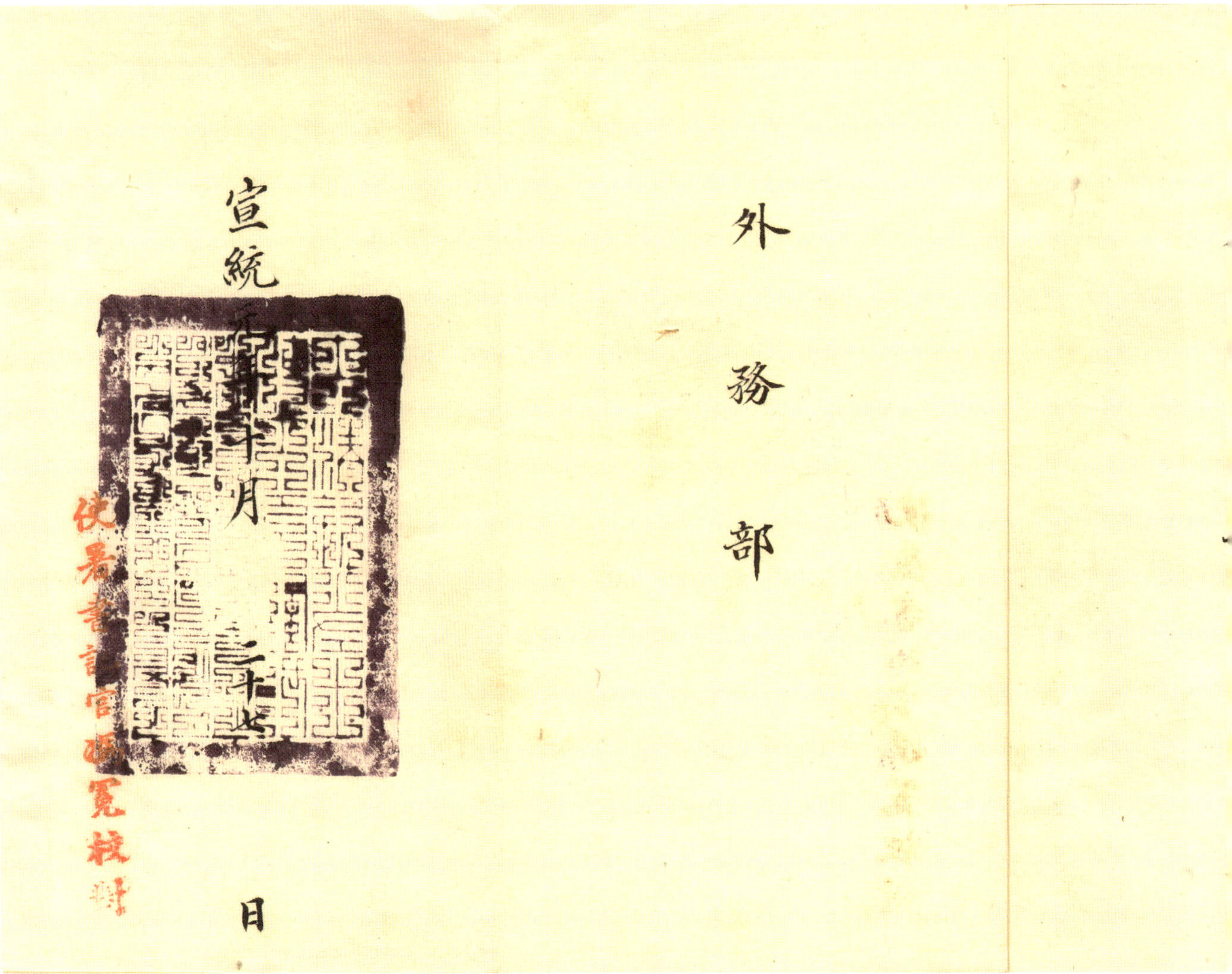

外務部

宣統元年十月二十七日

使署書記官[illegible]寬校對

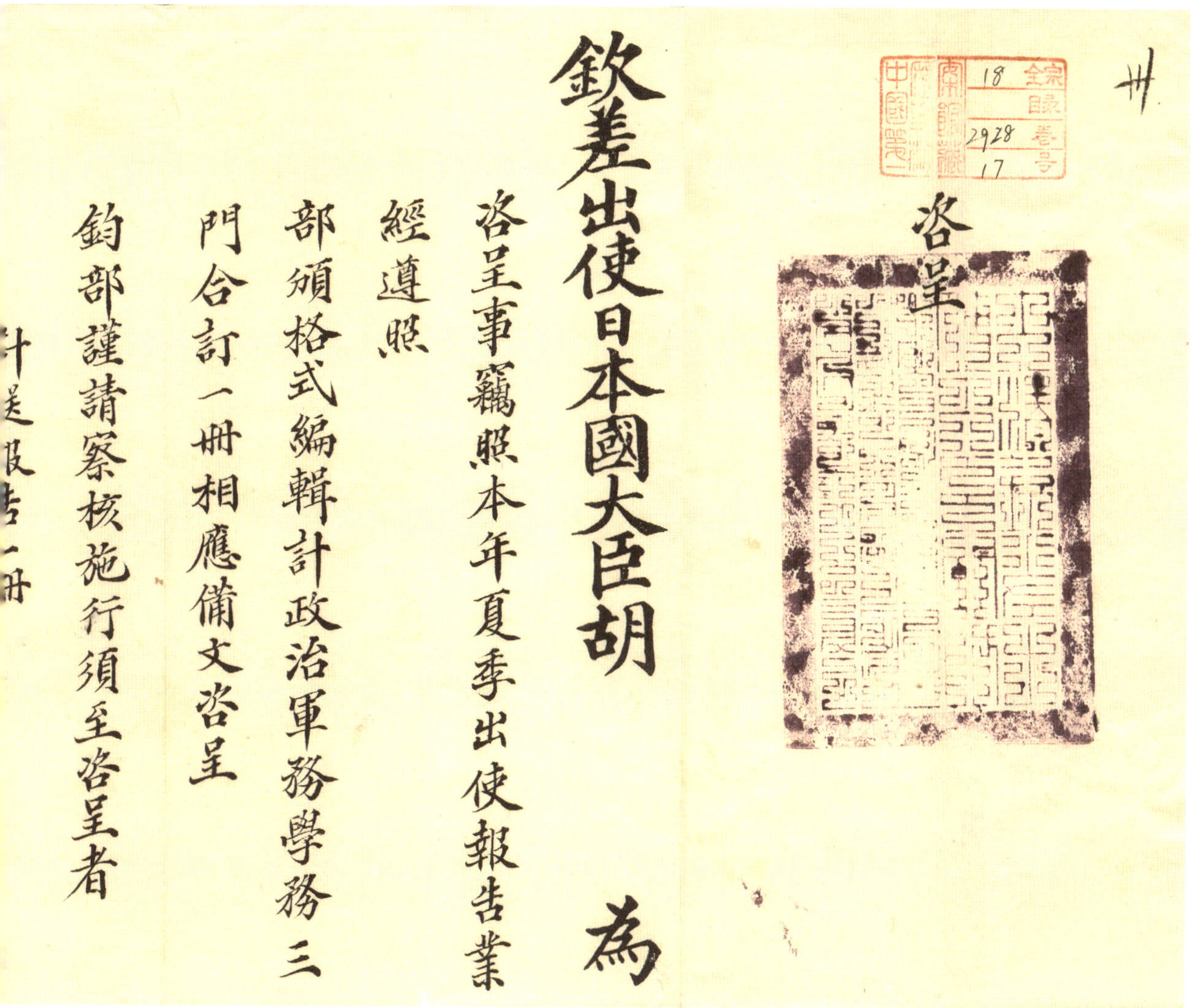
卅

咨呈

欽差出使日本國大臣胡　為
咨呈事竊照本年夏季出使報告業
經遵照
部頒格式編輯計政治軍務學務三
門合訂一冊相應備文咨呈
鈞部謹請察核施行須至咨呈者
計送報告一冊

驻日大臣胡惟德致外务部咨呈之二（宣统元年十月二十七日）

驻日代办吴振麟致外务部信函：

为报告日本实业团回国情形事

宣统二年六月十三日（1910 年 7 月 19 日）

宣统二年（1910），日本实业团游历中国考察，于年中返回日本。据吴振麟报告，日本实业团“极口称赞中国朝野欢迎之盛”，尤其是对于从北京特派专车运送他们前往汉口，及派兵士护送两事，最为感激。日本朝野也认为实业团此行“确有裨益”。于是，日本天皇、外务大臣、农商务大臣、东京商业会议所、东京同文会等均分别设宴洗尘。清朝驻日公使馆也宴请了实业团。可见，日本实业团访华取得了良好效果。

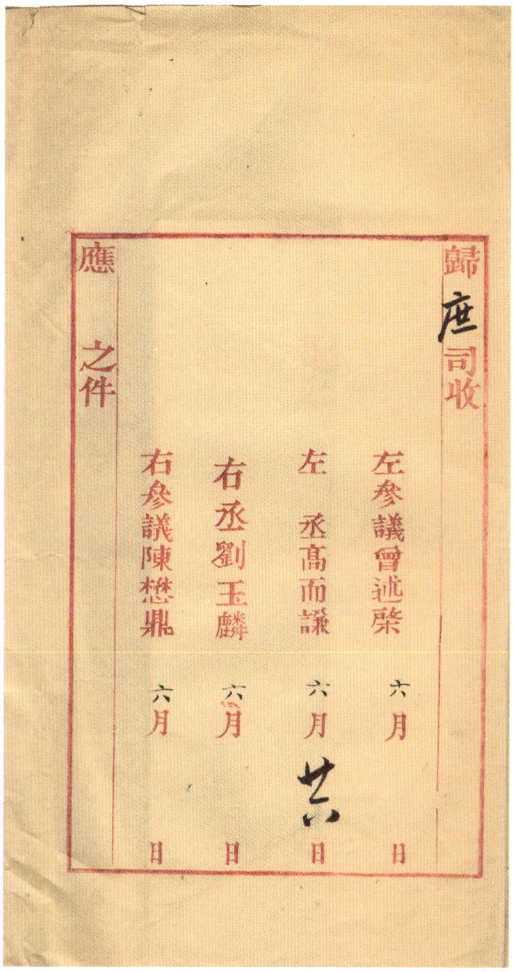
歸庶司收
左參議曾述棨　六月　日
左丞高而謙　六月廿六日
右丞劉玉麟　六月　日
右參議陳懋鼎　六月　日
應　之件

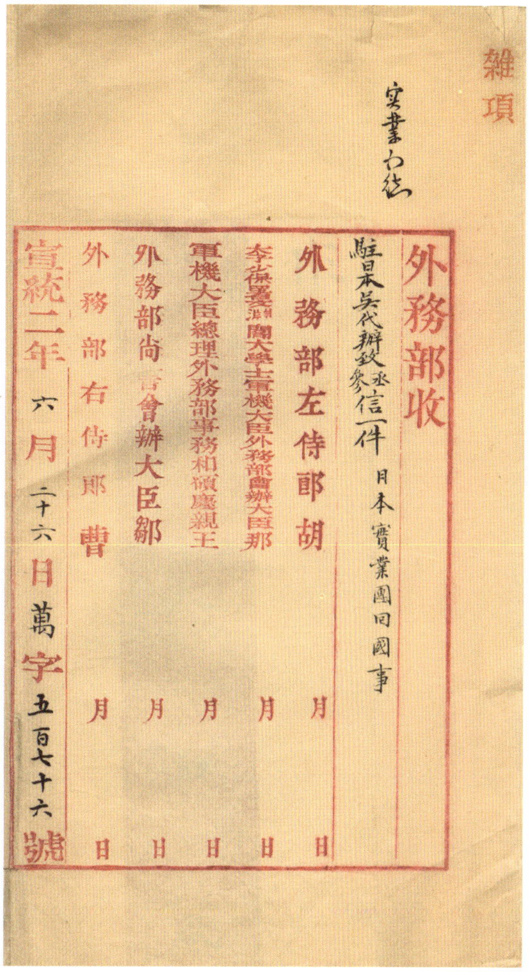
雜項
實業司稿
外務部收
駐日本吳代辦致丞參信一件　日本實業團回國事
外務部左侍郎胡　月　日
協辦大學士軍機大臣外務部會辦大臣那　月　日
軍機大臣總理外務部事務和碩慶親王　月　日
外務部尚書會辦大臣鄒　月　日
外務部右侍郎曹　月　日
宣統二年六月二十六日萬字五百七十六號

驻日代办吴振麟致外务部信函之一（宣统二年六月十三日）

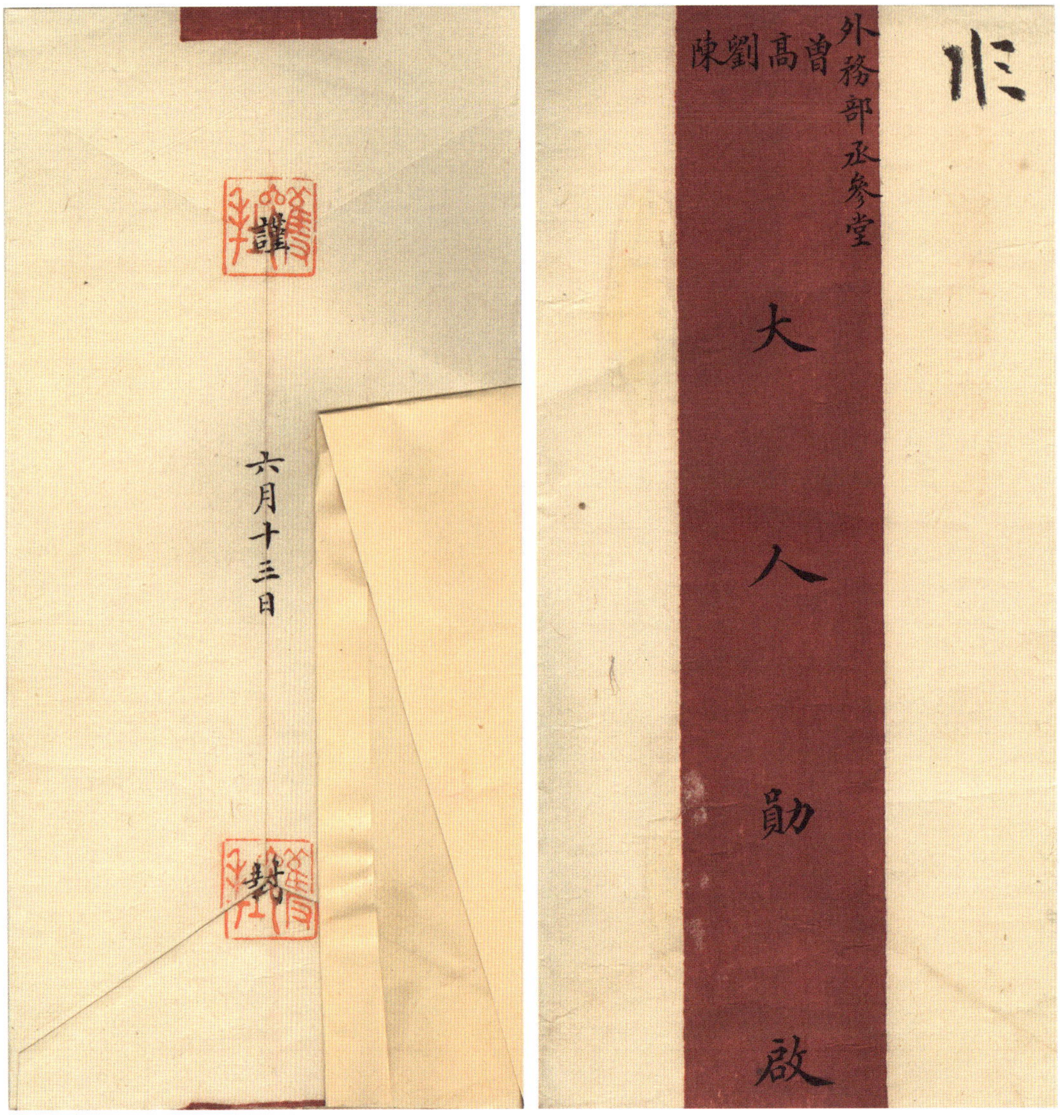
外務部丞參堂
曾
高
劉
陳
大人勛啟
謹
六月十三日
封

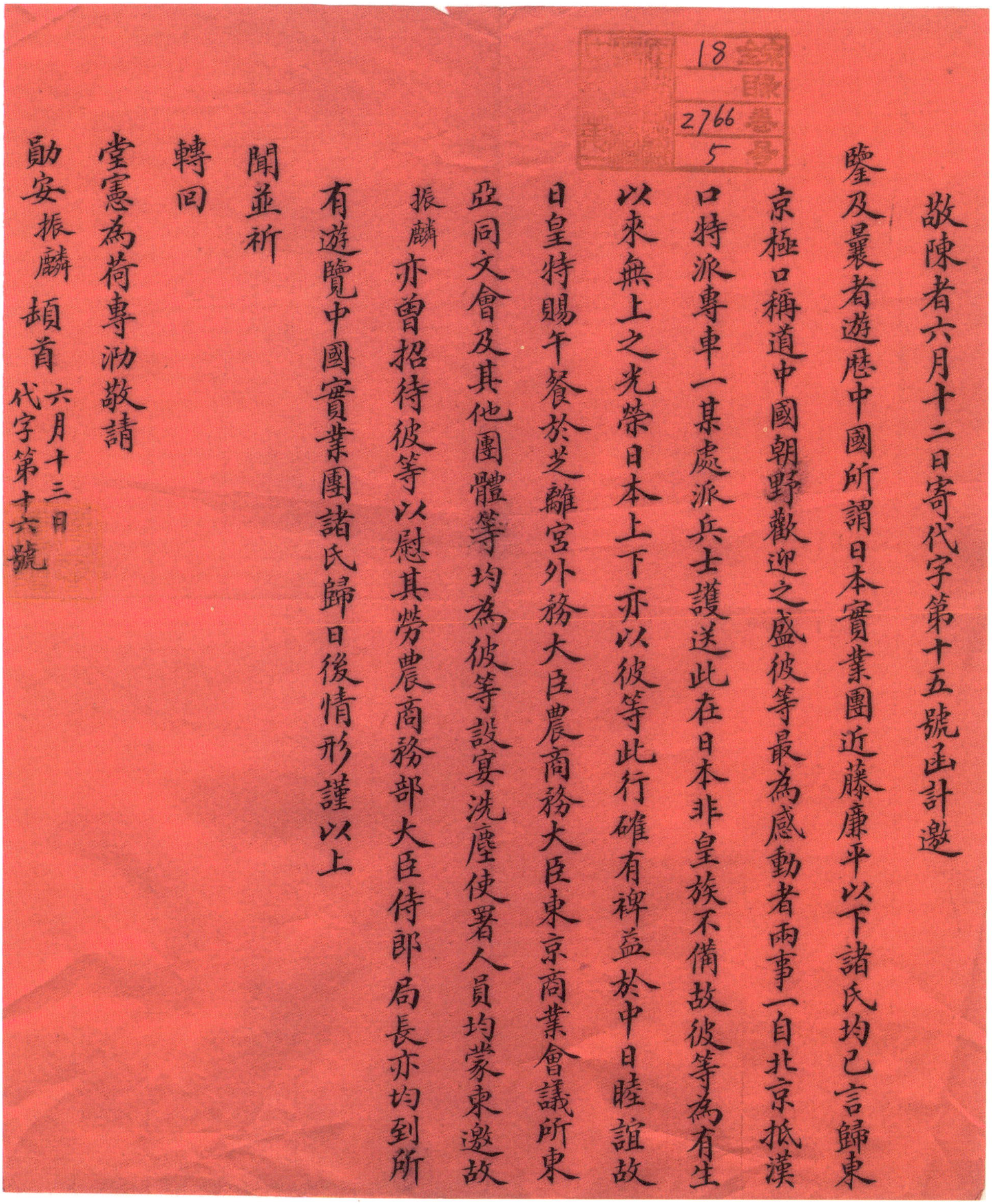

敬陳者六月十二日寄代字第十五號函計邀
鑒及曩者遊歷中國所謂日本實業團近藤廉平以下諸氏均已言歸東京極口稱道中國朝野歡迎之盛彼等最為感動者兩事一自北京抵漢口特派專車一某處派兵士護送此在日本非皇族不備故彼等為有生以來無上之光榮日本上下亦以彼等此行確有裨益於中日睦誼故
日皇特賜午餐於芝離宮外務大臣農商務大臣東京商業會議所東亞同文會及其他團體等均為彼等設宴洗塵使署人員均蒙柬邀故振麟亦曾招待彼等以慰其勞農商務部大臣侍郎局長亦均到所有遊覽中國實業團諸氏歸日後情形謹以上
聞並祈
轉回
堂憲為荷專泐敬請
勛安振麟頓首 六月十三日
代字第十六號

驻日代办吴振麟致外务部信函之二（宣统二年六月十三日）

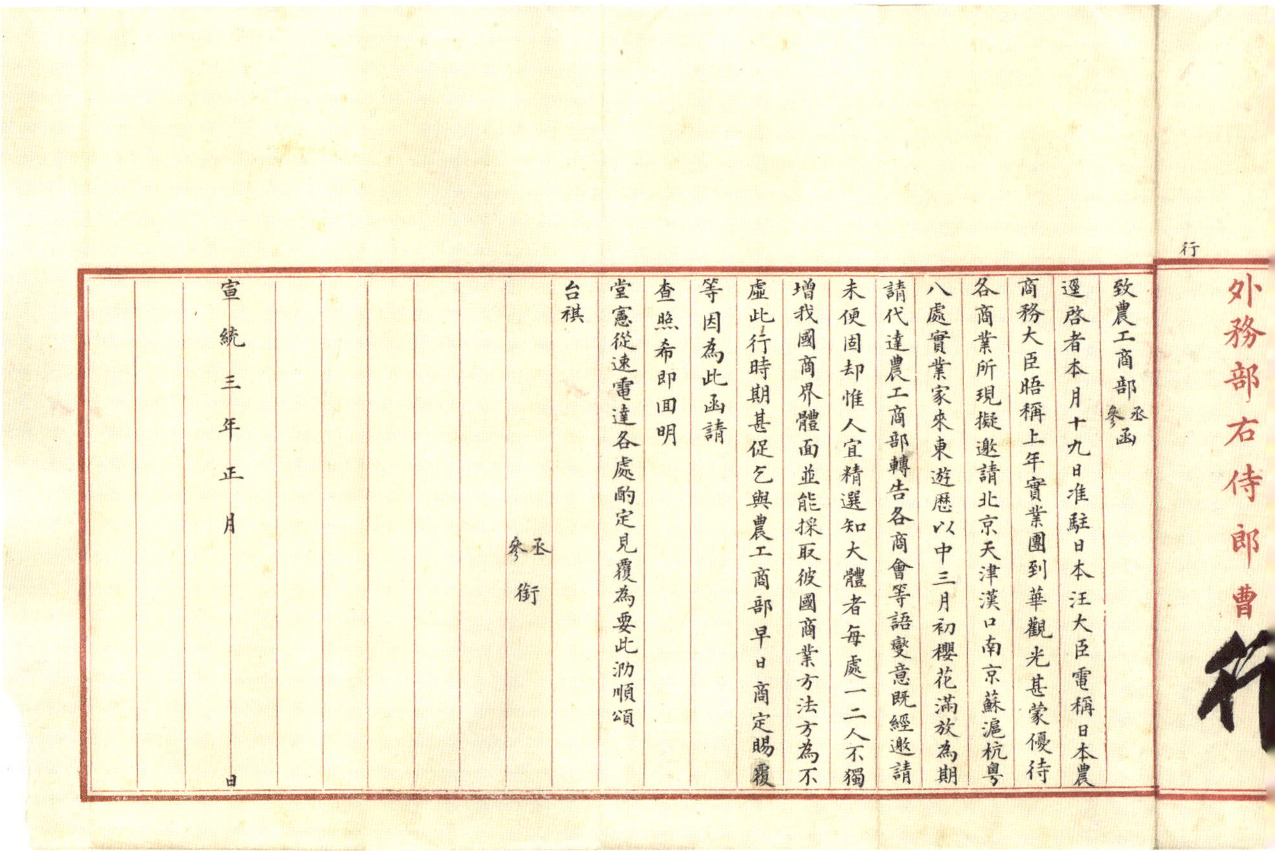

行

外務部右侍郎曹 行

致農工商部 丞參 函

逕啓者本月十九日准駐日本汪大臣電稱日本農
商務大臣晤稱上年實業團到華觀光甚蒙優待
各商業所現擬邀請北京天津漢口南京蘇滬杭粵
八處實業家來東遊歷以中三月初櫻花滿放為期
請代達農工商部轉告各商會等語變意既經邀請
未便固却惟人宜精選知大體者每處一二人不獨
增我國商界體面並能採取彼國商業方法方為不
虛此行時期甚促乞與農工商部早日商定賜覆
等因為此函請
查照希即囬明
堂憲從速電達各處酌定見覆為要此泐順頌
台祺
丞參 銜

宣統三年正月 日

外务部致农工商部信函稿：

为日本各商业所拟邀京津等八处实业家来日本游历希速办见复事

宣统三年正月二十一日（1911年2月19日）

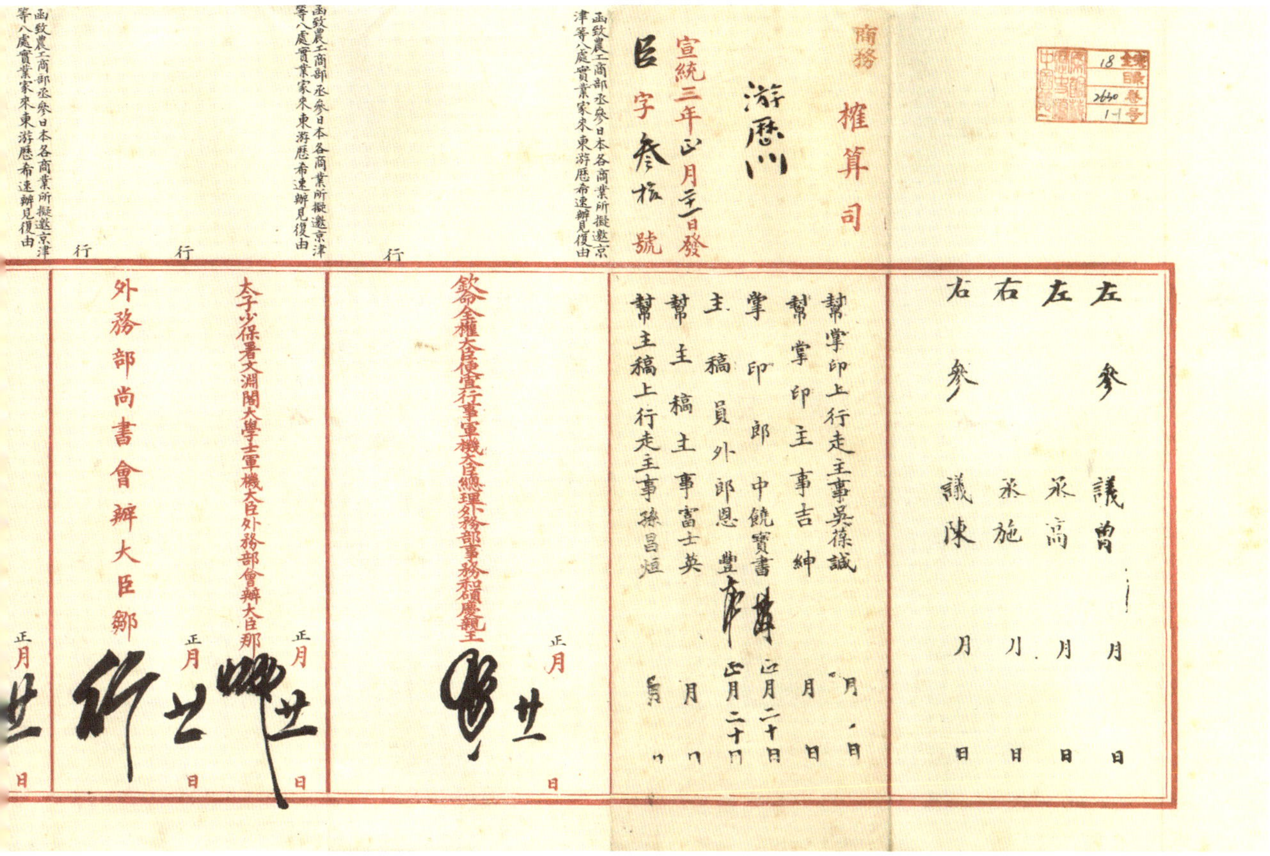

商務 榷算司

游歷 川

宣統三年正月二十一日發

臣字叁拾號

函致農工商部丞參日本各商業所擬邀京津等八處實業家來東遊歷希速辦見復由

左參議曾 月 日

左丞高 月 日

右丞施 月 日

右參議陳 月 日

幫掌印上行走主事吳葆誠 月 日

幫掌印主事吉紳 月 日

掌印郎中銑寶書 正月二十日

主稿員外郎恩豐 正月二十日

幫主稿主事富士英 月 日

幫主稿上行走主事孫昌烜 月 日

欽命全權大臣便宜行事軍機大臣總理外務部事務和碩慶親王 正月廿日

太子少保署文淵閣大學士軍機大臣外務部會辦大臣那 正月廿日

外務部尚書會辦大臣鄒 正月廿日

外务部致农工商部信函稿（宣统三年正月二十一日）

外务部以丞参的名义致函农工商部称，因去年日本实业团访华观光考察，“甚蒙优待”，礼尚往来，因此，日方拟邀请北京、天津、汉口、南京、苏沪杭粤等八处实业家前往日本游历，希望在三月初就起程。外务部认为，日本盛情相邀，不便推却，建议农工商部挑选“知大体者每处一二人”，前往考察。这样，“不独增我国商界体面，并能采取彼国商业方法”，对于联络感情、学习先进商业方法，都有益处。

日本驻华公使本多熊太郎致外务部信函：

为本国农商务省拟互换商品陈设事

宣统三年二月十五日（1911年3月15日）

外务部致日本驻华公使信函稿：

为互寄商品标本陈列事准农工商部咨允事

宣统三年二月二十七日（1911年3月27日）

宣统二年（1910），日本农商务省商务局长大久保赴华考察商务时，路经北京，得到农工商部尚书溥颋的会见，谈及两国互寄商品样品陈列一事。大久保回国后，向日本农商务省汇报此事，得到同意。日本农商务省认为“互寄商品陈设，俾众观览，于两国实业裨益非浅”。于是，由日本驻华公使转行外务部转咨农工商部斟酌办理。

外务部接到日本驻华公使信函后，马上咨行农工商部。农工商部咨复同意。农工商部在京城开设了京师劝工陈列所，内设参考室，负责选取中外物产，可供研究者特别陈列，以资参考。农工商部认为，如果日本寄来商品样品，就可以在参考室中陈列。至于中国应寄日本物品，也由京师劝工陈列所办理。外务部接到农工商部的回复后，就复函告知日本驻华公使，转达日本国内。

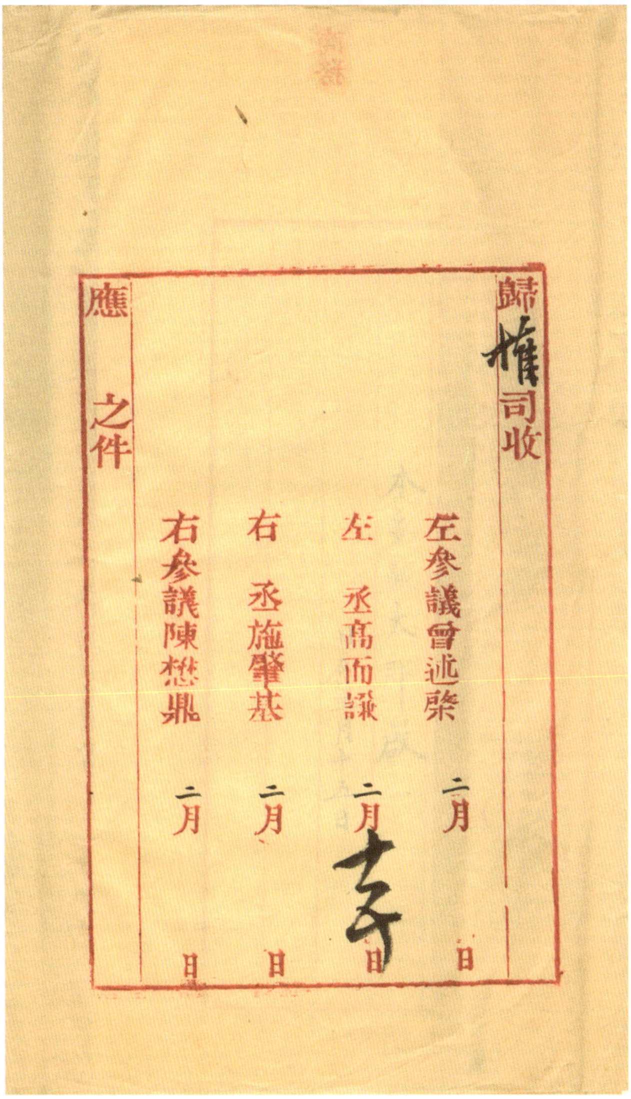
歸榷司收

應　之件

左參議曾述棨　二月　日

左　丞高而謙　二月十五日

右　丞施肇基　二月　日

右參議陳懋鼎　二月　日

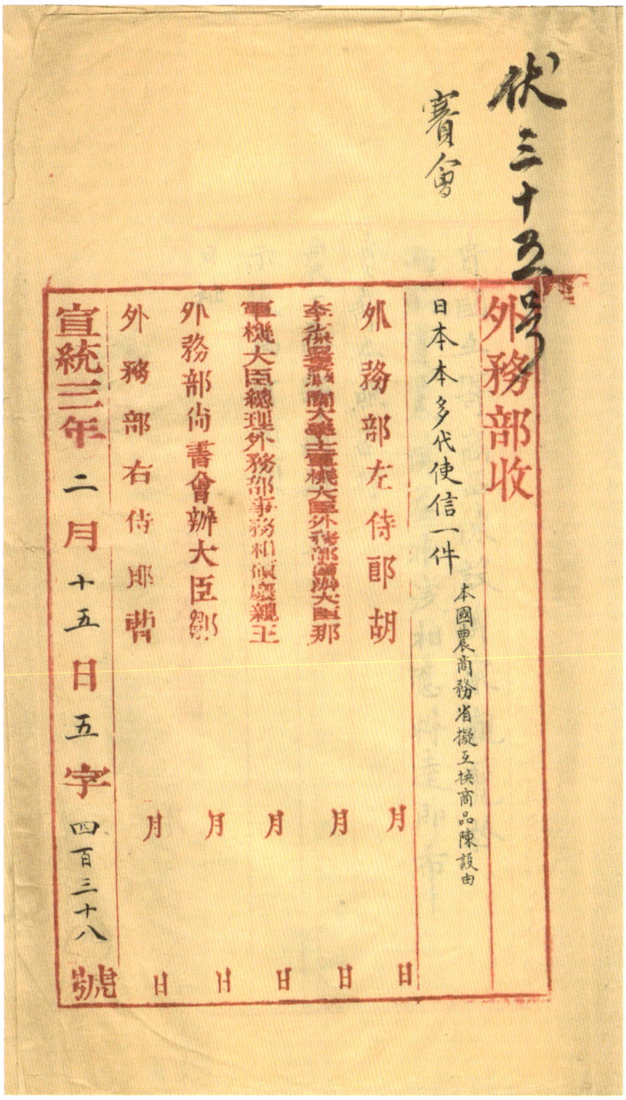
伏三十五號

賽會

外務部收

日本本多代使信一件

本國農商務省擬互换商品陳設由

外務部左侍郎胡　月　日

太子少保體仁閣大學士軍機大臣外務部會辦大臣那　月　日

軍機大臣總理外務部事務和碩慶親王　月　日

外務部尚書會辦大臣鄒　月　日

外務部右侍郎曹　月　日

宣統三年二月十五日五字四百三十八號

日本驻华公使本多熊太郎致外务部信函之一（宣统三年二月十五日）

貴國互寄商品陳設俾衆觀覽於
兩國實業裨益非淺相應轉達即希
貴部查照咨行
農工商部酌辦並
示復爲荷順頌
日祉
本多熊太郎啟
日歷三月十五日

逕啟者准本國
外務省函稱上年
農商務省大久保商務局長游歷中國攷察
商務道經北京見
農工商部溥大臣談及兩國互寄商品標本
陳列一事
溥大臣頗為贊成惟以行色匆忙未及敘細回
國報告農商務省甚願與中國商訂辦法
實行此事請轉商見覆等語查互換商品
陳列各國向來有之今本國農商務省擬商

日本驻华公使本多熊太郎致外务部信函之二（宣统三年二月十五日）

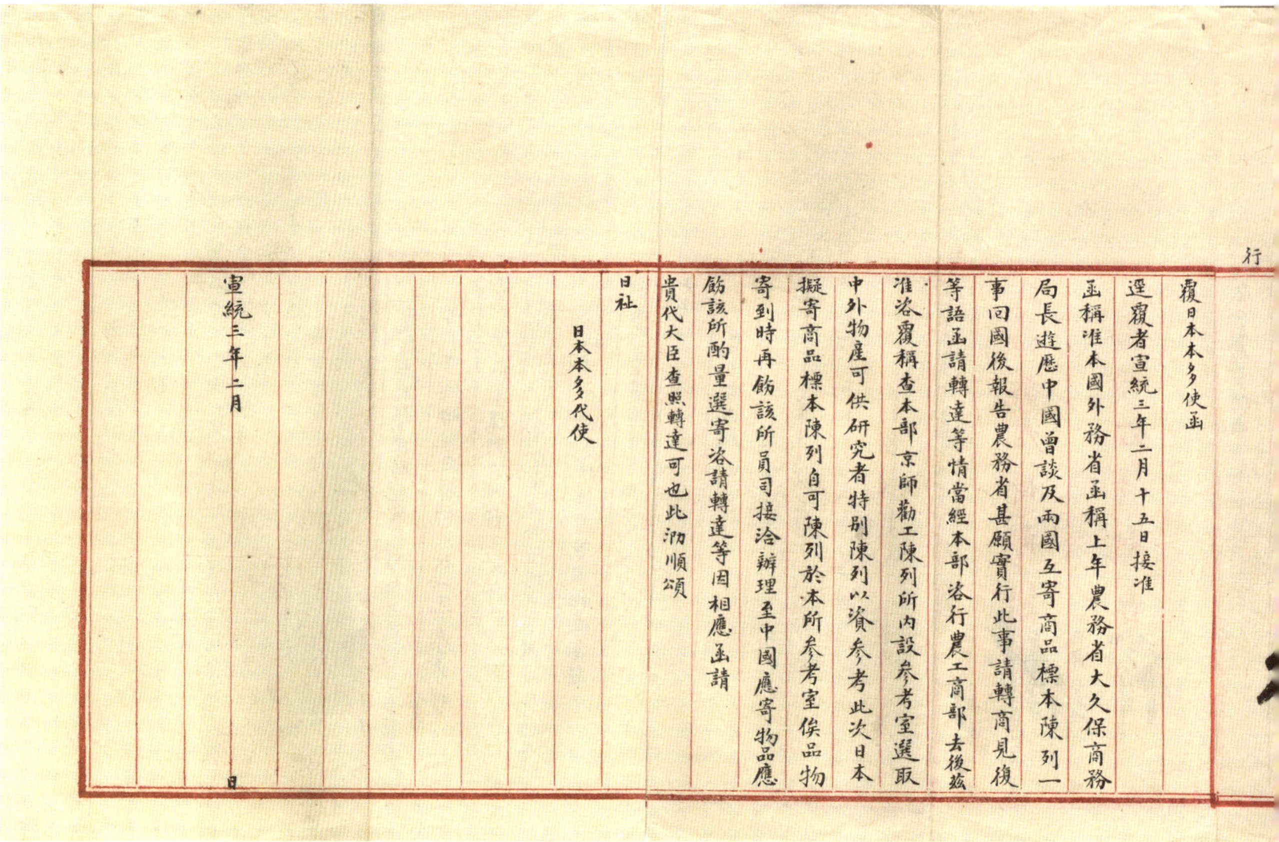

行

覆日本本多使函

逕覆者宣統三年二月十五日接准

函稱准本國外務省函稱上年農務省大久保商務

局長遊歷中國曾談及兩國互寄商品標本陳列一

事回國後報告農務省甚願實行此事請轉商見復

等語函請轉達等情當經本部咨行農工商部去後茲

准咨覆稱查本部京師勸工陳列所內設參考室選取

中外物產可供研究者特別陳列以資參考此次日本

擬寄商品標本陳列自可陳列於本所參考室俟品物

寄到時再飭該所員司接洽辦理至中國應寄物品應

飭該所酌量選寄咨請轉達等因相應函請

貴代大臣查照轉達可也此泐順頌

日祉

日本本多代使

宣統三年二月　日

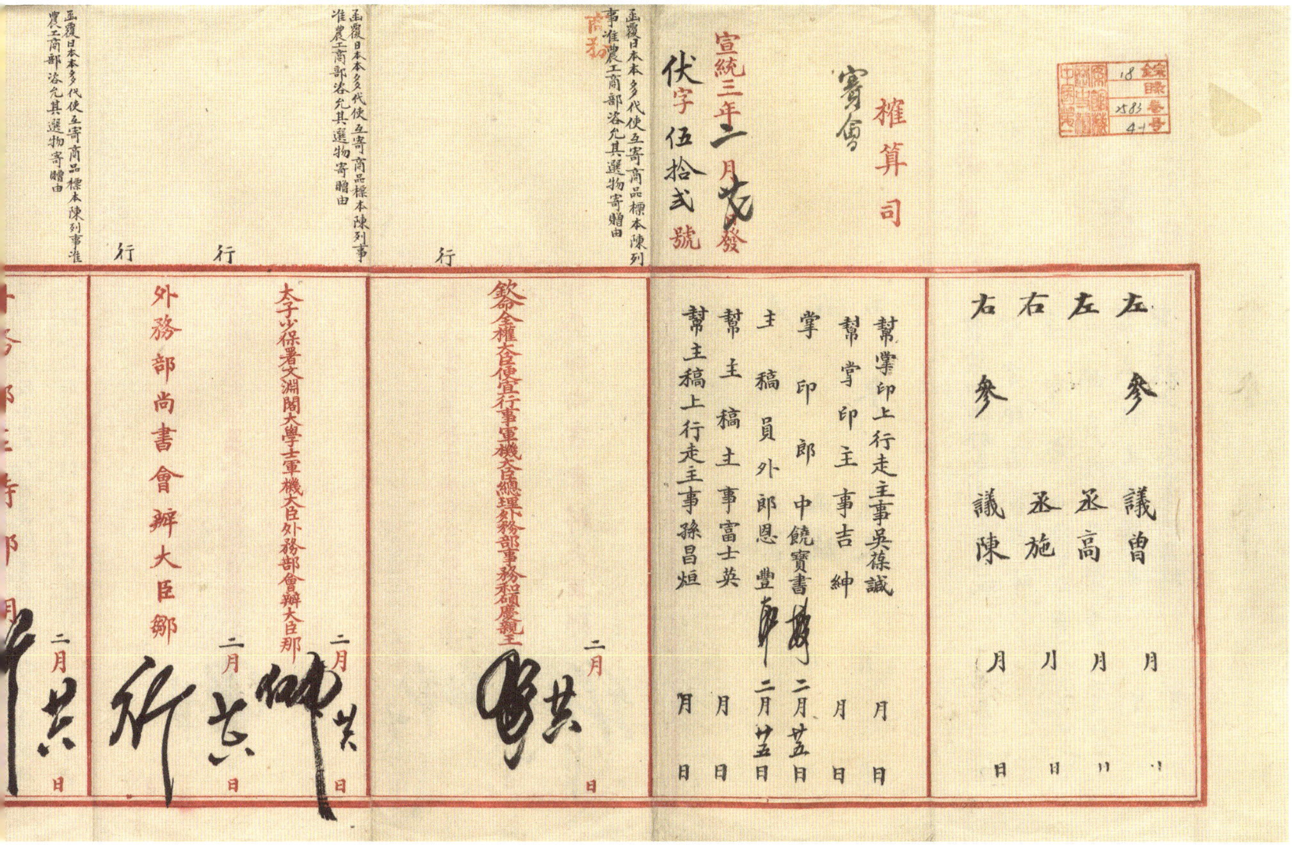
榷算司
宣統三年二月廿七發
伏字伍拾弍號
函覆日本多代使並寄商品標本陳列事准農工商部咨允其選物寄贈由
商務
行
函覆日本多代使並寄商品標本陳列事准農工商部咨允其選物寄贈由
行
函覆日本多代使並寄商品標本陳列事准農工商部咨允其選物寄贈由
行
左參議曹 月 日
左丞高 月 日
右丞施 月 日
右參議陳 月 日
幫掌印上行走主事吳葆誠 月 日
幫掌印主事吉紳 月 日
掌印郎中銳寶書 二月廿五日
主稿員外郎恩豐 二月廿五日
幫主稿主事富士英 月 日
幫主稿上行走主事孫昌烜 月 日
欽命全權大臣便宜行事軍機大臣總理外務部事務和碩慶親王 二月 日
太子少保署文淵閣大學士軍機大臣外務部會辦大臣那 二月 日
外務部尚書會辦大臣鄒 二月 日
外務部左侍郎 二月 日

外务部致日本驻华公使信函稿（宣统三年二月二十七日）